Am Ende – postmodern?

Def. : S. 35
46

Am Ende – postmodern?

Next Wave in der Pädagogik

herausgegeben von
Dieter Baacke, Andrea Frank,
Jürgen Frese und Friedhelm Nonne

Juventa Verlag
Weinheim und München 1985

CIP-Kurztitelaufnahme der Deutschen Bibliothek

Am Ende – postmodern? : Next wave in d. Pädagogik / hrsg. von Dieter Baacke . . . – Weinheim ; München : Juventa-Verlag, 1985.
ISBN 3-7799-0573-6
NE: Baacke, Dieter [Hrsg.]

ISBN 3 7799 0573 6

Umschlaggestaltung: Atelier Warminski, 6470 Büdingen 8
Umschlagfoto: Manfred Nieß, Bielefeld
Gesamtherstellung: Heidelberger Verlagsanstalt und Druckerei GmbH, 6900 Heidelberg
Printed in Germany

Inhalt

Unvorgreifliche Vorbemerkungen

Vielleicht ist es nicht überflüssig, kurz zu schildern, wie dieses Buch entstand. Seit Jahren findet an der Fakultät für Pädagogik der Universität Bielefeld ein Kolloquium «Qualitative und quantitative Methoden der pädagogischen Forschung» statt. An ihm nehmen, bunt gewürfelt, Jüngere und Ältere, erfahrene und neue Wissenschaftsadepten, eine Crew alterprobter Linker, die inzwischen alle das Promotionsalter längst hinter sich gelassen haben (und natürlich die dazu gehörige Promotion), und Gäste aus anderen Fakultäten (insbesondere Soziologie, Philosophie) und Hochschulen des Ortes teil. Es liegt wohl an dieser gekörnten Zusammensetzung, daß man sich nicht nur auf Diskussionen normaler Wissenschaftspraxis beschränkt, sondern versucht, auch neue Themen und Trends aufzuspüren, den Provinzialismus disziplingängiger Debatten zu durchbrechen. Dazu verhilft das «environment» der Veranstaltung: Wir treffen uns reihum in Wohnungen (sommers auch Gärten), die groß genug sind, die wachsende Runde zu fassen, um den geistige Spiele nicht gerade beflügelnden Geruch universitärer Räume zu meiden. Der/die Gastgeber(in) haben für einen Imbiß und Getränke zu sorgen, und oft dauert der small talk der nacheinander unpünktlich Eintreffenden zwei Stunden, bis man sich zum verabredeten Thema bequemt. Varianten akademischen Diskurses wurden erprobt. Über Sloterdijks «Zynische Vernunft» diskutierten wir in Jacques Weindepot, bei reichlich Weinproben und Käse beispielsweise. Viele Themen haben sich erschöpft: Die Karten zwischen «qualitativen» Lebenswelt- und Biographieforschern und «quantitativen» Datenauslegern, zwischen hermeneutischen Traditionalisten und sozialwissenschaftlichen Kukuckseiern im Nest geisteswissenschaftlicher Pädagogik, auch zwischen Alt- und Neo-Marxisten, Phänomenologen, Positivisten, Strukturalisten sind ausgereizt. Da brachte jemand – war es Andrea Frank? – das adrette Modewort «Postmoderne» ins Spiel, und einer der Veranstalter hatte gerade etwas, was «vielleicht in die Richtung paßt» und trug es vor (es ist der letzte Beitrag dieses Bandes, allerdings in der hier nur noch zitierten «pädagogischen Wende», die hier durch eine entschieden «postmoderne» ersetzt ist); Andrea Frank folgte mit dem Vortrag aus Kapiteln ihrer Diplomarbeit (Titel: Die Verantwortung von Wissenschaftlicher als wissenschaftsdidaktisches Problem – Studien zur aktuellen Diskussion insbesondere über Wissenschaft und Frieden), in der sie sich u. a. mit bestimmten erbaulich-pädagogischen Friedensbewegten beschäftigt, die naiv-selbstgerecht meinen, den Wahnsinn einer existenzbedrohenden Grenzlage mit selbstgerecht-naiven Aufklärungsstrategien ertragbar zu machen. «Postmodern»: wir fingen einfach einen Vokabelball auf, ohne zu analysieren, wo er hergeflogen kam und wo man ihn hinwerfen sollte. Es gab Streit: verlor unser Disput nicht seine Würde, durch übernehmen einer «In»-Attitüde? Verrieten wir nicht das «noch nicht ans Ende gekommene Projekt der Aufklärung» an eine intellektuelle Restauration; riskierten wir nicht das gemeinsam geteilte Fundament einer «emanzipativ» orientierten, auf Chancengleichheit pochenden «progressiven» Pädagogik an den Sumpf prinzipienlosen Anpassens an den fast unbeschränkt disponiblen Zeitgeist; vor allem: mußten wir nicht erst einmal Begriffsdefinitionen vornehmen, den «Diskussionsstand erarbeiten», einen «interdisziplinären Zugang» aufs Problem aufsuchen (postmoderne Architektur, Bauhaustradition, postmoderne Romane, Literaturtheorien ...), ehe wir fähig seien zur Selbstartikulation unter dem «label» postmodern? Andererseits war dies Kolloquium schon immer, jedenfalls ab und an, infiziert vom Virus urtümlicher Diskutier- und Argumenterprobungslust, ohne Berücksichtigung irgendwelcher Sekundärliteratur. Und waren wir nicht alle etwas ermüdet vom Gleichklang disziplinärer Dispute, von einer nach den Anstrengungen der Bildungsreform und Gesellschaftsveränderung ihrerseits ermatteten Pädagogik, die, eine kurze Blütezeit als «angewandte Sozialwissenschaft» hofiert gewesen, nun das Gefühl der eigenen Überbeanspruchung mit allzu biederen Konsolidierungsbemühungen zu kompensieren trachtete? Wir waren des trockenen Tons nun müde. Als einer vorschlug – war es Friedhelm Nonne? –: «Machen wir doch zu dem Stichwort ‹postmodern› ein Buch», war es schnell soweit: gesagt, getan. Eine Herausgebergruppe formierte sich, Beiträger wurden gesucht, auch außerhalb des

Kolloquiums, und sie wurden gefunden. Wir wollten auch nicht die Pädagogen, ohnehin ein luftiges Fahrensvölkchen im wissenschaftlichen Betrieb, unter sich sein lassen. Einer der Herausgeber ist ein Philosoph (Jürgen Frese), und mindestens einer der Beiträger ist vor allem Schriftsteller (Eckhard Henscheid), der gern mit einem kleinen Beitrag zusagte und seinen Brief abschloß mit dem Bemerkung: «Muß ich nun mein Bild von den Pädagogen ändern? Das richtete sich bisher vorzüglich aus am fürchterlichen, ja kriminellen Fachorgan des Deutschen Philologenverbands». Es gab auch Kollegen, die abwehrten, einen unfreiwilligen Beitrag zur Gegenaufklärung befürchteten, und einer der Autoren hatte auch Angst, durch die Beteiligung an diesem nicht ganz «stromlinienförmigen», in seiner Wissenschaftlichkeit «abgesicherten» Band seine Karriere möglicherweise zu beeinträchtigen – soweit sind wir also gekommen!

Das mit Schwung begonnene Projekt bereitete dann doch einige Mühen. Dabei sei in heiterer Erinnerung vermerkt, daß die Herausgebersitzungen, meist in der Küche von Andrea Franks Wohngemeinschaft, zu recht angeregten Diskussionsforen sich gestalteten, wobei Jürgen Frese nie versäumte, wortgewaltig, ausführlich und begeistert über den postmodernen Henry Adams Neues zu berichten. Auch weitere Autorentreffen wurden veranstaltet; da war ein gewisser Höhepunkt das Ansehen des Videobandes der Sendung «Ich stelle mich» vom 27. Februar 1985 mit dem Streitgespräch zwischen Gisela Elsner und Karl Lagerfeld. Dies Gespräch ist – wie vielleicht auch dieser Band, mindestens – Symptom, wie eine gewisse neue Flapsigkeit den angestrengten Gestus kritischen Dreinredens als überanstrengtes Selbstzitat vergebener Traditionen erscheinen läßt. Und das johlende Gelächter der Zuschauer, das wäre *so* vor zehn Jahren und später nicht möglich gewesen, auch nicht in der Verteilung des Beifalls. Den Plan, ein «Manifest postmoderner Pädagogik», an surrealistische, dadaistische und andere Traditionen anknüpfend, an den Anfang des Buches zu stellen, haben wir aufgeben müssen, und zwar aus mehreren Gründen. So sahen wir uns nicht in der Lage, den Zitatcharakter des «Manifests» deutlich geug herauszuarbeiten und fürchteten, viele Leser, an anderes pädagogische

Schrifttum gewöhnt, würden Ironiesignale nicht entziffern. Außerdem sind sich die Autoren/innen dieses Bandes keineswegs einig darin, ob zu einer Feier der Postmoderne einzuladen sei oder besser nicht. Wie es häufig ist: das Buch ist schmal geraten, blickt man auf die vielstündigen Diskussionsprozesse und Sitzungen, die seine Vorbereitung einrahmten. Die Herausgeber verzichteten auch darauf, die einzelnen Beiträger auf eine bestimmte Richtung zu verpflichten. Einer der Rundbriefe hält u. a. lediglich folgende Punkte fest:

«1. Die Beiträge sollten einen durchschnittlichen Umfang zwischen 10 und 12 Seiten nicht übersteigen *(daran hat sich, wie zu sehen ist, nicht jeder gehalten!)*

2. Der Band ist stilistisch zwar pluralistisch angelegt, die Artikelschreiber sollten jedoch nach Möglichkeit vermeiden, allzu «bieder» zu formulieren. (Was «bieder» ist, überlassen wir unserer Intuition).

3. Anmerkungen und umständliche Literaturhinweise sollen nach Möglichkeit vermieden werden.

4. Eine Begriffs-Diskussion – was ist eigentlich postmodern? – haben wir wieder vermieden. Man kann darunter verstehen
   - eine Wendung gegen Zweckrationalität, Systemzwänge etc.
   - einen Stilbegriff mit besonderen Kennzeichen und Umdeutungen
   - eine vorübergehende Haltung, die mehr offen ist für Spiel, Experiment, Lockerungsübungen.

Auf die Diskussion, die Moderne sei doch noch gar nicht ans Ende gekommen, Postmoderne sei identisch mit Gegenaufklärung, wollen wir uns nicht ausführlich einlassen (dazu gibt es schon viel).»

Die Herausgeber meinen, daß ein hübsches Florilegium entstanden ist, und jeder Beitrag – der eine mehr, der andere weniger – einen gewissen postmodernen touch besitzt. Im übrigen haben sie nach längerer Diskussion darauf verzichtet, durch weitere weitschweifige Erläuterungen den Leser bevormunden zu wollen. Wer's nicht erhascht, braucht's auch nicht zu verstehen, so sagten wir uns. Das bezieht sich auch auf die Anordnung der Beiträge. Da gibt es eine Reihe thematischer Querverbindungen, es gibt Wirbel oder – in einem friedlicheren Bilde – Nester; aber wozu das für den ersten Blick arrangieren und damit das ganze Projekt allzu schnell durchschaubar machen? So wählten wir das Losverfahren: Angelika Oelerich, Diplomsoziologin, die zufällig des Wegs daherkam (in die Wohngemeinschaft), wurde von uns gebeten, Kärtchen mit den verdeckten Autorennamen zu ziehen. Nach diesem Zufallsergebnis sind die Aufsätze nunmehr angeordnet.

Im übrigen freuen wir uns, daß Lothar Schweim, der mit der Übernahme des Juventa Verlages zeigt, daß er noch an die Pädagogik glaubt, gleich mit einer gewissen Freudigkeit und Neugier bereit war, diesen Band bei sich, in einem *pädagogischen* Verlag, herauszubringen. Wir danken vielen, die uns unterstützten und ihren Rat gaben, aber auch denen, die unser Vorhaben mit scheelen oder kritischen Augen ansahen und viele Bedenken äußerten – das hat uns ermuntert und ermutigt. Vielen Dank auch für den Beiträger Manfred Nieß, der aus seiner Fotosammlung das Titelbild beisteuerte. Wir alle, also nicht nur die Herausgeber, wünschen uns Beachtung, Einsprüche, Einwände, vor allem viel Beifall.

Für die Herausgeber: Dieter Baacke

Manfred Nieß

Das postmoderne Begehren nach Unvernunft. Oder: Das Vergnügen, einen Jaguar zu fahren.

Ein Stimmungsbild.

Daß man mit Vernunft zynisch sein kann, ist eine alte Geschichte. Sie heute aufs neue zu erzählen, nimmt sich als eine Artigkeit aus, welche in Deutschland nicht ohne Beifall bleibt. Der Beifall hält an und klingt um so entschiedener, je länger die Sprachlosigkeit währt, in die sie die Hörer entläßt. Ist es nicht die Zustimmung zur Sache selbst, welche den Applaus erregt, so gilt er dem Neuen an sich als einer Signatur der Moderne. Daß das feierlich entdeckte Attribut der Vernunft lediglich aus einer Art recycling philosophischen Altpapiers gewonnen ist, wird zwar geahnt, aber nicht herausgestellt; denn welche Tugend, sei sie noch so «alternativ», unterstreicht man nicht gern!

Wenn der Fortschritt an Grenzen stößt, muß man mit seinen Kräften haushalten: das ist die Ökonomie eines zeitgemäßen Geistes, der in der Sparsamkeit sein oberstes Gebot wahrt. Indessen vermag sein Sparen ihn vor Armut nicht zu bewahren. So scheint die Geschichte vom Zynischen der Vernunft all denen den Atem zu verschlagen, die gewöhnt sind Vernunft und Selbstverwirklichung, Glück und Fortschritt in einem Zuge zu nennen. Diese intellektuelle Atemnot, die wir nicht ohne Schadenfreude beobachten, und die um so heftiger wird, je lauter aus den von ihr befallenen Kehlen der Ruf nach Emanzipation und einer wie auch immer konzipierten «Verbesserung» des Menschen dringt, hinterläßt dem gebildeten Kranken anscheinend jenen gleichwohl gelittenen bitteren Geschmack, der entsteht, wenn sich Wehmut mit Neugier mischt, wenn das kleinlaute Eingeständnis des Verlusts gewisser Ideale und Utopien mit einem in der Aussichtslosigkeit verharrenden, nahezu voyeuristisch anmutenden Starren auf die Uferlosigkeit denkbarer Sinnhorizonte verschmilzt.

Utopien zeichnen sich bekanntlich dadurch aus, daß sie nirgendwo anzutreffen sind; dies scheint sie nicht daran zu hindern, daß sie auch verschwinden können. Sie teilen ihr Schicksal mit jener ebenso aufdringlichen wie flüchtigen Gattung phantasmagorischer Erscheinungen, die unter dem Namen Fata Morgana dem Reisenden in der Geschichte einen Ort versprechen, an welchem er aufleben kann. In der Perfektionierung dieser Vorspiegelungen gehen die teleologisch angelegten geschichtsphilosophischen Entwürfe auf. Freilich spekuliert das «Einwandern utopischer Energien ins Geschichtsbewußtsein» (Habermas 1985, 1), dessen Horizont durch das moderne Zeitbewußtsein eröffnet wird, auf den unstillbaren Durst des Reisenden nach gesellschaftlichem Fortschritt und Emanzipation, der um so unerträglicher wird, je enger sich der Horizont der Zukunft zusammenzieht. Nachdem selbst der arbeitsgesellschaftlichen Utopie die Überzeugungskraft zerrinnt und sich die alte Ratlosigkeit zur «Neuen Unübersichtlichkeit» (Habermas 1985) verjüngt, findet sich der emanzipationssüchtige Aufklärer in eine endlose Wüste banaler Aporien ausgesetzt, in der er endlich zu verdursten droht. In seinem Wahn, welcher ihm die Phantombilder «autonomer Öffentlichkeiten» und «höherstufiger Intersubjektivitäten» (Habermas 1985, 13) erscheinen läßt, greift er zur rettenden Spritze und setzt sich die wäßrige Lösung einer zukünftigen «Kommunikationsgesellschaft». Allein, auch dieses geweihte Wasser fließt aus einer Oase, die in der Zeit nirgendwo anzutreffen ist. Wenn auch sie austrocknet und ihr Bild verschwimmt, ist die Selbstvergewisserung der Moderne vollends verspielt. Aber vielleicht ist das Geschrei unserer durstigen Emanzipatoren am Ende nur eine morbide Koketterie. Denn wann, notiert Nietzsche, litt je ein Ertrinkender an Durst!

Die Moderne hat dem Glauben an die emanzipatorischen Implikationen der Vernunft den festen Boden hinweggeschwemmt. Die Erosion ist irreversibel, wie überhaupt «der Aufklärung ... die Irreversibilität von Lernprozessen eigen» ist (Habermas 1983, 752). Die rational verbürgte Linearität des Fortschritts scheint endgültig gebrochen; «Fortschritt» gerinnt zu einer fixen Idee, für deren praktische Einlösung sich keine Avantgarde mehr finden ließe.

Und wenn überhaupt noch etwas voranschreitet, so ist es die von Nietzsche diagnostizierte «Paralysis agitans der ‹modernen Ideen›» (1968, 426).

Daß sich die kulturelle Moderne, folgt man Max Weber, im Prozeß okzidentaler Rationalisierung durch ein Auseinanderfallen dreier, lediglich durch die Form argumentativer Begründung verkoppelter, Wertsphären der Wissenschaft, Moral und Kunst auszeichnet und sich ferner durch die Institutionalisierung entsprechender kultureller Handlungssysteme charakterisiert, vermag diese Paralyse vermittels eines Systems von Abschottungen nicht nur nicht aufzuhalten, sondern verleiht dem Absterben geschichtsphilosophischer Entwürfe und der Austrocknung ihrer utopischen Oasen eine pikante Note. Bezeichnet doch die Krise linker Geschichtsphilosophien auf ihrer Fieberkurve den entscheidenden Punkt, von welchem an es eine Kunst zu sein scheint, sie gegen die Hybris ihrer eigenen Vernunft am Leben zu erhalten. Freilich versprechen sich deren, als gesellschaftsverändernde Avantgarde nicht mehr zum Zuge kommenden, intellektuelle Gläubiger und sozialwissenschaftliche Erben bürgerlicher Emanzipationserwartungen gleichsam in einem letzten Auftakt ihres Glaubens die Teilhabe an einem Kunstgenuß besonderer Art, welcher bislang dem avantgardistischen Künstler einer gleichwohl ins Altern gekommenen, als klassisch zu bezeichnenden Moderne vorbehalten war, die Teilhabe nämlich an jener «Dialektik von Enthüllung und Schock, die die Enttabuisierung, die gezielte Verletzung moralischer Gefühle auslöst» (Habermas 1982, 1051). Das grelle, alles beleuchten und kontrollieren wollende Flutlicht im Universalismus geschichtsphilosophischer Gesellschaftsanalyse erinnert, läßt man sich nicht blenden, an den Abglanz jenes Eigensinns des Ästhetischen, wie er nach Max Weber der ästhetischen Wertsphäre der Moderne innewohnt. Allein, der Glanz geht verloren, und der Eigensinn verkommt zur Marotte. Wer hier Beispiele sucht, werfe einen Blick auf die moralisch wohlfeilen Attitüden, wie sie überwiegend den Stil der Friedens- oder auch Frauenbewegung prägen. Nur zu gern gefallen sich die Mitglieder solcher Gruppen in der vielstimmig angehobenen Darstellung ihrer eigenen Betroffenheit, indem sie sich in immer neuen

Enthüllungen und mit einem ausgeprägten Sinn für die Wehleidigkeit bläßlicher Zivilisationskritik am Ende selber schockieren. Der Schweiß in den Händen emsig gebildeter Menschenketten besiegelt den Abschied von einer Avantgarde, die nunmehr als kunstfertige Karikatur ihrer selbst ein Schattendasein in den «autonomen» Winkeln moderner Industriegesellschaften fristet.

Solchermaßen zum «Avantgardisten» befördert, sieht sich der moderne sozialwissenschaftliche Intellektuelle, der sich den Idealen der Aufklärung verschrieben hat, unverhofft auf seine Subjektivität zurückgeworfen. Im Lichtkegel seines eigensinnig universalistischen Entwurfs findet er sich mit seinen Fragen allein wieder. So unerwartet diese Wendung für ihn sein mag, so geschieht sie dennoch mit Vernunft. Denn die menschliche Vernunft – seit Kant steht dies fest – wird heute mehr denn je durch Fragen belästigt, die sie nicht abweisen kann. Hält er also am Projekt der Aufklärung und ihres Vernunftprinzips fest und sucht sich in der bekannten konsequenten Denkungsart der vorfindbaren Herrschaftsstrukturen zu entledigen, erschließt sich ihm auch der strukturelle Zusammenhang von Wissenschaft und Macht, so daß ihm endlich das Wissen selbst als Doppelgänger der Macht begegnet. Es zeigt sich dann, daß jedes Wissen auf Operationen der Macht beruht, auf Methoden des Ausschlusses und der Unterwerfung, die das System der modernen, von rationalen Denkprinzipien bestimmten Wissenschaften garantiert. So geht letztlich jedes gegen die Macht gerichtete Argument selbst mit Machtmitteln einher. Als Agent wissenschaftlichen Denkens fordert der Intellektuelle stillschweigend Machtmittel, welche ihn durch die Instanzen einer vollendeten Rationalität der Macht führen. Am Ende ist er als Wissenschaftler verurteilt, die herrschaftsauflösenden Grundsätze der Aufklärung zu hintergehen. Will er andererseits in seiner Not von all dem nichts wissen und wendet er sich gegen den «neuzeitlichen Logozentrismus» (Lyotard 1979), trifft er die Vernunft und verliert mit ihr die vernünftige Begründung der Aufklärung. Dabei büßt seine Rede freilich ein großes Vermögen ein. In diese Verlegenheit gerät er nicht ohne Schuld. «Große Dinge» aber verlangen – Nietzsche verriet dies –, «daß man von ihnen schweigt oder groß redet: groß, das heißt zynisch und mit Unschuld». (Nietzsche 1964, 3)

Sprechen wir zur Abwechslung einmal von der Unvernunft und andren Kleinigkeiten. Stellt sie denn nicht auch ein Vermögen dar? Ein geringes zwar, aber immerhin eines, an dem, man darf es hoffen, ein jeder noch teilhaben kann, wenn es auch gleich den Anschein hat, daß es den meisten verloren geht. Und sprechen wir vor allem auch von Ihnen: Ja, Sie haben richtig gelesen, Sie sind persönlich gemeint. Womöglich sind Sie gar ein Pädagoge. – Schauen Sie sich einmal an. Wie sitzen Sie denn überhaupt da?! So angestrengt und eingeklemmt, so vernünftig. Ging Ihnen das Vorangegangene zu langsam voran? – Nein? So vermögen Sie auch zu lachen. Lockern Sie sich! – Sinnlosigkeit ist auch ein Körpergefühl. Nun fahren Sie nicht hoch, lehnen Sie sich wieder zurück. – Und dann das Buch: nehmen Sie es bitte leicht in die Hand, denn es *ist* leicht! Seien Sie beruhigt: Sie haben alles, was Sie brauchen. Es fehlt Ihnen nichts, nicht einmal der Verstand . . . – Ah, Sie verstehen. Sehen Sie, jetzt geht es schon viel besser. – – – Ich nehme an, Sie sind deutsch. Nun, ein Deutscher ist großer Dinge fähig (versicherte schon Nietzsche), aber es ist unwahrscheinlich, daß er sie tut, denn er gehorcht, wo er kann, wie es einem an sich trägen Geiste wohltut.

Haben Sie jetzt einen Begriff davon, was Aufklärung unter anderem auch heißen kann? – («. . . . . ist das Unvermögen, sich seines . . . . ohne . . . . eines anderen zu bedienen.» – Versuchen Sie, die fehlenden Worte Kants einzusetzen! Erwarten Sie keine Quellenangabe.) – Aber lassen Sie sich nicht irritieren! Kommen Sie, beschleunigen wir die Angelegenheit. Seit Newton wissen wir, wie man mit der Trägheit verfährt. Die Geschichte der Moderne ist eine Geschichte der Beschleunigung. – Ich lade Sie ein, sagen wir: zu einem Experiment. Kommen Sie heraus aus Ihrer Tonne, bevor sie Ihnen noch davonrollt, und steigen Sie ein – «go into the actor's world» – in den Jaguar. Lassen Sie sich akzelerieren. – Warum gerade ein Jaguar? Nun, er ist schön, darin stimmen wir überein, was keine geringe Wahrheit ist in einer Zeit, wo Konsens so rar ist, – und er ist schnell. Freilich ist es unvernünftig, ihn zu fahren.

Sie brauchen Sicherheit? Sie möchten rechnen? Voilà. Unser E-Type verfügt über einen Sechszylinder – Viertakt-Reihenmotor, Bohrung × Hub 92 × 106 mm, Hubraum 4235 ccm, Verdichtung 9:1, Leistung 265 PS SAE bei 5500 U/min, maximales Drehmoment 36 mkg (SAE) bei 4000 U/min, mittlere Kolbengeschwindigkeit bei Nenndrehzahl (5500 U/min) ca. 19,4 Meter/sek, 7fach gelagerte Kurbelwelle, 2 obenliegende Nockenwellen (Antrieb durch Zahnräder), Druckumlaufschmierung (Ölinhalt 7,5 Liter), drei SU-Vergaser HD 8, elektr. Kraftstoffzuführung, 63,5 Liter-Tank im Heck; über den Verbrauch sprechen wir nicht. Die Beschleunigung läßt sich, wie so vieles in der neuzeitlichen Technik, messen und berechnen:

0 bis 60 km/h	3,6 s
0 bis 80 km/h	5,4 s
0 bis 100 km/h	6,8 s
0 bis 120 km/h	9,0 s
0 bis 180 km/h	19,8 s
0 bis 200 km/h	30,8 s
	etc.

Möglich: Das Eindeutige technischer Meßwerte kompromittiert die Unbestimmtheit in der Resignation der progressiven Kräfte. Die Höchstgeschwindigkeit liegt irgendwo bei 240 km/h.

Man würde es einem Automobil, dessen allgemeine Erfindung sich übrigens zum hundertsten Mal jährt, mit solchen Fahrleistungen verzeihen, daß es sehr laut und rauh fährt, aber diesen Vorwurf kann man dem Jaguar nicht machen, denn der Motor läuft samtweich und schmiegsam. Wir können unsere Unterhaltung also ungestört fortsetzen.

«Seit Copernikus rollt der Mensch aus dem Centrum ins x» (Nietzsche 1974, 125). Was aber liegt an irgendeinem «x»! Seine Fragwürdigkeit wird nicht dadurch erhöht, daß sich die geschichtsphilosophischen Sinngebungen als unglaubhaft erweisen. Vielmehr erlaubt die Loslösung von den moralischen Präokkupationen einer sich universell gebärdenden neuzeitlichen Rationalität und ihrer teleologischen Zielvorrichtung die Abkehr von jener modernen blauäugigen Sinnsuche, die sich in der manisch anmutenden Dechiffrierung eines sich in der Geschichte vollziehenden Endzwecks verliert. So scheint die Beseitigung der Teleologie durchaus einen praktischen Wert zu haben, wenn nur der Begriff einer wie auch immer gearteten «höheren» Vernunft verschwindet.

Mag eine aus den generalisierenden Spurrillen moderner Rationalitätsstrukturen hinausführende Fahrt auch unvernünftig erscheinen, indem sie die Fraglosigkeit der für den Konsens moderner Industriegesellschaften konstitutiven Konventionen und moralischen Orientierungsmuster zu durchbrechen droht, so verspricht sie eine im Verlauf kultureller Rationalisierung verlorengegangene Vielfalt an Sinnstrukturen zurückzugewinnen, wie sie vergleichsweise noch zu Beginn der Neuzeit dem Reisenden greifbar war und als Orientierung seiner Selbsteinschätzung diente. Über die Nützlichkeit des Reisens berichtet Montaigne: «Diese große Welt, die manche Menschen noch wie die Arten einer Gattung vervielfachen möchten, ist der Spiegel, in dem wir uns betrachten müssen, um uns richtig zu erkennen. (...) So viele Temperamente, Glaubensrichtungen, Urteile, Überzeugungen, Gesetze und Gebräuche lehren uns, unsere eigenen verständig zu beurteilen, und sie zeigen uns unsere eigene Vernunft in ihrer Unvollkommenheit und ihrer

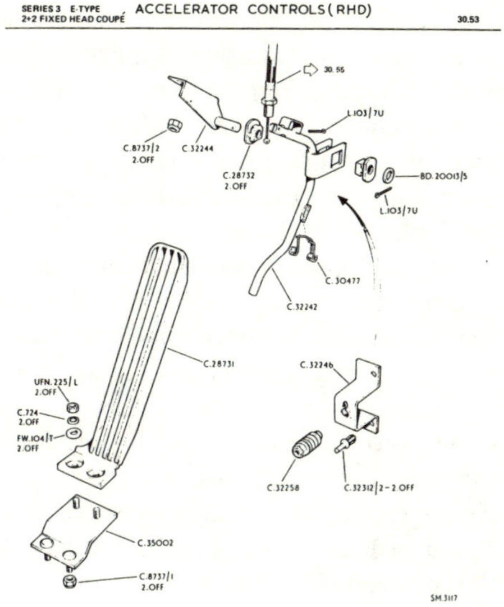

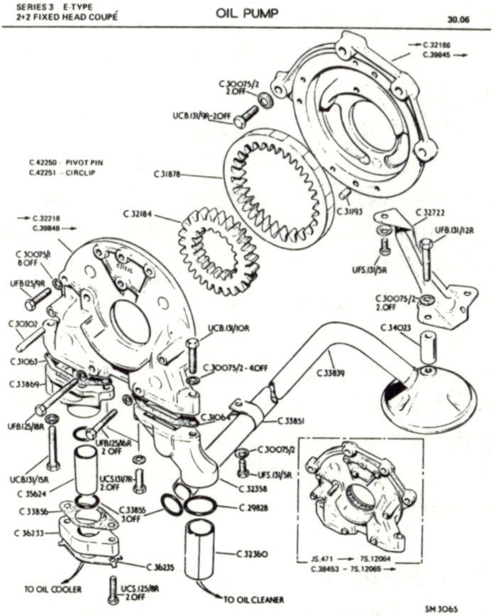

natürlichen Schwäche. Das ist allerdings eine Lehre, die nicht leicht eingeht.» (Montaigne 1958, 154)

Ist das Legitimationsraster um den Universalitätsanspruch neuzeitlicher Rationalität erst einmal durchkreuzt, öffnet sich ein Raum «nach-moderner» Sinnvervielfältigungen, die sich konventionell-rationalistischen Einordnungsversuchen widersetzen. So ruft das durch die Pluralität neuerer jugendkultureller Bewegungen und ihrer Milieubedingungen entfesselte Potential postmoderner Haltungen, welche sich gegenüber den mit den Idealen aufklärerischer Vernunft verfeinerten Lockmitteln konventioneller Integrationsbemühungen immun zeigen, ohne sich unterdessen in die Nebelbänke prämoderner Sehnsüchte und die anheimelnde Geborgenheit mystischer Irrationalismen zu flüchten, deutliche Irritationen auf pädagogischem Terrain hervor. Diese Irritationen scheinen jedoch weniger ein zeitweiliges Ergebnis provokanter anti-rationalistischer Proteste als vielmehr das Symptom eines mit voranschreitender kultureller Rationalisierung einhergehenden Zerfallsprozesses gesamtgesellschaftlicher und in Konventionen aufbewahrter Wertorientierungen darzustellen. Denn während sich die mobilisierte Gesellschaft der Moderne in ihrer perennierenden Jagd nach dem jeweils Neuen bislang auf jene, gleichwohl umkämpften und einander ablösenden Stichworte einigen und verlassen konnte, die ihr eine nach dem Vorbild der ästhetischen Avantgarde gleichsam vor den eigenen Reihen der Massenkultur operierende Vorhut lieferte, und somit Geländeerkundigungen mit der Richtungsvorstellung eines historisch zweifellos manifestierbaren Fortschritts auf wissenschaftlichem, moralisch-ethischem und ästhetischem Gebiet einholen ließ, um die rational wohlgeordnete Kolonisierung einer noch nicht besetzten Zukunft zu garantieren, gerät sie nunmehr unter dem Druck beschleunigter technologischer und kultureller Rationalisierung in ein neues Stadium ihrer Bewegung, dessen lineare und eindeutige Vermessung keiner Avantgarde als professionell lizensierter Vorausabteilung mehr zu gelingen scheint.

In demselben Maße, in welchem dem System moderner rationalistischer Wissenschaften die eindeutige Richtung der Wahrheitserschließung aus der Sicht gerät und die strukturelle Trennungslinie zwischen wissenschaftlichem und alltäglichem Wissen zu einer unscharfen Kontur zerfließt, steht der moralisch-ethische Grundkonsens moderner Gesellschaften, sofern er unter Berufung auf eine der theoretischen wie praktischen Vernunft zugängliche Wahrheit ein Reich der Gleichheit und Freiheit auf der Basis wissenschaftlicher Naturbeherrschung einzulösen verspricht, zunehmend zur Disposition. So hebt die Fliehkraft, welche durch die Beschleunigung einer hemmungslosen kulturellen Rationalisierung freigesetzt wird, indem das Netzwerk der Logizität in immer tiefere Bereiche der Lebenswirklichkeit eindringt, die Konventionen und kulturell symbolisierten Motivstrukturen eines durch Wissenschaft und Ökonomie imperativ herausgeforderten und durch die Ideale der Aufklärung moralisch sekundierten Alltagshandelns aus ihrer fraglosen Gegebenheit auf die transparente Ebene einer Reflexivität, auf der die sakrosankte Unberührbarkeit moralisch markierter Wertmuster vor der greifbaren Möglichkeit ihrer individuellen Instrumentalisierung zurückweicht. Der reflexiven Distanzierung von einem universellen Rationalitätsstil, dem die interessierte Betrachtung und Moral der «autonomen Herde» (Nietzsche 1968, 127) zugrundeliegen, korrespondiert die innovative Beweglichkeit und stilistische Kombinatorik postmoderner Haltungen. Indem sie die Zuspitzung des Individuierungsprozesses erlauben und einen moralischen Pluralismus entfalten, erspielen postmoderne Haltungen den Ausgang aus dem pflegeleichten Labyrinth des vulgär-rationalistischen Syndroms, in dessen Ordnung der moderne Mensch umherirrt, solange ihn die Vernunft der Herde hält. – Der Gegenzug ist eröffnet.

Gegen die immoralistische Kombinationslust der Postmoderne ist die Idee der Emanzipation am Ende nur eine moderne Donquichotterie, über die man hoffentlich noch lachen kann. Lachen ist bekanntlich gesund und vielleicht – eine letzte Ermunterung vorausgeschickt: gesetzt nämlich, daß die modernste Formel für Rationalität Gesundheit heißt – macht es Ihnen, gleichsam am Leitfaden des Leibes, auch Mut. «Sapere aude», ruft uns Horaz aufs neue zu: Gehen Sie das Wagnis ein, benutzen Sie Ihren Verstand; und vor allem: fangen Sie an!

> «Incipe. Vivendi recte qui prorogat horam,
> rusticus exspectat dum defluat amnis; at ille
> labitur et labetur in omne volubilis aevum.»
> (Epistularum liber prior, II, 40)

Wer die Stunde, da er so richtig zu leben beginnen will, aufschiebt, gleicht jener Einfalt vom Lande, die einen Strom überqueren möchte und warten wollte, bis das Wasser abgeflossen wäre; aber der fließt noch immer und wird seine Wogen wälzend sich bewegen bis in alle Ewigkeit.

Literatur

Jürgen Habermas: Die Kulturkritik der Neokonservativen in den USA und in der Bundesrepublik. Über eine Bewegung von Intellektuellen in zwei politischen Kulturen, in: Merkur. Deutsche Zeitschrift für europäisches Denken, 36. Jg. (1982), Heft 11, München 1982, S. 1047–1061.

Jürgen Habermas: Der Eintritt in die Postmoderne, in: Merkur, 37. Jg. (1983), Heft 10, München 1983, S. 752–761.

Jürgen Habermas: Die Neue Unübersichtlichkeit. Die Krise des Wohlfahrtsstaates und die Erschöpfung utopischer Energien, in: Merkur, 39. Jg. (1985), Heft 1, München 1985, S. 1–14.

Q. Horatius Flaccus: Briefe. Bearbeitet v. Richard Heinze, o. O. (Weidmann Verlag) 1977.

Jean-François Lyotard: La condition postmoderne. Les Editions de Minuit, Paris 1979. Deutsch: Das postmoderne Wissen, Wien 1982.

Friedrich Nietzsche: Der Wille zur Macht. Versuch einer Umwertung aller Werte. Kröner, Stuttgart 1964.

Friedrich Nietzsche: Nietzsches Werke. Kritische Gesamtausgabe. Hrsg. von Giorgio Colli und Mazzino Montinari, 6. Abt., 2. Bd., Berlin 1968.

Friedrich Nietzsche: Kritische Gesamtausgabe, 8. Abt., 1. Bd., Berlin und New York 1974.

Friedrich Nietzsche: Kritische Gesamtausgabe, 7. Abt., 1. Bd., Berlin und New York 1977.

Michel de Montaigne: Michel de Montaigne in Selbstzeugnissen und Bilddokumenten dargestellt von Francis Jeanson, hrsg. von Kurt Kusenberg, Hamburg 1958. (Die deutsche Übertragung der zit. Textstelle führt statt des Wortes «Glaubensrichtungen» das Wort «Sekten» an.)

Wolfgang Heydrich

Sokrates, Jesus, Jens

In aller Stille

Das weiß man: Schlimm sieht es aus im Deutschland der 80er. Offensivstrategie der Amerikaner, Manual FM 100-5, Airland Battle 2000, Ersteinsatzwaffen auf bundesrepublikanischem Boden, Bereitstellung von verwundbaren Zielen, Provokation des Gegners, Gefährdung der Bevölkerung, Erhöhung der Kriegsgefahr.

Walter Jens, ein «unbeirrter Vertreter der Aufklärung» (v. Dohnanyi), Träger des Lessing-Preises von 68, als man noch irgendwie ein besseres feeling für Aufklärung hatte, will's nicht dulden. Er demonstriert.

Und zwar *im Rahmen der Tübinger Friedensgruppe «Gustav Heinemann»*. Kein Rahmen könnte besser gewählt sein. Jens will *in aller Stille mit* seinen *Freunden ein Zeichen setzen.* Und so setzt er sich hin. Auf die Straße setzt er sich und zwingt, nein, und «zwingt» drei amerikanische Lastwagen *für eine Zigarettenlänge anzuhalten.* In aller Stille: *Natürlich* hat er *darauf verzichtet, die Medien auf* die *Demonstration aufmerksam zu machen. Kein großer Aufwand, keine Kameras, keine Blockade.* Ein Zeichen zwar, aber eins von der ganz subtilen Sorte, wie jene Kunstwerke, die es Benjamin so angetan hatten, in gotischen Kathedralen an uneinsehbarer Stelle, ganz oben, wo niemand hinschauen kann. Ein Zeichen jenseits des Zeitalters technischer Reproduzierbarkeit. Das Zeichen soll sagen: *«Wir sind auch noch da, ihr Brüder und Schwestern in Christo, fröhliche Sozialisten in Magdeburg, Halle, Greifswald oder Rostock!»*

Da sitzt der Jens auf der Straße. Für eine Zigarettenlänge wankt die Offensivstrategie der Amerikaner nicht, der mögliche Ersteinsatz von Ersteinsatzwaffen bleibt ungefährdet, die Bereitstellung von verwundbaren Zielen unbehindert, Gefährdung der Bevölkerung unvermindert, Kriegsgefahr erhöht sich mitnichten verlangsamt. Aber ein Zeichen ist gesetzt. Grund zur stillen Fröhlichkeit für Sozialisten in Christo. Und das Schönste: Niemand merkt was. Auch die

Brüder und Schwestern in Magdeburg, Halle, Greifswald oder Rostock nicht.

Im Rampenlicht

Aber dann: in sauberer Dialektik schlägt die Stille in Rabatz um. Und den stiftet die Rechtsordnung – blind, borniert und unter *Aufkündigung des Grundprinzips jeden Rechtsstaats: der Rechts-Gleichheit aller.* Nur, was in aller Stille fein heimlich angelegt ist, bringt wirklich echten Zoff. *Mutlangen-Festival der Prominenz, Bauern-Demonstration im Kinzigtal, Aufmarsch vor Kiefersfelden,* Menschenketten quer durch die Republik und durch besondere politische Einheiten – da läuft nichts: keine Anklage.

Was erreichen Brummi-Fahrer schon mit ihren *Partikulär-Interessen: belobt* werden sie *wegen ihrer tage- und kilometerlangen Straßensperre.*

Aber Jens und seine Tübinger Friedensgruppe, eine Handvoll friedlicher und zudem *meist älterer Menschen, die aus ehrenwerten Motiven handeln, im Geist Albert Schweitzers, Martin Luther Kings, Eugen Kogons, Walter Dirks' oder Kurt Scharffs,* und *für Allgemein-Interessen votieren,* einfach so, still und bescheiden, durch *Zeichen und friedliche Symbole,* mit einem *Sit-in der Namenlosen* – das funkt: *Anklageerhebung.*

Doch die sich boshaft selbst aufkündigende Rechtsordnung hat ihre Rechnung, sich mir nichts dir nichts an friedlichen, älteren Menschen nobler Gesinnung zu vergreifen, ohne den Jens gemacht. Der nämlich ist ein *sogenannter «Prominenter»* und weiß das Wort zu führen.

Jens zählt sich selbst launig zu den *«Promis»,* womit jetzt nicht mehr wie noch weiland die Mitarbeiter in Goebbels' Propagandaministerium gemeint sind und mitnichten die Freunde der Promiskuität; «Promi» heißt bloß, daß Grass und Böll in einem Atemzug mit Jens erwähnt sein dürfen, etwa, wenn es gilt, das gespenstische Ausmaß der Kriminalisierung der Friedensbewegung durch ARD und Bild zu belegen. So einer ist das, der da unter der Tarnkappe des ehrenwerten Namenlosen hervorschlüpft. Ein ganz Hochkarätiger.

Kein Wunder also: Großes Medienaufgebot für den Jens-Prozeß. Der Saal 11 des Amtsgerichts Schwäbisch Gmünd hat zwar nur 60 Plätze für Zuschauer, aber 20 davon sind für Journalisten reserviert. Das Fernsehen ist da, Kameras äugen und Scheinwerfer strahlen. Dem Richter werden Aug in Aug mit einem veritablen Promi die Kniee weich. Jedenfalls wird der Berichterstatter des Tübinger Tagblatts später konstatieren: «Als Amtsrichter Werner Offenloch sein Urteil gegen Jens verkündete, zitterte dem ansonsten eher gefaßt wirkenden Mann im Talar die Stimme vor Aufregung, quälte er mehrfach stockend die Begründung des Urteils vom Blatt, ohne Talent, sich seinem Gegenüber vergleichbar in Szene zu setzen.» Sich in Szene setzen, das kann ein unbeirrter Vertreter der Aufklärung. *Ist denn der Ginsburg noch da?* erkundigt sich Jens rasch beim Platznehmen auf der Anklagebank und späht nach dem Redakteur der ZEIT.

Papperlapapp

Steht ein deutscher Rhetor vor Gericht, giert das Publikum nach starken Sprüchen.

Erstmal kommen in der Verteidigungsrede von Walter Jens aber sieben Gründe. Jens hat demonstriert, weil er erstens *dazu beitragen wollte*, zweitens *zu der Ansicht gekommen* ist, drittens, weil er *meint, daß*, viertens *sich im Wort weiß*, fünftens sich *der Verpflichtung* erinnert, sechstens *aufmerksam machen* wollte, siebentens *an jene gedacht hat, die*. Die *aufklärungsferne Gerichtsbarkeit* hat dem Jens'schen Wollen, den Jens'schen Ansichten, der Jens'schen Verpflichtung, die ihn allesamt zur Friedenstat drängten, nichts entgegenzusetzen als einen Abschnitt im Strafgesetzbuch, *ebenso fragwürdig wie in deplorablem Deutsch formuliert.* «Rechtswidrig», steht da, sei eine Tat «wenn die Anwendung der Gewalt oder die Androhung des Übels zu dem angestrebten Zweck als verwerflich anzusehen ist.»

Jens moniert sogleich, die Präposition «zu» sei *salopp und obenhin formuliert* worden, womit er – salopp und ein wenig obenhin formuliert – meint, ihm sei nicht klar, ob sich «zu dem angestrebten Zweck» attributiv auf «die Anwendung ... oder die Androhung ...» oder aber adverbial auf «als verwerflich anzusehen» beziehe. So wie sie dastehe, zeuge die Formulierung *nicht gerade von Bemühung um scharfes Denken und präzise Artikulation.* Nein wirklich, der Gesetzgeber nuschelt nur. Fein, daß ihm dies einmal von höchst aufgeklärter Autorität fett und rot angestrichen wird. Eine Gerichtsbarkeit, die sich selbst aufhebt, und aufklärungsfern im Schlendrian saloppen Formulierens kein Bemühen um Schärfe im Denken bezeugt, verdient den Verweis.

Jens selbst läßt schließlich ja auch keine Gelegenheit zur präzisen Artikulation vorübergehen. Er stimme überein, so führt er aus, mit jenem amerikanischen Sachverständigen, der gesagt habe: «Wäre ich Europäer, mit Händen und Füßen würde ich mich gegen die Installierung der ... Pershing II wehren.» Wir lernen, daß auch Jens sich mit Händen und Füßen wehrte, wenn er Europäer wäre. Offenbar ist er keiner. Und so verbleibt ihm zur Gegenwehr neben jenem Körperteil, der zum Sich-Hinsetzen auf Landstraßen der geeignetste ist, vor allem das Mundwerk.

Nicht immer freilich jagt dem Rhetor deplorables Deutsch den Schauer ins Sprachgefühl. Wie gerne erinnert er sich jener *farbigen* amerikanischen *Uniformierten,* die den Friedensleuten *im vergangenen Jahr zur Seite* standen: «Wir sind mit Sie» riefen sie den Demonstranten zu.

Die Schärfe Jens'schen Denkens bewährt sich im eigentlichen jedoch bei dem argumentativen Rundumschlag, den der Angeklagte dem Begriff der Verwerflichkeit widmet, welchen, wie zitiert, der Nötigungsparagraph des Strafgesetzbuches zur Bestimmung der Rechtswidrigkeit einer Anwendung von Gewalt oder Androhung von Übel verwendet: *Da hört der Spaß auf, da wird's bitterernst: Dieser Begriff* treffe auf die Friedensdemonstrationen *nicht zu,* stellt Jens fest. «Verwerflich» heiße nämlich «religiös und sittlich minderwertig», «ungehörig und geringwertig», «moralisch mißbilligenswert», vom verwerflichen Menschen ist im Grimm'schen Wörterbuch die Rede, der sei «ruchlos und sittenlos». Da haben wir den *natürlichen Wortsinn,* der auch für Juristen verbindlich sei.

Und – das ist ungeheuerlich! – solcher Verwerflichkeit will man den Jens *zeihen: Ja wo leben wir denn?* Offenbar in einem Land, in dem alles möglich ist. Jens verlegt sich darum nicht simpel darauf, bloß darzulegen, daß ohne Verwerflichkeit ein wesentliches Bestimmungsmoment für Rechtswidrigkeit nicht gegeben sei und somit billig von Nötigung nicht ausgegangen werden könne. Diese immanente Argumentation griffe zu kurz, verfehlte den eigentlich anstehenden Konflikt zwischen unbeirrt aufgeklärtem Friedenswillen und aufklärungsferner Gerichtsbarkeit. Herauszustellen ist nicht, daß sich der Nötigungsparagraph als nicht einschlägig erweist, sondern vielmehr, daß er sich *wegen des Begriffs «verwerflich» bezogen auf den Fall* von Friedensdemonstranten *außerhalb der Rechtsordnung bewegt.*

Entlarvt wird insbesondere, wie die Juristen daherkommen, sich mit saloppen Formulierungen an den natürlichen Wortsinn heranmachen und ihn ins Widernatürlich-Perverse verdrehen. Das Wort «verwerflich» wird durch gezielte Anwendung des Nötigungsparagraphen auf Jens, der doch weder ruch- noch sittenlos ist, als *durchsichtige Tarnübersetzung* für den Begriff «gesundes Volksempfinden» etabliert: *Im Dritten Reich «gesundes Volksempfinden», heute «verwerflich».*

Der Argumentationsgalopp trägt den Rhetor über die Hürden: von «im Verhältnis zu dem angestrebten Ziel als verwerflich anzusehende Tat» über «ruchloser und sittenloser Mensch» zum «gesunden Volksempfinden». Das ist ungeheuerlich.

Der Versuch, einen unbeirrten Promi der Nötigung anzuklagen, hat seine gesetzliche Grundlage ein für allemal desavouiert. Zur Strafe muß der Paragraph geändert werden: *Verwerflich – dieses Wort darf so nicht stehenbleiben, nicht hier und nicht künftig. Es hat im Paragraphen 240 nichts zu suchen.*

Wie zu erwarten, bleibt Richter Offenloch unbeeindruckt. Er kommt der Forderung, das Gesetz zu ändern, nicht nach und verurteilt Jens zu 3000 DM Geldstrafe. Eine Anklage wegen ungeheuerlicher Rhetorik wird nicht erhoben.

Peinlichkeit

Darf man vom Stil eines prominenten Freundes der Friedensbewegung handeln, von seinen Eitelkeiten, Peinlichkeiten, ohne beflissen vorauszuschicken oder wenigstens am Rande beizufügen, daß man deren politische Ziele teilt? Ich gestatte mir das erste, verweigere das zweite. Mir geht es um den penetranten Schulterschluß mit allen fortschrittlichen Traditionen, der sich mit rhetorischem Kitsch garniert. Ein vom Allgemein-Interesse durchdrungener friedlicher älterer Mensch mit ehrenwerten Motiven, der sich in der Aureole der Prominenz der Plattitüde ergibt: christlich, sozialistisch *und* fröhlich – das ist zu viel, ungenießbar.

Das UdSSR-Fernsehen hat Jens gezeigt am privaten Arbeitstisch sitzend als Höhepunkt einer Sequenz von Bildern weithin bekannter Tübinger Baudenkmäler. Und von dort hat er den Zuschauern zwischen Brest und Wladiwostok mitgeteilt, ihm falle es wegen seines Bekanntheitsgrades etwas leichter, pazifistische Einsichten zu vermitteln wie die, daß von deutschem Boden kein Krieg mehr ausgehen dürfe. Wenn Kohl sowas sagt – und er hat es ja neuerdings noch überboten – nennt man das «geistig-moralische Führung».

Ich habe damit gerechnet. Ich werde das durchfechten, hat Jens sein Urteil kommentiert. Dank seines Bekanntheitsgrades kann er die rechtlichen Konsequenzen seiner pazifistischen Einsichten durchstehen. Die Show kann weitergehen. Jens denkt, *daß es spätestens in dritter oder vierter Instanz ganz anders* aussehe. Hoffentlich nicht schon in zweiter. Welch eine Gelegenheit, allen ein aufklärerisches Licht aufzusetzen: der Gerichtsbarkeit, dem deutschen Fernsehpublikum, den Sowjetvölkern. Ein Rhetor ermutigt zum Nachdenken über den Frieden und die Moral – und zwar mit dem Grimm'schen Wörterbuch unterm Arm. Er weiß verdammt, wo's lang geht. Die Aufklärung ist das Pfund, mit dem er wuchert. In dieser Tradition – der besten, selbstredend – steht er mit beiden Beinen, unbeirrt, bis in die letzte Instanz.

Aber Schluß mit dem Rumreiten auf den speziellen Peinlichkeiten Jens'scher Prägung. Der Typus interessiert. Dieses Mischaroma aus Eitelkeit und Selbstgewißheit in sicherer Allianz mit der Aufklärung, dem Fortschritt, dem Guten, Wahren und Gerechten.

Sokrates als Modell

Jens ist nicht der einzige Prominente vor Gericht, der im Namen höherer Legitimität posiert. Es gibt noch andere Fälle: Jesus z. B. und Sokrates.

Der Vergleich mit Jesus ist natürlich nur ein Gag. Denn erstens war der kein älterer Mensch, christlich war er vermutlich so wenig wie Marx marxistisch, ob sozialistisch, das mag dem Rechts-Links-Gerangel der Theologen überlassen bleiben, und als fröhlich stellt man sich Jesus wohl auch nicht vor.

Am Scheitelpunkt der Heilsgeschichte bezieht er seine Legitimität schließlich von ganz oben, direkt vom Vater, dessen Frieden höher ist als alle Vernunft, und er kann es sich leisten in der Einvernahme von Kaiphas, Hannas und Pilatus fast nichts zu sagen und doch recht zu behalten. Immerhin: wenn wir ein bißchen mit dem Zitieren schummeln, klingt Jesus doch sehr nach Jens: *Ich bin ein Promi. Ich habe es in der Welt dazu gebracht, daß ich die Wahrheit bezeugen soll. Wer aus der Wahrheit ist, der hört meine Stimme.* Klar, die Sympathie ist ganz auf der Seite von Pilatus mit seiner skeptischen Frage.

Sokrates ist ein besseres Modell. Nicht für Jens, den können wir nun wirklich beiseite lassen. Sokrates vor Gericht, das ist eine Grundkonstellation, ein Archetyp in der Geschichte der Aufklärung: Vernunft versus aufklärungsferne Gerichtsbarkeit.

Hier geht es nicht um 3000 DM Geldstrafe, hier geht es um Leben oder Tod. Oder besser: Sokrates setzt durch, daß es um Freispruch oder Tod gehe: Flucht, Verbannung, Lösegeld sind faule Kompromisse. Die Sache der Vernunft selbst soll verhandelt werden, letztinstanzlich.

Die Sache der Vernunft – die hat für Sokrates zwei Bestimmungsmomente: Gehorsam gegen den Gott, die innere Stimme des Daimonions, und die vom Gott gebotene Lebensform: das unerbittliche Ausforschen der Wahrheit. Hier haben wir den harten, den dogmatischen Kern der vielgerühmten sokratischen Methode – eine göttlich gesetzte Norm: das ungeprüfte Leben ist nicht lebenswert.

Vernunft entsteht nicht innerhalb der Lebenszusammenhänge als ein Moment von Lebenslust, sie ist der autoritative Einspruch gegen die Lebenspraxis der Handwerker, Dichter, Politiker. Es reicht nicht aus, jene als *vielerlei Schönes wissend* zu finden: man muß schon in *den wichtigsten Dingen sehr weise* sein, um überhaupt etwas zu wissen. So verlangt es der Gott.

Wieso kommt denn Sokrates dazu, unfehlbar zu urteilen, nahezu jedermann lebe im *Dünkel zu wissen, was er nicht weiß?* Die Antwort ist: Sokrates selbst kennt das höchste Gut für den Menschen:

> Und wenn ich wiederum sage, daß ja eben dies das höchste Gut für den Menschen ist, täglich über die Tugend sich zu unterhalten und über die andern Gegenstände, über welche ihr mich reden und mich selbst und andere prüfen hört, ein Leben ohne Selbsterforschung aber gar nicht verdient, gelebt zu werden, das werdet ihr mir noch weniger glauben, wenn ich es sage. Aber gewiß verhält sich dies so, wie ich es vortrage, ihr Männer, nur euch davon zu überzeugen ist nicht leicht.

Gewiß verhält es sich so. Der sokratische Topos, sein eigenes Wissen bestehe bloß darin, daß er wisse, daß er nahezu nichts weiß, ist von durchschaubarer Ironie: durchscheint überall Selbstgewißheit, Selbstgerechtigkeit. Nicht das Leben, das gelebte, ungeprüfte, unsichere, korrigierbare ist das Haus der Vernunft – sie kommt von jenseits aus dem Gebot des Gottes. Meletos, der Sokrates der Gottlosigkeit anklagt, ist auf die Ironie reingefallen.

Vernunft als göttlich gestiftetes Einspruchsrecht gegen beschränktes verfügbares Wissen und gelebtes Leben zieht den Tod allemal vor:

> Denn den Tod fürchten, ihr Männer, ist das nichts anderes als sich dünken, man wäre weise, und es doch nicht sein. Denn es ist ein Dünkel, etwas zu wissen, was man nicht weiß. Denn niemand weiß, was der Tod ist, nicht einmal, ob er nicht für den Menschen das größte ist unter allen Gütern.

Munter geht der große Denker zu dem Non-sequitur über, der Tod sei nicht zu fürchten, ja, selbst zu dem *Beweis*, wir könnten *unmöglich recht haben, die wir annehmen, der Tod sei ein Übel.*

Aron Ronald Bodenheimer hat die Selbstgewißheit des Sokrates bis hinein in seine Dialogstrategie verfolgt. «Dialog» ist schon ein falsch gesetztes Wort. Sokrates' Fragetechnik führt den Gesprächspartner am Gängelband. Wehrlos gelangt er zu der Einsicht, zu der der Meister ihn hinführen will wie das Lämmchen zum Schlachtklotz. «Ja», «Jawohl», «Gewiß», «So ist es, mein Sokrates», mehr bleibt ihm kaum beizutragen. Menon macht immerhin den Versuch einer Gegenwehr, wenn er vom Behexen und Bezaubern des Fragekünstlers Sokrates spricht, der wie ein Zitterrochen die, die ihm nahekommen und ihn berühren, erstarren läßt. Es gibt nichts zu erörtern, wenn Sokrates fragt, denn selbst weiß er schon alles bestens. In seine Fragen packt er die Antworten schon hinein: *Sage, mein Bursche, siehst du dieser viereckigen Fläche an, daß sie ein Viereck ist?* Dies ist eine sich selbst beantwortende Frage, die ins Interrogativische gewendete Tautologie, daß Vierecke viereckig sind. Der Bursche antwortet «Ja». Die vielgerühmte Maieutik ist eigentlich Taschenspielerkunst. Der Zauberer steckt das Karnickel selbst in den Zylinder, aus dem er es hervorhext.

Dies, die sokratische Methode, als Modell und Paradigma der abendländischen Vernunft? Es ist zu fürchten, daß das nicht ganz falsch ist.

Dem aufklärerischen Gerede oder – um ein Wort zu wählen, das mehr en vogue ist – dem Diskurs der Vernunft ist das Wissen des Nicht-Wissens und damit das bessere Wissen, das von jenseits herstammt, von Anbeginn eingeschrieben. Ohne einen Vater im Himmel oder das Daimonion aber verkommt das bessere Wissen zur Besserwisserei. Vernunft fuchtelt in rhetorischen Gesten der Belehrung, Aufklärung trägt das Signum der tugendhaften Paukerhaftigkeit. Einem Jens ist sein Daimonion die Prominenz.

Kann man Archetypen umbauen? Ich wünschte mir Sokrates etwas frivoler, weniger triefend tugendhaft, unehrlich zuweilen, inkonsistent und selbstironisch aus Unsicherheit. Ein Spritzer Woody Allen würzte den neu zu mixenden Sokrates-Cocktail angenehm. Wie schön wäre es, wäre Sokrates nach seiner wortgewaltigen Apologie dann doch mit Kriton den Männern von Athen ausgebüchst.

Friedhelm Nonne

«Postmoderne» – Ein neues Modethema für die Pädagogik?

Moden in der Pädagogik – ein Ärgernis?

In den letzten Jahren hat man mehrfach beobachten können, daß Stichwörter und Themen, die den Zeitgeist allgemein erregten, nach kurzer Zeit auch in der pädagogischen Diskussion auftauchten. Marxismus, Kritische Theorie, Ökologie und Friedensbewegung haben in einer marxistischen und in einer «kritischen» Erziehungswissenschaft, in Öko- und Friedens(bewegter)-Pädagogik ihren Widerhall gefunden. Solche importierten Moden haben eine lange Tradition in der Pädagogik; beispielsweise sind auch die Reformpädagogik und der Neuhumanismus (vgl. Luhmann 1981) durch außerpädagogische Diskussionsanstöße angeregt worden. So darf man vermuten, daß auch das Thema «Postmoderne», von dessen Rauschen der Blätterwald der bundesdeutschen Intelligenz neuerdings erfüllt ist, die Pädagogik beschäftigen wird.

Den meisten Wissenschaftlern ist die Existenz von Moden in der Wissenschaft unangenehm, zumindestens wenn man sie darauf anspricht. Wissenschaftliche Moden, und unter diesen insbesondere die «importierten» Moden, werden beklagt; wer eine pädagogische Idee als Ausdruck oder Teil einer Mode bezeichnet, will sie in der Regel damit abwerten. Die grundsätzlichen Ressentiments gegen das Modische selbst, d. h. gegen die Existenz wissenschaftlicher Moden überhaupt, leben von der immer noch und immer wieder aufkeimenden Hoffnung auf einen stetigen Erkenntnisfortschritt in der Erziehungswissenschaft. Auf dieser Hoffnung basiert auch die Überzeugung, durch unbeirrte Kritik an den Moden, an den sie prägenden reduktionistischen und oft historisch naiven Argumenten, seien die Moden zu beenden oder sei sogar langfristig ein erneutes Auftauchen von Moden zu verhindern.

Wer solche Illusionen nicht hegt, für den sind pädagogische Moden eine normale Erscheinungsform der Erziehungswissenschaft. Sie gehören dann gewissermaßen zum Alltag der pädagogischen Diskussion. Von einer solchen Auffassung her erscheint es legitim und vielleicht sogar sinnvoller, den emphatischen Kampf *gegen* die Moden durch einen gelassenen Umgang *mit* ihnen zu ersetzen. Die folgenden Überlegungen sind in diesem Sinne als Hilfen zum Umgang mit der Modewelle «Postmoderne» gedacht: Keine Sandsäcke, sondern Hinweise zum Wellenreiten.

«Postmoderne» – Wissenssoziologische Bemerkungen zum Erfolg eines Schlagworts

Die Welle rollt: «Postmodern» ist «in». Die ersten Kommentatoren haben bereits eine «inflationäre Verwendung» (Roetzer 1985) dieses Terminus bemerkt, und als Beleg dafür mag hier der Hinweis genügen, daß mittlerweile auch Paul Feyerabend als «Postmoderner» geführt wird (Flachskampf 1985).

Für den «take-off» des neuen Schlagworts ist – zumindestens in der deutschsprachigen Diskussion – zweifelsohne Jürgen Habermas verantwortlich, der seit ein paar Jahren mit einigen Mitstreitern gegen «postmoderne» Tendenzen ficht und zur Verteidigung des «unvollendeten Projekts der Moderne» aufruft. Beim Lesen der von dieser Seite stammenden Beiträge spürt man schnell, daß Habermas & Co. sich wie König Artus Tafelrunde im Kampf gegen das Böse wähnen. Für die politisch-moralische Emotionalität der Debatte hat Habermas die *«Neukonservativen»* (Bell u. a.) und die «radikalen *Wachstumskritiker*, für die das Neue Bauen zum Symbol einer durch Modernisierung angereicherten Zerstörung geworden ist», verantwortlich gemacht; durch sie sei der Terminus «Postmoderne», der in der Literaturwissenschaft schon einige Zeit lang emotionslos benutzt worden war (vgl. Köhler 1977), in einen «affektiv aufgeladenen, geradezu politischen Schlachtruf» (Habermas 1982, S. 54) verwandelt worden. Diese Schuldzuweisung ist jedoch höchst einseitig; zwar – und insoweit hat Habermas recht – hat es einige *Versuche* gegeben, ein Schlagwort «Postmoderne» zu popularisieren, aber sie waren nicht erfolgreich. Erst Habermas hat durch das Aufnehmen des unbeachtet herumliegenden Fehdehandschuhs diesem zu allgemeiner Aufmerksamkeit verholfen und jene affektive Polarisierung *geschaffen*, die er zu diagnostizieren vorgab.

Es wäre jedoch voreilig, die erfolgreiche Popularisierung des Schlagworts «Postmoderne» allein durch die besondere Aufmerksamkeit zu erklären, die den Veröffentlichungen von Habermas grundsätzlich gezollt wird. Die mäßige Resonanz und Begeisterung für seine «Theorie des kommunikativen Handelns» zeigt, daß auch der Name Habermas nicht den Erfolg sichern kann. Daß ihm mit seinen Beiträgen gegen die Postmoderne die Entfachung einer breiten Diskussion geglückt ist, ist m. E. vorwiegend auf drei diskussionsfördernde Schachzüge zurückzuführen:

1. Habermas hat das zuvor nur in der Architektur und der Literaturwissenschaft eingebürgerte Wort *«Postmoderne» in die Philosophie transponiert* und dort zur Bezeichnung einiger zeitgenössischer Ideen und Autoren (Baudrillard, Lyotard u. a.) verwendet, deren geistige Verwandtschaft zwar bekannt war, für die es bisher jedoch keine populäre (Selbst-) Bezeichnung gegeben hatte. Indem er diese Verwandtschaft mit dem Stichwort «Postmoderne» zusammenfaßte und damit eine grundsätzliche Ähnlichkeit zu den postmodernen Tendenzen in der Architektur und Literatur behauptete, eröffnete er mit der Philosophie ein neues, drittes Schlachtfeld der Diskussion über die Postmoderne. Die in der Bundesrepublik zuvor nur auf kleine Zirkel beschränkte Diskussion über die nun «postmodern» genannte Philosophie, an der sich etablierte Fachvertreter kaum beteiligt hatten, wurde durch das Engagement von Habermas zum allgemeinen Gesprächsstoff; nachträglich hat man den Eindruck, daß er nur den eigentlichen Startschuß zu einer schon längere Zeit anstehenden, aber latent gebliebenen Kontroverse gab.

2. Habermas hat dazu angeregt, *Postmoderne als allgemeines Phänomen* im geistigen Leben der Gegenwart zu sehen und dementsprechend auch außerhalb von Architektur, Literatur und Philosphie postmoderne Tendenzen zu identifizieren. Als Anhaltspunkt für Postmodernität gilt dabei eine offensiv auftretende Skepsis oder Aversion gegenüber großen Utopien und Programmen (Aufklärung, Marxismus u. v. m.) und den

damit verbundenen Hoffnungen auf kulturellen, wissenschaftlichen und gesellschaftlichen Fortschritt. Praktisch äußert sich die postmoderne «Ungläubigkeit an den Metaerzählungen» (Lyotard 1982, S. 7) in einem zur Schau gestellten Eklektizismus.

Bei der Suche nach einer solchen Geisteshaltung kann man z. Zt. tatsächlich in vielen Bereichen fündig werden. Die seit der Studentenbewegung in vielen Disziplinen zu beobachtende rasch wechselnde Folge von Ideen und Theorien der intellektuellen Avantgarden hat anscheinend gerade bei jenen, die nicht bereit waren, sich auf eines dieser Angebote festzulegen, Ratlosigkeit oder aber eine grundlegende Skepsis gegenüber Theorien (vgl. Bürger 1985) erzeugt und zu Gegenreaktionen geführt, die nun einheitlich als «postmodern» erkannt bzw. bezeichnet werden (können). Die schnelle Ausbreitung des Begriffs verdankt sich also auch der Tatsache, daß er ein typisches Phänomen im aktuellen Denken aufgreift. Die Ausbreitung wird noch dadurch verstärkt, daß das Stichwort «Postmoderne» offensichtlich als Anreiz wirkt, die aus Erfahrungen erwachsene Skepsis nun theoretisch weiter auszubauen und daraus ein ideologisches Programm zu formen (vgl. Lyotard 1982).

3. Das postmoderne Denken hat Habermas als «Neukonservatismus» eingestuft und dadurch *die Debatte politisch emotionalisiert.* Denn obwohl viele der ehemals linken (s. o.) Fürsprecher der Postmoderne sich nicht mehr zur Linken rechnen, liegt es ihnen fern, sich als (Neu-)Konservative zu begreifen. Sie empfinden diese Einordnung – wohl zu Recht – als einen Versuch, das postmoderne Denken politisch zu diskreditieren und damit die inhaltliche Auseinandersetzung zu erschweren. Die publizistische Intensität der Debatte wurde durch das Schüren der Ressentiments aber erst einmal gesteigert.

Die Thematisierung einer latent schwelenden und viele Bereiche betreffenden Kontroverse, das Engagement eines renommierten Autors, die politische Emotionalisierung – das sind die formalen Ingredienzen, die dem Schlagwort «Postmoderne» den Weg geebnet haben. Und die inzwischen erreichte Bekanntheit des Wortes garantiert die Ausbreitung auch in die bisher noch nicht erfaßten Disziplinen – u. a. die Pädagogik.

Vier Zugänge der Postmoderne zur pädagogischen Diskussion

Damit die Postmoderne ein Thema bzw. eine Mode in der Pädagogik werden kann, muß es Erziehungswissenschaftler geben, die das Schlagwort und die Thematik in die pädagogische Diskussion einführen. Ich möchte im folgenden vier Typen von Erziehungswissenschaftlern vorstellen, die m. E. zur Entstehung einer «Postmoderne»-Mode in der Pädagogik beitragen werden. Es gibt natürlich noch andere Varianten, aber die vier ausgewählten scheinen mir die wichtigsten zu sein.

1. *Die «normalen» Erziehungswissenschaftler.* Für sie ist es ganz einfach üblich und für die Karriere manchmal auch notwendig, durch gelegentliches Einstreuen aktueller Termini der philosophischen Diskussion bekanntzugeben – oder zumindestens den Anschein zu erwecken –, daß man immer auf dem letzten Stand sei. In der Regel haben sie einige wenige einschlägige Veröffentlichungen flüchtig zu Kenntnis genommen, aber nicht die Zeit oder das Interesse, sich tiefer in das Thema einzuarbeiten und eine differenzierte Meinung zu entwickeln. Es reicht ihnen eine vage Sympathie zu einer der rivalisierenden Positionen, um in die nächsten eigenen Publikationen Wendungen wie «. . . die Diskussion über die Postmoderne zeigt . . .» o. ä. einzuflechten. Das massenhafte Auftreten solcher Bemerkungen erzeugt insgesamt den Eindruck, das Thema habe eine große Relevanz für die Pädagogik. Ansonsten ist ihre Wirkung bescheiden; nur jene seltenen Formulierungen, in denen ein Problem, eine Haltung, ein Argument besonders pointiert zum Ausdruck gebracht worden ist, haben eine Chance, in der weiteren Diskussion aufgegriffen zu werden. In der Regel wird den Bemerkungen keine Aufmerksamkeit geschenkt und ihre Zahl wird sich schnell verringern, sobald die allgemeine Diskussion über Postmoderne ihre Attraktivität einbüßen wird.

2. *Die «postmodernen» Erziehungswissenschaftler.* Die, die selbst mit der oben beschriebenen postmodernen Geisteshaltung sympathisieren, werden selbstverständlich engagierter als normale Erziehungswissenschaftler in ihren Publikationen für die Postmoderne eintreten. Bisher ist die Zahl

solcher Veröffentlichungen in der Pädagogik noch gering, aber es spricht einiges für die Möglichkeit, daß sie bald steigen könnte. Wie in anderen Wissenschaften hat in der Pädagogik die seit 1968 rasch wechselnde Abfolge immer neuer, meist dogmatisch verfochtener Moden – z. B. Aktionsforschung, qualitative/interpretative Sozialforschung, Alltagswende, oder marxistische, emanzipatorische Öko- und Friedens(bewegte)pädagogik – bei einigen Wissenschaftlern eine ideologische Unsicherheit und eine ekklektizistische Wissenschaftspraxis hervorgerufen. Ein offenes Bekenntnis dazu hat es aber nur selten gegeben (vgl. als Ausnahmen Scarbath 1979, Reich 1978). Wie in anderen Disziplinen (s. o.) könnte das Stichwort «Postmoderne» auch in der Pädagogik dazu reizen, die Ratlosigkeit und Skepsis zu einer theoretisch wohlbegründeten Haltung umzuarbeiten und offensiv zu vertreten. Ob solche Vorstöße eine nachhaltige Wirkung auf die Pädagogik ausüben werden, wird u. a. davon abhängen, welche praktischen Folgen die Orientierung an der postmodernen Haltung in der Pädagogik mit sich bringen wird. In der Philosophie hat die Intention, sich der Idee der universellen Wahrheit und dem Fortschrittsglauben zu verweigern, zu Bemühungen um eine neue Sprache bzw. einen neuen Stil philosophischer Texte geführt. Die Pädagogik muß aber im Gegensatz zur Philosophie nicht nur Intellektuelle mit interessanter Literatur beliefern, sondern auch die sehr viel handfesteren praktischen Probleme erzieherischen Handelns und die Ausbildungsbedürfnisse angehender Pädagogen im Auge haben. Esoterisch formulierte Texte, wie man sie gelegentlich im «Konkursbuch» oder in «Tumult» lesen konnte, gehen auf diese praktischen Interessen zu wenig ein, um als fruchtbare Bereicherung des pädagogischen Schrifttums gelten zu können. Möglicherweise werden trotzdem einige Autoren solche esoterischen Texte für die pädagogische Diskussion produzieren; nur werden sie hier noch mehr ignoriert und/oder abgelehnt werden als in der Philosophie, wo Laermann (1985) sie unlängst als «Gefasel» abqualifiziert hat.

Ich halte es jedoch für denkbar, daß postmoderne Erziehungswissenschaftler auch zu einem weniger esoterischen Schreibstil finden. An Henry Adams (vgl. Frese in diesem

Band) kann man sehen, daß eine postmoderne Botschaft für die Pädagogik in verständlichen und zugleich rhetorisch kunstvollen Formen formuliert werden kann. Auch die Texte Jürgen Henningsens, sein «Beispielerzählen» (Henningsen 1982), bieten sich sowohl von den inhaltlichen Intentionen als auch von der stilistischen Form als Vorbilder für eine postmoderne pädagogische Literatur an. Ob dieser Weg beschritten wird, ob eine postmoderne Pädagogik einen wohltuenden Einfluß auf die Sprache erziehungswissenschaftlicher Veröffentlichungen wird ausüben können, ist gegenwärtig offen und bleibt abzuwarten.

3. *Die «adressatenorientierten» Jugendforscher und Erziehungswissenschaftler.* Im Rahmen der steigenden Beliebtheit des Schlagworts «postmodern» wird es mittlerweile gelegentlich auch zur Bezeichnung der neueren Jugendsubkulturen (Punks, Popper, Teds usw.) benutzt (vgl. Baacke 1984). Die Bezeichnung zieht ihre Berechtigung aus der Tatsache, daß die offensive Verweigerung gegenüber den Sinnangeboten der Gesellschaft und ein extravagant-ekklektizistischer Kleidungsstil wesentliche Kennzeichen dieser Jugendkulturen sind. Das Etikett «postmodern» paßt hier wirklich gut und dürfte sich deshalb allgemein durchsetzen.

In der Schule und in der Jugendarbeit wird die provokante Verweigerungshaltung der postmodernen Jugendlichen als pädagogisches Problem wahrgenommen. Gerade studenten-, ökologie- oder friedensbewegte Pädagogen, die für das rebellische Element dieser Verweigerungshaltung Sympathie empfinden, leiden darunter, daß sie in der Regel kein positives Verhältnis zu den Jugendlichen aufbauen können. In einem einfühlsamen Bericht über diese neuen Spannungen klagt ein Deutsch- und Gemeinschaftskundelehrer: «Es ist wirklich unheimlich schwer, überhaupt noch Problemstellungen im Unterricht zu erarbeiten . . . Sie (die Schüler; F. N.) finden einen wie mich, der Problembewußtsein zu schaffen versucht und nicht allzu autoritär auftritt, einfach einen ‹Laschi›. Sie nehmen mich nicht ernst.» (Horx 1985) Diese Pädagogen werden, auch wenn sie persönlich die postmoderne Lebenshaltung überwiegend ablehnen, in der Praxis und in der Theorie nach einer «Pädagogik für postmoderne Adressaten» suchen. Ob es eine solche Pädagogik geben kann, d. h. ob postmoderne Jugendliche durch ein (allgemein beschreibbares) pädagogisches Handeln überhaupt erreichbar sind, möchte ich hier offenlassen. Auf jeden Fall steckt in der Problematik viel Stoff für erziehungswissenschaftliche Auseinandersetzungen.

4. *Die «systematischen» Erziehungswissenschaftler.* Während normale Erziehungswissenschaftler sich mit einer oberflächlichen Auseinandersetzung mit der Diskussion über «Postmoderne» begnügen, werden sich systematische Erziehungswissenschaftler dem Thema mit deutscher Gründlichkeit nähern. Sie werden die außerhalb der Pädagogik geführte Diskussion samt deren Widersprüchen und Problemen ausführlich darstellen, sie werden die Übertragbarkeit des Schemas «modern – postmodern» auf die Pädagogik und dessen präzise historisch-systematische Vorformen, die Begriffprobleme und den möglichen Ertrag für die pädagogische Diskussion besonnen aufzuhellen versuchen. An klugen Gedanken und klärenden Einsichten wird es solchen Abhandlungen nicht mangeln – nur werden sie in der Regel wegen ihrer langweilenden Diktion und Ausführlichkeit kaum gelesen und verarbeitet werden (vgl. entsprechende Beobachtungen bei Luhmann 1981). So bleibt es das traurige Schicksal solcher inhaltlich oft ausgezeichneter Beiträge, die Zahl der Veröffentlichungen zur «Postmoderne» zu erhöhen, ohne den Verlauf der Diskussion nennenswert zu beeinflussen.

Ein skeptisches Resümee

Die Ausbreitung postmoderner Ironie und Gelassenheit gegenüber den Herrschaftsansprüchen von verbissenen Fortschritts- und Wahrheitsdoktrinen ist ohne Zweifel eine angenehme Tendenz in der Pädagogik. Ob eine solche Tendenz durch die vermutlich sehr modern-ungelassene Diskussion über das *Thema* «Postmoderne» befördert wird, darf bezweifelt werden. Und mit Blick auf die noch ausstehenden «Ergebnisse» der Diskussion möchte ich darauf hinweisen, daß sich der inhaltliche Ertrag wissenschaftlicher Moden im Nachhinein meist bescheiden ausnimmt.

Oft werden mit einer neuen Sprache nur alte Probleme und Antworten wiederentdeckt und als Novitäten mißverstanden (vgl. Luhmann 1981). Nach anfänglicher Euphorie setzt sich die ernüchternde Einsicht durch: «Irgendwie ist vieles schon ‹dagewesen›.» (Henningsen 1982 a, S. 21). Der Verlauf der pädagogischen Diskussion über «Postmoderne» wird hier keine Ausnahme machen. Wer das weiß und sich deshalb beim anstehenden erziehungswissenschaftlichen Tanz um die Postmoderne nicht zu sehr berauschen läßt, dem bleibt später ein Kater erspart.

Literatur Nonne

Baacke, Dieter: Jugendkulturen und Erziehung. Eine Skizze, in: deutsche Jugend 1984/12, S. 553–561

Bürger, Peter: Punktuelle Perspektiven. Bonn und die Wiederkehr der fünfziger Jahre, in: Merkur 1985/2, S. 157–161

Flachskampf, Frank Arnold: «Alles ist möglich». Zu Paul Feyerabend: «Wissenschaft als Kunst», in: DIE ZEIT v. 29. 3. 1985

Habermas, Jürgen: Moderne und postmoderne Architektur, in: Arch+ (1982), Heft 61, S. 54–59

Henningsen, Jürgen: Kasuistik: Beispielerzählen in der Streitsituation, in: Lenzen, D. (Hrsg.): Erziehungswissenschaft im Übergang – verlorene Einheit, Selbstteilung und Alternativen, Stuttgart 1982, S. 205–226

Henningsen, Jürgen: Meilen-, Grenz- und Grabsteine. 15 Jahre Erziehungswissenschaft in der Bundesrepublik. Persönliche Randbemerkungen, in: Lenzen, D. (Hrsg.): Erziehungswissenschaft im Übergang – verlorene Einheit, Selbstteilung und Alternativen, Stuttgart 1982 a, S. 15–31

Horx, Matthias: Die Grünis sind das Allerletzte. Wie Jugendliche auf Distanz zur grünen Kultur gehen, in: DIE ZEIT v. 19. 4. 1985

Köhler, Michael: Postmodernismus: ein begriffsgeschichtlicher Überblick, in: Amerikastudien 22/1977

Laermann, Klaus: Das rasende Gefasel der Gegenaufklärung, in: Merkur 1985/3, S. 211–220

Luhmann, Niklas: Theoriesubstitution in der Erziehungswissenschaft: Von der Philanthropie zum Neuhumanismus, in: ders.: Gesellschaftsstruktur und Semantik Bd. 2, Frankfurt a. M. 1981, S. 105–194

Lyotard, Jean-François: Das postmoderne Wissen. Ein Bericht, Bremen 1982

Reich, Kersten: Erziehung und Erkenntnis. Studien zur Methodologie der Erziehungswissenschaften, Stuttgart 1978

Rötzer, Florian: Zwischen Sehnsucht und Schrecken, in: TAZ v. 10. 4. 85

Scarbath, Horst: Unser Wissen ist Stückwerk. Plädoyer für ein mehrperspektivisch-dialogisches Verständnis von Erziehungswissenschaft, in: Claußen, B./Scarbath, H. (Hrsg.): Konzepte einer Kritischen Erziehungswissenschaft, München 1979, S. 204–224

Bernd Dewe/Wilfried Ferchhoff

Aller enden die Innenausstatter
vor ihren Tapetentüren
und spielen Saalschutz
daß die Fenster klirren
Referenzen sind wieder gefragt.
Oh du mein schönes Valenzerleben.
Bruno Wels

Die Lust am Schein – Postmodernistische Notizen über Trends, Geschmäcker und Redensarten unter Pädagogen

«Keine Illusionen. Wir entkommen der Wende nicht. Man trägt nicht länger Jeans (allenfalls noch die der Marken ‹Closed› und ‹Elkins› – die Verfasser), Leichenbittermiene, soziale Solidarität und all die anderen Attitüden des Protests. Das Leben ist so ernst geworden, daß man es nur noch als ästhetisches Phänomen und luxuriös versüßt ertragen kann. Stil und Form . . . sind wieder gefragt. Angesagt ist der gute Geschmack. Das hat nicht nur, wenn auch widerwillig, das ‹Kursbuch› als jüngste Stimmung im Westen ausgemacht. Der neue . . . Geschmack ist eine Erlebnisweise, die von der amerikanischen Essayistin Susan Sontag als ‹Camp› beschrieben wurde, als Triumph des Stils über den Inhalt, als Lust an dem Gewollten, dem Manierierten, dem kunstvoll Zitierten. In der neuen Mode können sich viele in einer Phantasie genießen, die nicht ihre eigene sein muß. Selbst die buntesten Eskapaden aber folgen modischen Regeln, und selbst das Nein zum Kostüm der Gesellschaft ist sanktioniert durch die schillernde Uniform des Erfolgreichen, des Zukunftsträchtigen, des morgen schon Modischen. Eine Gesellschaft, die Abschied genommen hat von Reformen und vom sozialen Fortschritt, verträgt auch in der Mode nur den Hedonismus, die Lust am Augenschein. Das ist, da Mode auch immer künstlerische Ausdrucksform ihrer Zeit ist, die Reaktion auf die Abdankung der Avantgarde.

Die neue Mode bringt nicht mehr die kubistischen, kantigen, geometrischen Kleider-Figuren hervor, sondern jugendstilige Schlangengestalten, den geschlechtlich neutralisierten Androgyn und auch den bunten Vogel nach der Art der Neuen Wilden. Sie ist postmodern. Ausgespielt wird der verbotenste aller sexuellen Reize, der extravagante Verstoß gegen das eigene Geschlecht. Der Mode-Mann sieht sich als Typ, ist zugleich völlig bewußt und total naiv, zugleich ernsthaft und lächerlich. Sein Merkmal ist Extravaganz, ein Pathos, das zur Pose gerinnt und zur preziösen Allüre.» (Kesting 1985, S. 200)

In einer Zeit wie der unseren wird bekanntlich alles zur Mode, zur Saisonangelegenheit. Gegen die Langeweile und das Immergleiche ist das Zurück zur glitzernden, flimmernden, flirrenden und flitternden Fassade, das käuflich Neue als Mode zur Zeit begehrtes Lebensmittel. Das Neue präsentiert sich besonders in der Mode, die zumindest alle sechs Monate angesichts ihrer «unerträglichen Form der Häßlichkeit» verändert werden muß – so schon eine Feststellung von Oscar Wilde – als collagiertes, freches und assoziatives Spiel mit dem alten, mit bereits bekannten, neu zusammengesetzten und kombinierten Mosaiken, Formen, Schnitten, Stoffen, Farben, Mustern, Accessoires. Im Wettlauf mit dem Neuen, den neu-alten Stilen – wobei die Demarkationslinien zwischen Alt und Neu, zwischen ‹Richtig› und ‹Falsch›, zwischen ‹Eindeutigkeit› und ‹Unbestimmtheit›, zwischen ‹Imagination› und ‹Wirklichkeit›, zwischen ‹Oberfläche› und ‹Tiefe›, zwischen ‹Schein› und ‹Wesen› mehr oder weniger aufgeweicht werden und verschwinden – werden mehr als nur manche Details, zuweilen demonstrativ, verwandelt, imitiert und oftmals wird auch alles hemmungslos und willkürlich ausgeschlachtet sowie erbarmungslos geklaut; von den Türken die Beduinenmäntel und die breiten Gürtel von den Punks,von den Konstruktivisten die Hüte, von Marlene Dietrich die engen Röcke und den ‹Neuen Wilden› der Pinselstrich zur Gestaltung der Stoffe. Es findet also mehr oder weniger ein spielerisch-konsolidierender Umgang mit zusammengeklauten und -gebastelten «Zierformen, Stilzitaten, Popsymbolen und Emblemen» der unendlichen Vielfalt unserer Warenwelt statt. Quasi beliebig kann demnach alles für alles vereinnahmt, geschichtslos nebeneinander gestellt und eklektizistisch aneinandergeheftet werden – ein Styling, Ambiente und Kennzeichen der «Postmoderne»?

Neben einem faszinierenden gediegenen ‹modischen Absurdismus› oder einer ‹komikhaften Esoterik des Unfugs›, kommt es im Zuge der «perennierenden Jagd» nach dem Brandaktuellen und Allerneusten nicht selten zu einer trickreichen «pseudobegrifflichen Hochstapelei», zu einer metapherhaften «raunenden Beschwörung des Unbestimmten». Das schiefe bzw. schräge ‹Irgendwie› wird zudem noch manchmal mit den – freilich infantilisierenden – Weihen des höheren ‹Nonsense› oder Blödsinns ausgestattet. Das Originelle, Unbestimmte, Rare, Coole, die «Unschärferelation» (Henningsen 1984) sowie die Stil-Vielfalt und die oftmals schräge, collagenförmige Buntheit macht jedoch neugierig und überrascht zugleich. Ein Gemisch aus Allem, allerdings ohne Kompromiß, (oder: ‹Nichts ist alles, alles ist in›) scheint nicht nur in der Modebranche Verwirrung und Irritation zu stiften. Selbst ‹das Nachdenken›, respektive das Palavern über Mode ist zu ‹bestimmten Zeiten in den «einschlägig unbedarftesten Kreisen» (Walter 1985, S. 38) 'Mode'. Die heutige Mode wie überhaupt die noch so subtilen Signale und Details im Code der Mode, deren flinke Wenden offenkundig strikter befolgt werden als die der Politik, sind allerdings schon morgen so veraltet wie die Tageszeitung von gestern. Im Taumel der vorbeihuschenden, sich ablösenden Erscheinungen wird der neue gute Geschmack von heute so zum Nachgeschmack von gestern.

Die prinzipielle «Totsagung der modernen Avantgarden», die Verweigerung von Moral und Politik, der Modus des flüchtigen, indifferenten Verschwindens (des Realen, des Sinns, des Individuums, der Geschichte, der Szene, der Transzendenz der Utopie, der Entzauberung, der Dechiffrierung etc.), der «Aufklärungsverdruß», die «Denunziation der dialektischen Vernunft, der – in erschreckendem Maße – zunehmende «Theorie-Ekel» (Laermann 1985) bzw. die «theoretische Verwahrlosung» (Manfred Frank), die – sowohl beklagten als auch gefeierten – Stimmungs- und Bewußtseinslagen der Sinnenttäuschungen, -zerstreuungen, -vervielfältigungen und -zerstörungen, sowie vor allem der Abschied vom «Anspruchsdruck der Modernität» – freilich alles ohne programmatische Prophetie und pathetischen Gestus – schaffen eine zuweilen gleichsam zynische und mondäne, «genußvolle Atmosphäre der gemütlichen Entlastung» und der flink-fröhlichen Stil-Kreativität und Produktivität, die sich durch keine normativ-lineare Zielvorgabe und durch keinen angestrengten Bildungsauftrag mehr bevormundet und gehemmt fühlen müssen.

Allerdings wird denjenigen, die die ‹Zeichen der Zeit› nicht erkannt haben und sich nicht schnell genug im Modekarussell bewegen, nicht selten Ignoranz, Unaktualität oder Biederkeit attestiert. Neben der Variationsbreite des «guten Geschmacks» und der «Zurschaustellung» des Individuellen und Hedonistischen – denn Mode ist keineswegs nur die «Negation des Subjektiven» und somit Eintönigkeit und Konformität schlechthin, wie manche ‹kritische Kritiker› vorschnell vermuten (so etwa: Liessmann 1983, S. 17) – besteht das Wesen der Mode, wie Georg Simmel meint, «darin, daß immer nur ein Teil der Gruppe sie ausübt, die Gesamtheit aber sich erst auf dem Weg zu ihr befindet». Doch jede massenhafte Ausdehnung führt diese «ihrem Ende zu, weil sie dadurch die Unterschiedlichkeit aufhebt. Sie hat durch dieses Spiel zwischen der Tendenz auf allgemeine Verbreitung und der Vernichtung ihres Sinnes, die diese Verbreitung gerade herbeiführt, den eigentümlichen Reiz der Grenze, den Reiz gleichzeitigen Anfanges und Endes, den Reiz der Neuheit und gleichzeitig den der Vergänglichkeit» (1905, S. 15).

Wissenschaftliche Moden in den Geistes- und Sozialwissenschaften haben nun keine andere Verlaufsgestalt, wie etwa Dieter Neumann und Jürgen Oelkers mit gewisser Berechtigung vermuten, auch ihre «Würde besteht eigentlich in ihrer Vergänglichkeit» (Adorno 1955, S. 147). Auch hier kommen von Zeit zu Zeit Geisteshaltungen, Geschmäcker und Redensarten auf, die binnen kurzem über alle ‹Schulrichtungen› hinweg die Szene beherrschen und geeignet erscheinen, aus den überkommenen und festgefahrenen Konfrontationen herauszuführen (vgl. Dewe 1983).

Die Frage, ob es sich dabei wirklich um eine neue Problematik bzw. Sichtweise oder aber nur um eine neue façon de parler handelt, kann im Falle der Pädagogik kaum ernsthaft gestellt werden. Denn: in der Pädagogik scheint trotz aller Diskontinuität in der Entwicklung ihrer disziplinären Identität eins kontinuierlich, der Wechsel der semantischen Gewänder bzw. die Wende, die «stets mit einem Kampf der verschiedenen Richtungen einhergeht. Die jeweils siegreichen Richtungen scheinen sich nun als ‹Mode› durchzusetzen. Nicht ohne Grund spricht man von den ‹neuesten Trends› oder ‹Tendenzen›, ganz so als ginge es um Objekte der haute couture» (Neumann/Oelkers 1981, S. 623).

Die Modeabhängigkeit namentlich der Pädagogik ist, wie Neumann und Oelkers treffend feststellen, ein sträflich vernachlässigter Bereich von Forschung und Reflexion, obwohl in nicht wenigen wissenschaftlichen Fächern der Hang wie aber auch der Zwang zu modischen Allüren offenkundig ist und offenbar zum wie immer beklagenswerten, so doch offenkundigen Charakter der wissenschaftlichen Disziplinen selbst gehört. Das ‹wirrselige Gewühl ihrer Gedankenführung›, das Spiel mit Brüchen, Ambivalenzen und «Ironie, ohne Unschuld» (Eco) haben in der Vergangenheit zu allerlei kurzatmigen, wirklichkeitsentrückten, manieristischen Beschwörungsformeln und pseudobegrifflichen ‹Mätzchen› geführt. Die Pädagogik hat aus der Not, eine Modedisziplin im doppelten Sinne zu sein, – verwiesen auf Moden, aber auch in der steten Gefahr bzw. Versuchung, selbst Mode zu sein – ironischerweise eine Tugend gemacht. So räumt denn auch Heinrich Roth (1962) eben bei der Ankündigung einer der Wenden freimütig ein: «Wenden hat es in der Pädagogik immer wieder gegeben: bei Comenius, bei Rousseau, bei Pestalozzi, bis herauf zu Hermann Nohl und Theodor Litt. Sie wurden zumeist als Rückrufe verstanden: zurück zu den Sachen, zur ursprünglichen Natur, zum einfachen Volk, zum Dienst am Menschen, zur Humanisierung der Arbeitswelt. Es hat den Anschein, als ob die Pädagogik den Trend hätte, sich immer wieder ins rein Verbale, Künstliche . . . zu versteigen und zu verlieren» (a.a.O., S. 481). In der Tat! Allein die westdeutsche Pädagogik kann eine Bilanz von mindestens acht derartiger Wenden und Wechsel aufmachen, wobei sie sich durch die Neigung der Theoriemoden zum alsbaldigen Verschwinden, ihre Kurzlebigkeit und Disponibilität kaum verunsichern ließ und sich die Frage, nach welchen Prinzipien das Neue in der Mode – wie in der Theoriemode – eigentlich hervorgebracht und gestaltet wird, bis in die jüngste Vergangenheit hinein kaum ernsthaft gestellt hat. Eher typisch waren zwei sich durchaus ergänzende Reaktionsmuster. Einerseits sind Wende für Wende mit einem mehr oder weniger großen Maß an Euphorie die neuen Trends unglaublich rasch aufgegriffen worden. Jeder zu «seiner Zeit» schien wie eine langgesuchte und endlich gefundene Zauberformel, mit der sich die Orientierungsprobleme der Erzieher lösen lassen. Andererseits stellte sich im Lager der Skeptiker der Zunft stets die gleiche Frage: wie soll man sich zu dem Phänomen der (jeweiligen) Wende stellen? «Ist sie uns beschert worden, oder haben wir sie verdient» (Kaiser 1981, S. 111).

Entsprechend dissonierend war stets das Konzert der pädagogischen Experten: «Für die einen bricht am Horizont die Morgenröte eines neuen Forschungsparadigmas auf, für die anderen ist dies schlichtweg modischer Schnick-Schnack» (a.a.O.).

Beide Tendenzen, Modeeuphorie und Zwang wie auch die Entlarvung von (Erziehungs-)Wissenschaft *als* Mode sind in der Pädagogik allenthalben festzustellen. Den Wandel der façons de parler, den Wechsel von Moden, die stets bruchhafte Umorientierung am vermeintlich Neuen und völlig anderen, das vielversprechend erscheint und *die* Lösung aller Probleme verheißt, die die gestrige Ausrichtung nur unzureichend ermöglicht hatte, dieser auf Dauer gestellte Trendwechsel charakterisiert – so Neumann/Oelkers – die pädagogische Wissenschaftsgeschichte spätestens seit dem Zerfall des Herbartianismus. «Die grundlegenden Zweifel an der wissenschaftlichen Pädagogik überhaupt, also die Zweifel an ihrer Legitimität und Seriosität aufgrund dauernden Wechsels und fehlenden Fortschritts, mithin ihre Betrachtung als Mode, sind so alt wie die Reklamierung der pädagogischen Wissenschaft selbst» (a.a.O., S. 625).

Die pädagogische Lust am Schein, der eher zitiert als neu geschaffen wird, so läßt sich vermuten, hat also Geschichte. «Mit Lust bekennt sich . . ., wer mit Mode und ästhetischen Objekten spielt, zum Zitat, zur Formel des ewig wiederkehrenden Neuen» (Alt 1985, S. 68). Goutiert man aber das Stilisierte nach einem durchaus willkürlichen Auswahlprinzip und puscht das Zitat in den Rang einer ‹ästhetischen

Ursprünglichkeit›, hat das mindestens für die kritikfreudigen Zunftgenossen der Pädagogik den Vorteil für sich, daß sich heutzutage pädagogische Moden und Wenden bereits kritisieren lassen, *bevor* sie auch nur in Ansätzen vollzogen sind. So wurde von Kritikern nicht selten der Einwand vorgebracht, daß so manches was als Alternative dem pädagogisch Hergekommenen entgegengestellt wurde, nur deshalb als alternativ erscheinen (konnte), weil in Vergessenheit geraten war, daß die gesamte neuzeitliche Pädagogik «schon immer, schon seit ihren frühen ‹Klassikern› voll von Alternativen gewesen war» (Scheuerl 1981, S. 2). Eine geschichtliche Rückbesinnung mit nur ein wenig längerem Atem – so Hans Scheuerl – hätte rasch erkennen lassen, «daß viele dieser nun popularisierten und in ihren Pendelausschlägen als historische Weiterentwicklungen gedeuteten Leitvorstellungen alte Topoi enthielten, die – wenn auch in veränderten Terminologien und Kontexten – spätestens seit der Reformpädagogik unserer Väter- und Großvätergeneration, in einigen Fällen bereits seit den Anfängen der Neuzeit, immer wiederkehren» (a.a.O.). Daraus läßt sich so leicht wie berechtigt der Schluß ziehen, daß mit den pädagogischen Trendwenden und Redensarten nicht schon die Erziehungsprobleme ‹gelöst›, sondern in der Regel nur deren Bezeichnungen ausgetauscht worden waren. Vermeintlich historische Entwicklungen entpuppten sich so stets auf's Neue als Wechsel von Moden und Stilen, aber nicht von «Denkstilen» (Fleck 1980). Die ewige Wiederkehr des Gleichen, die Sinnvervielfältigung ist augenfällig: was etwa in der sogenannten antiautoritären Bewegung die Emanzipationspädagogen erfaßte, war zu einem nicht geringen Teil erneut aufgelegte Lebensphilosophie, wobei – wie eher konservative Kritiker unterstellen – «die neueren Propagandisten allerdings selten genug ihre geistigen Väter kannten» (Geißler 1985). Und auch die Antipädagogik der Gegenwart steht in dem Verdacht, argumentativ nichts Neues vorgebracht zu haben. «Sie ist eine Neuauflage des Glaubens an die ‹Unschuld des Werdens›. ‹Selbstbestimmte Schulen› mit ihren ‹offenen Curricula› leben aus demselben Glauben. Und noch die Grünen sind mit ihrem durchgängigen Widerwillen gegen Technik, Rationalität, Gesetzlichkeit etwas verspätete Jünger der gleichen Weltanschauung» (a.a.O., S. 32).

Nun erscheint es an dieser Stelle unangemessen, uns an der Suche nach den vermeintlich rationalen Motiven für den dauernden Wechsel der (Theorie-)Moden zu beteiligen.
Doch einige eher beiläufige Vermutungen wollen wir dem Leser nicht vorenthalten. Man kann den Eindruck gewinnen, daß vom spezifischen Inhalt einmal abgesehen, der akademische, d. h. der wissenschaftlich-institutionalisierte Teil der Pädagogik (inzwischen) eine Berufssparte mit knappen Arbeitsplätzen, aber viel Bewerbern und deutlicher Hierarchisierung ist. So wundert es niemand, daß neben Macht und Beziehung die soziale und wahrgenommene wie auch bewertete berufliche Qualifikation, also das wissenschaftliche Prestige einer Person oder ‹Schulenrichtung›, ein nicht unbedeutsames Mittel der ‹Aufwärtsmobilität› ist. Also Motivation genug, um nicht bloß ‹rein wissenschaftlich rational› nach vermeintlich neuen Erkenntnissen zu suchen und diese nach Maßgabe ihres «objektiven Wertes» für die Laien zu verbreiten, sondern sich von möglichen Konkurrenten nicht nur graduell, sondern bestenfalls grundsätzlich zu unterscheiden. Die fiebrige Neuerungssucht und die Anfälligkeit für Modezyklen mag zudem auch mit dem relativ marginalen Status der Erziehungswissenschaft in der Republik der wissenschaftlichen Zünfte zusammenhängen. Weil die Erziehungswissenschaft samt ihren Bindestrichpädagogiken kaum eine Gebietsbeschränkung kennt und sämtliche Verhaltens- und Handlungsweisen, alle Handlungsfelder und Systemzusammenhänge in ihr Theoriegebäude integrieren will, ist sie ständig auf der Suche nach neuen ‹issues› (so Gross 1985). Sie adaptiert in schneller Folge soziologische, psychologische, sozialpsychologische etc. Neuerscheinungen und legt sie unverdaut wieder ab. Indem sie alles scheinbar Brauchbare in sich einverleibt und in dieser Hinsicht totalisierend auftritt, greift sie paradoxerweise stets «zu kurz, umfaßt alles und doch nichts» (a.a.O., S. 284 f.). So betrachtet wäre eine stets neugewendete Erziehungswissenschaft nicht nur Magenelexier zur Förderung der Reputation, nicht lediglich Mobilitätsvehikel für statussuchende Wissenschaftler, sondern auch kurzfristige Prestigequelle für intellektuelle Diskurse, die auf der gesellschaftlich irrelevanten Spielwiese von Akademia frei gedeihen oder verdorren (so Levy 1983).

Die darin steckende Tendenz der Selbstüberschätzung von pädagogischen Professionellen, gepaart mit der freimütigen Bereitschaft, jede gesellschaftliche Anforderung pädagogisch aufzugreifen und zu beantworten, führt nicht selten zum Verkennen der pädagogischen Hypertrophie, immer weitere gesellschaftliche Problemfelder als pädagogische Handlungsfelder umzudefinieren. Die Vorstellung etwa, Verkehrs-, Wohnungsbau-, Gesundheits-Politik und Arbeitsmarktprobleme durch Pädagogik ergänzen oder zu ersetzen, muß aber als Ausdruck eines ideologischen Pädagogismus (Dauber 1980) gewertet werden, der nicht nur naiv, sondern auch dilettantisch sein kann. Erziehungswissenschaftler nehmen auf diese Weise am allgemeinen Trend zur Pädagogisierung als einem Hauptstrom der Verwissenschaftlichung unseres Alltagslebens teil und können sich fatalerweise der darin zur Geltung kommenden ‹professionellen Verwaltung der guten Absicht› auch noch gewiß sein. In der professionellen Absicht, die zur Kritik aufzuklärenden Adressaten von Pädagogik immer schon als Objekte der Erziehung zu betrachten, lauert sozusagen stets die Gefahr, durch die Verwandlung des gut gemeinten kultur- und sozialreformerischen Impulses in die bloße professionelle Verwaltung der guten Absicht eine Reaffirmation der bestehenden pädagogischen und politischen Verhältnisse de facto zu betreiben. Doch ist der allgemeine Trend zur Pädagogisierung des Alltagslebens nur *eine* Folgeerscheinung des andauernden Versuchs der Verwissenschaftlichung von Pädagogik und Erziehung. «Dieser Versuch scheint schlichtweg überflüssig, obwohl er unter dem Gesichtspunkt einer höheren Rationalität unternommen worden ist und unternommen wird» (Neumann/Oelkers, S. 627). So ist etwa im Strudel der Theoriewenden der Professionsbegriff in der Pädagogik bereits als Substitut von Bildung etabliert worden. Die möglicherweise nicht intendierten Folgen erscheinen jedoch fatal: «Bildung . . . operiert mit der Vorstellung der Hervorbringung, Profession mit der Vorstellung der (Verhaltens-) Korrektur» (Schorr 1982). Freilich überpointiert ließe sich vermuten, daß nach jedem vollzogenen modischen Wechsel der Theorien um so deutlicher die paradoxe Einsicht steht: man kann die Theorie nicht gebrauchen und trotzdem betreibt man sie.

Um die aporetische Situation des pädagogischen Bewußtseins in den letzten drei bis vier Dekaden zu illustrieren, lassen wir uns einen Moment lang von der Woge der Modewenden – Kommentierung und -karikierung treiben, wie sie mit Ironie und metasprachlichen Spielen von Werner Loch geleistet worden ist, um einen kleinen Eindruck davon zu gewinnen, was dem pädagogischen Bewußtsein so alles widerfahren kann:

Die ‹*Amerikanisierung des pädagogischen Bewußtseins*› kann gleichsam als die Wende der Pädagogik der Stunde Null gelten, welche im Zuge der sogenannten ‹Re-Education› in Westdeutschland erfolgte. Allerdings ließ eine ‹*neo-lebensphilosophische Wende*› bzw. die Nachkriegs-Renaissance der geisteswissenschaftlich-hermeneutischen pädagogischen Theorietradition nicht lange auf sich warten, die ihrerseits alsbald durch den Versuch zu einer ‹*mitbürgerlichen Wende*› (Borinski) modifiziert wurde. Die ‹*realistische Wende*›, die einige Jahre später von sich reden machte, schien der Pädagogik eine ruhige Zukunftsperspektive mit ungeahnten wissenschaftlichen Möglichkeiten positiver Forschung zu verheißen. «Positive Forschung hieß empirische Forschung nach behavioristischen Modellen. Und das bedeutete, daß das pädagogische Bewußtsein nicht nur seine Objekte, sondern im Zuge der adaptierten Verhaltenstheorien auch sich selbst am Verhalten von Ratten und Tauben modellierte. So fiel das pädagogische Bewußtsein der Erniedrigung seiner Versuchskaninchen selbst zum Opfer» (1984, S. 120). Aus dieser geistigen und moralischen Armut – so Lochs These – konnte nur eine ‹Gegenwende› befreien, die die Rückkehr zur wahren Menschlichkeit zum Programm erhob. So kam es zur ‹*anthropologischen Wende*› der Pädagogik. In der anthropologischen Wende der 60er Jahre nahm die Phänomenologie einen breiten Raum ein, repräsentiert durch Namen wie Bollnow für die lebensphilosophisch-phänomenologische Orientierung und Langeveld etwa für eine phänomenologische Orientierung im Sinne Husserls. Loch kommentiert: «Bei ihrem Rückgang auf die ursprünglichen Möglichkeiten, die ‹Macht› der menschlichen Natur, war ihre Fragestellung jedoch zu affirmativ, weil sie die ‹Ohnmacht› des Menschen gegenüber seinen eigenen Artefakten kaum in Rechnung stellte» (a.a.O.). Im Zusammenfließen von anthropologischer und realistischer Welle definierte sich die Pädagogik nunmehr als «datenverarbeitende Integrationswissenschaft» (Heinrich Roth), verlor aber in der Folge – so Loch – das pädagogische Bewußtsein von seiner eigenen Tradition und die bis dahin gültigen Vorstellungen vom konstitutiven Gegenstand der Erziehung. Die bald darauf angesagte *‹analytische Wende›*, «stellte die Unterscheidung in Aussicht, deren die pädagogische Anthropologie, soweit sie mehr anthropologische Sammlung als pädagogische Selbstbesinnung war, dringend bedurfte, um wieder zu einem pädagogischen Bewußtsein zurückzukehren» (a.a.O.). Als Produkt dieser Wende spricht Loch von «Diktaten einer reinen Vernunft, die sich in der Einsamkeit ihrer puristischen Bestrebungen gewissermaßen selbst um den pädagogischen Verstand gebracht hat, weil sie über der Regelung des pädagogischen Sprechens das pädagogische Sehen vergessen hat.» In diesen analytischen Bemühungen, «die der Erziehungswissenschaft als Wissenschaft die Disziplin der Begriffsbildung zurückgeben könnten, die sie verloren hat, beraubte sich das pädagogische Bewußtsein jedoch selbst des eigenständigen Elements, das es als pädagogisches überhaupt erst konstituiert. Demgegenüber hat die *‹technische Wende›* mit ihren verschiedenen Spielarten – so Loch – das pädagogische Bewußtsein zwar nicht um seinen Verstand, aber um seine Vernunft gebracht, «weil es das Verhältnis von Lehren und Lernen nach dem Modell einer Maschine und durch Einbau technischer Medien zu regeln und zu rationalisieren, von seinen menschlichen Schwächen und Störanfällgikeiten frei zu machen und damit in seiner Effizienz zu steigern sucht.» (a.a.O.). Hier ist das pädagogische Bewußtsein degradiert worden, indem es sich «als Steuermann der Erziehung selbst dazu verurteilt hat, die Befehle aller mölichen und damit auch unmenschlicher Kapitäne auszuführen.» (a.a.O.). Die Nach-1968er oder auch *‹kritische Wende›* ermöglichte Loch zufolge die längst fällige Selbstkritik der geisteswissenschaftlichen Pädagogik. «Sie hat ihr die Augen dafür geöffnet, daß das pädagogische Bewußtsein in seiner Tradition immer die Form des schlechten Gewissens hatte. Die mit den Instrumenten marxistischer Ideologiekritik arbeitende dialektische Selbstzersetzung des pädagogischen Bewußtseins hat zum Vorschein gebracht, daß die pädagogische Reflexion im Grunde immer eine Selbstreflexion gescheiterter Erzieher war» (a.a.O.). Doch die Loch'schen Schlußfolgerungen sind noch unbarmherziger: «Das emanzipatorische Bewußtsein, das sie hervorrufen wollte, ist zu dem weinerlichen Bewußtsein der Sozialpädagogen verkümmert – als kümmerlichem Rest pseudopädagogischer Selbstreflexion, der denjenigen geblieben ist, die keinen anderen Ausweg mehr sehen, als sich verbal mit ihren Klienten zu identifizieren, denen sie einmal helfen wollten, aber nicht helfen konnten, weil die Gesellschaft – auch im kleinen – sich nicht nach Utopien verändern läßt, denen jede Realisierungschance fehlt». Es bleibt jedoch an dieser Stelle noch festzuhalten, daß die von Loch hier aufgeworfene Frage: «was hat dieser Abklatsch der Kritischen Theorie an der konkreten Lebensform verändert, außer daß man die Frau gewechselt, den Schlips abgelegt und den Bart wachsen gelassen hat?» an anderer Stelle mit etwas mehr Niveau und Stil beantwortet worden ist als die Frage eigentlich hatte erwarten lassen. The next wave, die *‹curriculare Wende›* hat – so Loch – dazu geführt, daß das pädagogische Bewußtsein sich nur noch als didaktisches verstand. «Indem aber die Curriculumtheorie sich als eine Superwissenschaft versteht, die als Instanz der Wissensspeicherung und -verwaltung sich über die beiden produktiven Instanzen, die wissenschaftlichen und die erzieherischen Organisationen erhebt, bringt sie ein Bewußtsein hervor, das weder pädagogisch noch didaktisch, sondern im Grunde nur noch bürokratisch ist» (a.a.O.).

Was beim Wendentanz in der Wiederholung der Themen von gestern als Ausdruck der Resignation übriggeblieben ist, ist last not least die *‹Alltagswende›*, die Rückkehr zur alltäglichen Übung mit ihren wiederkehrenden Problemen, aber auch mit ihren Stereotypen und Routinen – «und das heißt: zu den ‹Konturen› der Erziehungswirklichkeit, die das pädagogische Bewußtsein als seine spezifischen ‹Phänomene› identifiziert» (a.a.O.).

Reklamiert wurde nun, daß die Pädagogik vor lauter «Feiertag» den «Alltag» vergessen habe. Im Rahmen der permanenten ‹Alarm›-, ‹Advents›- und ‹Feiertagsstimmung› vieler

Erziehungswissenschaftler und ihres nicht ablassenden Grundlagengerangels, ob denn wohl die Pädagogik auch eine Wissenschaft, die immer wiederkehrenden Distinctiones, ob der Singularis ‹Erziehungswissenschaft› oder der Pluralis ‹Erziehungswissenschaften› angemessen sei, das Salbadern um Theoriebegriffe und Theoriequalität, ob man sich etwa mit dem Positivismus verbinden müsse, die Selbstkasteiungen, daß man dann aber des Normativen zu entraten gezwungen sei, der ewige Kreislauf der Methodologieprobleme etc. kam es dazu – so die alltagstheoretische Logik – daß das ‹wirkliche Leben›, das Bewußtsein der pädagogischen Adressaten vergessen wurde (vgl. Geißler 1985, S. 82).

Diese auch als *‹romantische Wende›* bezeichnete steht nicht zuletzt für das ‹Zurücktasten› enttäuschter Pädagogen in den Bereich genuiner Unmittelbarkeit und Nähe zum Adressaten pädagogischer Bemühungen *außerhalb* rationalistischer Theoriegebäude. Denn all die vielen Wenden, die es in den letzten Jahrzehnten gegeben hat, haben zweifelsohne problematische bis entmutigende Ergebnisse gezeitigt: Die große Hoffnung so etlicher Zunftvertreter – besonders derjenigen aus der empirisch forschenden Ecke – am grellen «Strahle der Theorie zu blühen» (Luhmann/Schorr 1982), hat sich, so scheint's, nicht erfüllt. Man könnte geneigt sein zu fragen: was folgt aus all dem? Aus vielen theoretischen Wendungen, hat Oswald Wiener einmal gesagt, folgt erst recht ein Schmarrn. Die romantische Wende geht natürlich – wen wundert's schon – ebenso wie ihre vielfältigen Vorläufer – *nicht* einher mit einer Reaktualisierung des ihr aus der Tradition der Pädagogik nahekommenden Wissenschaftsverständnisses, in diesem Falle das der geisteswissenschaftlich-hermeneutischen Pädagogik, – wenn man von einigen Rekonstruktionsversuchen einmal absieht. Vielmehr bezieht sie sich unmittelbar und unvermittelt auf den Alltag *selbst* und findet im herrschenden Common-Sense ihr Medium (vgl. Neumann/Oelkers 1981).

«Damit aber entsteht die Gefahr der Trivialisierung, und zwar auf doppelte Weise: Wissenschaft wird vom Common-Sense nicht mehr unterscheidbar, der pädagogische Anspruch einer Überlegenheit wissenschaftlichen Wissens wird nicht nur preisgegeben, sondern geradezu bekämpft.

Die Beweislast wird umgekehrt: nicht mehr der Common-Sense muß sich vor der Wissenschaft rechtfertigen, sondern umgekehrt die Wissenschaft vor dem Common-Sense. Begründet wird dies nicht bloß mit egalitären Hintergrundannahmen, sondern ebenso mit einem insgeheimen Trivialitätsverdacht» (a.a.O., S. 625). Natürlich steht hinter der Alltagswende die nicht ganz unverständliche, aber doch alberne Absicht, die in den jüngeren Wenden oft genug am Werk befindliche sozialwissenschaftliche «Aufklärung der Pädagogik» bzw. ihre sozialwissenschaftliche Umschrift nun endlich mit einer Art pädagogischer Gegenaufklärung zu beantworten. Aber selbst das wäre – wie Josef Derbolav (1981) meint – *nicht* schnurstracks als abermals in rationalistischer Perspektive zu kritisierende Flucht in falsche Innerlichkeit oder Obskurantismus zu werten, «sondern nur das gute Recht einer Wissenschaft auf einen eigenständigen Erfahrungsbereich und eigenständige Begriffe, wie es schon Herbart gegen alle Dominationsversuche des pädagogischen Handlungs- und Denkraums durch heteronome wissenschaftliche Instanzen behauptet hat» (a.a.O.). Die antirationalistische bzw. ‹vorwissenschaftliche› façon de parler, die in der Alltagswende wieder hoffähig wird, und hinter der Anthropomorphismen und Mythologeme zur «Erklärung» bereitstehen, sollte aber nicht schlichtweg mit Irrationalität verwechselt werden. Alltägliche Naturwüchsigkeit dient hier vielmehr als halbherziger Grenzbegriff zur reinen wissenschaftlichen Rationalität, die ja bekanntlich immer Entfremdung neben sich hat (vgl. etwa Dewe/Ferchhoff 1984).

In der façon de parler der Alltagswende gibt es nun plötzlich Hinweise dafür, daß man in gewissen Pädagogenkreisen glaubt erkannt zu haben, daß alle bisherigen modischen Theoriewechsel sich letztlich als *‹scientifische Wenden›* (Michel) entpuppt haben. Mit dem schon wieder bieder klingenden Bekenntnis zum Alltag ‹so wie er ist› und dem anheimelnden Gerede von der jetzt endlich notwendigen Lebensweltbejahung gaben sich nicht wenige Zunftvertreter dem Glauben hin, die Rechnung für die Hybris des totalen Rationalismus nicht zahlen zu brauchen. Im Akt des Kokettierens mit ein wenig Realitätsverlust, Weltflucht und Ichverlorenheit und der eilfertigen Bereitschaft sich jetzt plötzlich selbst zu den Opfern eben derjenigen zu zählen, die noch bis vor kurzem von Mensch und Gesellschaft totale Rationalität verlangt haben oder hätten, fiel es plötzlich wie Schuppen von den Augen, daß in den riesigen Apparaten der Bildungsfabriken, den Satellitenstädten und Gesundheitsdiensten, den Betreuungsorganisationen und in den gebietsreformierten Gemeinden und erst recht in den aufgelösten Schulklassen und aufgeklärten Familien und Institutionen kaum noch jemand Wurzeln schlagen kann, so etwa die konservative Kulturkritik eines Tenbruck.

Mit ihrem Hang zur unmittelbarkeitsideologischen Sektiererei, die – wie rationalistische Kritiker befürchten –, den Verrat pädagogischer Vernunft an die Dogmen und die Irrlichter des Alltags zur Folge haben könnte, weist die Alltagswende unfreiwillig auf ihren geschichtlichen Herkunftsort, auf Heideggers Alltäglichkeitsanalyse zurück. So gesehen gilt die Alltagswende als Aufforderung zur Rückkehr zur ‹Vorhandenheit der Dinge› im Sinne Martin Heideggers bzw. zu den ‹nächsten Verhältnissen› im Sinne Heinrich Pestalozzis. Zur Alltäglichkeit gehört schließlich im Heidegger'schen Sinne die Entledigung von der Verantwortlichkeit, das Aufgehen im entlastenden «Man», das Vergessen der Schuldigkeit: «jeder ist der andere und keiner er selbst», «‹keiner ist es gewesen›» (Heidegger 1972). Alltagsgew(e)ändete Pädagogik treibt Ruhloff zufolge so einem Entlastungskurzschluß entgegen: «Im Glauben an eine rational nie einlösbare, weil mythisch fundierte Berechtigung der entlasteten Alltäglichkeit liefert sie die allemal entlastende wissenschaftliche Erklärung dafür, warum wir unsere eigentliche Unschuld noch nicht wiedererlangt haben» (1981, S. 200). Statt der stets erhofften Erweiterung ihrer Thematik kommt es qua Alltagswende eher zur Eskamotierung der Schuldigkeit der Pädagogik – so Ruhloff. Sicherlich: mit der Wende zum Alltag scheint den Insassen des Wendenkarussells die Hoffnung greifbar nahe zu sein, «man erreiche hier endlich den sicheren Boden einer fraglosen, durch die Intimität unmittelbaren Umgangs bestimmten, selbstverständlichen alltäglichen Wirklichkeit» (Peukert 1981, S. 61), einer Wirklichkeit, die zu suggerieren schien, daß sie weder durch wissenschaftliche Reflexion hintergehbar noch durch von außen kommende politische Forderungen destruierbar sei. Aber in diesem fraglosen Alltag können sich bekanntlich unheimliche Dinge abspielen. Denn das Verschwinden der Werte im Wirbel der Austauschbarkeit von wahr und falsch und die Verdoppelung der Wünsche als eine Form der Rückspiegelung durch Waren- und Kulturangebote kennzeichnet ebenfalls den Alltag (vgl. Domdey-Weyergraf 1981).

Gern gab man sich auch dem Glauben hin, als über Alltag redender Pädagoge per se eine erhöhte und selbstverständlich authentische Praxisrelevanz beanspruchen zu können. Die Warnung mancher Kritiker, das Sicheinlassen-auf-den-Alltag könne auf diesem Wege gleichsam zu einer pragmatisch verkürzten Handlungstechnologie verkommen, wurde nur selten ernst genommen (Dewe 1983). Das Hausbackene, bei dem Bemühen, den ‹modernen› (pädagogischen) Wissenschaftsrationalismus zu relativieren mittels einer ‹radikalen Rückführung› der wissenschaftlichen Praxis auf die alltägliche, kam auch in der Annahme zum Ausdruck, der Alltag sei als eine homogene in sich stabile Welt zu denken, der Fragilität und Durchlässigkeiten fremd sind. Fataler als die Forderungen nach Unmittelbarkeit, Authentizität und genuinem Sinnbezug scheint aber die blauäugige Annahme zu sein, den Alltag jenseits technokratischer Rationalität und Verwissenschaftlichung, mithin als von jeglicher wissenschaftlicher Durchdringung frei und unberührt zu denken. Doch weil die Phänomene der Scientifisierung der Alltagswelt allzu offenkundig sind, wäre es Fiktion, «eine von den ... technisierten Wissenschaften ablösbare Lebenswelt in ihrem eigenen inneren historischen Zusammenhang (oder auch mit ihrer spezifischen Evidenz) zu konstruieren, von der aus sich allererst zeigt, was es mit jenen Wissenschaften auf sich hat» (Krüger 1974, S. 11). Der Hinweis darauf, daß wir mit einer scientifischen Alltagswelt zu rechnen haben, in der nicht selten die aus der «vorwissenschaftlichen Lebenssphäre» hervorgegangene wissenschaftliche Denkweise die erstere auch aus eigener Kraft zu verändern in der Lage ist, müßte heutzutage eigentlich als Binsenweisheit gelten. Denn: wo soll Zufriedenheit im Allltag herkommen, wenn es nirgends ohne Conférenciers. Animateure, Veranstalter, Betreuer und wissenschaftliche Berater geht, von Massenmedien und anderem ganz zu schweigen?

Alltagsgewendete Pädagogik hat es offensichtlich bereits mit «versozialwissenschaftlichten Identitäten» (Oevermann) zu tun, die sich bereitwillig «selbsttechnokratisieren». Während im Alltagsleben «auf der einen Seite fast grenzenlos die eigene Lebenspraxis unter dem anspruchsvollen Rationalitätsverdikt der modernen Sozialwissenschaften gestellt und universalisiert wird, wird auf der anderen Seite im proportionalen Verhältnis die Verbindung der eigenen Lebenspraxis zur gesellschaftlichen Praxis der Gegenwart aufgekündigt und jene partikularisiert» (1983, S. 14). Der aufgeklärte Alltagsmensch zeichnet sich bekanntlich heutzutage gerade durch den Glauben aus, seine lebenspraktischen Entscheidungsprobleme durch die Reduktion auf wissenschaftliche Problemlösungen bewältigen zu können. «Was subjektiv als Einlösen der Rationalitätsverpflichtung und der Verpflichtung zu aufgeklärtem (Alltags-)Verhalten erscheint und sich in der Anwendung wissenschaftlicher Erkenntnisse auf die eigene Lebenspraxis äußert, ist objektiv das genaue Gegenteil: die in Selbst-Technokratisierung sich vollziehende Flucht vor der bewußten Wahrnehmung einer lebenspraktischen Autonomie, deren Verpflichtung zu materieller Rationalität durch die bloße Anwendung wissenschaftlicher Erkenntnisse grundsätzlich nicht abgedeckt werden kann», so etwa die Klage Ulrich Oevermanns (a.a.O., S. 11). Was also die Selbstrepräsentation des aufgeklärten Zeitgenossen (samt seiner Familienmitglieder) im Alltag anbelangt, steht nicht selten «einer gesteigert sensibilisierten, aber auf passive Rezeption regredierten Komponente des Selbst, das permanent ‹betroffen› ist, eine versozialwissenschaftlichte Wahrnehmungskomponente des Selbst unvermittelt gegenüber, das im begrifflichen Bezugsrahmen sozialwissenschaftlicher Theorien sich ganz kühl und distanziert über sich selbst beobachtend beugt, als «betroffen» registriert und daraus seine theoriegeleiteten Schlüsse zieht» (a.a.O., S. 16). Die Konsequenz ist – so Ulrich Beck –, daß die ‹wissenschaftlichen Laien› gleichsam unabwendbar in ein Labyrinth der Selbstverunsicherung, Selbstbefragung und Selbstvergewisserung hineingeraten, weil nicht zuletzt durch die Verwissenschaftlichung des Alltagslebens der Begründungszwang für lebenspraktisches Entscheiden und Handeln sich enorm verstärkt. «Zugleich führt der (unendliche) Regreß der Fragen: «bin ich wirklich glücklich?», «bin ich wirklich selbsterfüllt?», «tue ich wirklich das, was ich tun will?», «wer ist das eigentlich, der hier ‹ich› sagt und fragt?» in immer neue «Antwort-Moden», die in vielfältiger Weise in Märkte für Experten, Industrien und Religionsbewegungen umgemünzt werden können. In der Suche nach Selbsterfüllung verwandeln sich die Menschen so u. U. in Produkte der Massenkultur und des Massenkonsums. Sie reisen nach dem Tourismuskatalog in alle Winkel der Erde. Sie zerbrechen die besten Ehen und gehen in rascher Folge immer neue Beziehungen ein. Sie lassen sich umschulen. Sie fasten. Sie joggen. Sie engagieren sich. Sie wechseln von einer Therapiegruppe zur anderen und schwören jeweils auf ganz unterschiedliche Therapien und Therapeuten. Selbstsicher wie sie sind, erörtern und ergründen sie dauernd untereinander ihre eigenen Unsicherheiten. Ihr Klagen über den «Narzißmus» der anderen dient ihnen dazu, ihrem eigenen Ego Raum zu verschaffen. Besessen von dem Ziel der Selbsterfüllung reißen sie sich selbst aus der Erde heraus, um nachzusehen, ob ihre eigenen Wurzeln auch wirklich gesund sind» (Beck 1984, S. 57).

Dieses alles findet statt – so kann man den Eindruck gewinnen – in einer Zeit, in der die Wissenschaften und die ihr eigene spezifische Rationalität längst – wenn überhaupt jemals – nicht mehr das halten (können), was sie zu Beginn der «Institutionalisierung der Aufklärung» (Dreitzel) versprochen hatten.

Wenn aber unser Eindruck nicht täuscht, ist die Bereitschaft, an verwissenschaftlichte Problemlösungen und Sinnstiftung zu glauben, im Alltag nicht selten größer als in der Wissenschaft selbst. So sucht das vom Wissenschaftsrationalismus enttäuschte pädagogische Bewußtsein den heilen Alltag, den es nicht gibt, während die hartnäckigen Rationalisten verbiestert auf die Universalität eines (Denk-)Stils und einer Methode pochen, die längst an ihre Grenzen gestoßen sind. Es droht, zirkulär zu werden – auch ein Zeichen der Postmoderne? Merkwürdigerweise könnte mithin – so die Sorge der von höherer Vernunft bewegten Verfechter herkömmlicher Totalitätskonzepte und Erziehungsphilosophien mit linearen, monokausalen oder expressiven Deutungsmodellen, seien sie nun idealistischer oder materialistischer Provenienz (Müller 1984) – die Rede vom ‹Alltag› als Eingeständnis des Scheiterns der utopischen Ambitionen der Pädagogik gedeutet werden und zugleich als eine Art Selbstbescheidung, zu der das pädagogische Bewußtsein sich nunmehr selbst zwingt.

Den Vertretern des pädagogischen Bewußtseins, denen dieses «Ergebnis» zu karg erscheint, bieten sich – so Loch – zwei Möglichkeiten: das pädagogische Bewußtsein kann *außer sich* geraten oder es kann *in sich* gehen! Anderen scheint eine dritte Möglichkeit näher zu liegen, die darin besteht, wiederum eine neue façon de parler einzuführen, eine weitere Wende ins Leben zu rufen, um den Schmerz des Augenblicks und des möglichen Stillstands zu überwinden: «Die Bewegung ist alles» (Bernstein). Für die letzte Möglichkeit stehen die Chancen nicht einmal schlecht. Selbst der nur mit einem schmalen Haushalt an Phantasie ausgestattete Zeitgenosse könnte nach mehr oder weniger langen Überlegungen eine Vorschlagsliste einbringen, die zumindest die Möglichkeit etwa einer ‹digitalen Wende›, einer ‹autopoetischen Wende› der Pädagogik oder aber einer ‹postmodernistischen (Theorie-)Mode› der Pädagogik vorsähe.

So steht am Ende des Durchgangs durch die jüngeren Wenden der Pädagogik *auch* die Einsicht, daß die Rede von wissenschaftlichen Moden es nahelegt, auf die monolithisch-eigensinnige Auffassung vom Universalitätsanspruch des Rationalitäts- und Fortschrittskriteriums in Geschichte und Gesellschaft im Rahmen einer «sportlich-schneidigen Philosophie» des «immer mehr», immer «höher, größer und schöner» (Gross 1985 b, S. 60), was unseren gängigen wissenschaftlichen Betrachtungen im Prinzip so lieb ist, *zu verzichten*. Diese ‹Einsicht› kommt nicht von ungefähr:

Der Fortschrittsglaube und -optimismus steht zur Zeit unter Legitimationsdruck und wird als «grandiose Naivität» in Frage gestellt (Henningsen 1984, S. 99). Auch die zeitgenössischen Versionen luxurierender Kritik am modernen, aufklärerisch-vernunftorientierten Wissenschaftsverständnis, am technokratischen Expertentum, am instrumentellen, zweckrationalen und verwissenschaftlichten Rationalismus in der Lebensführung sowie die Kritik an politisch nicht überzeugenden Nahzielen, aber auch die «Erschöpfung utopischer Energien» haben nicht nur angesichts des gesellschaftlich diagnostizierten ‹Schreckenpanoramas› weltweite Problemlagen und Strukturkrisen gute Konjunktur und sind vornehmlich in bestimmten intellektuellen «Schicky-Micky»-Kreisen zur Mode bzw. zur bloßen façon de parler geworden. Die von der – krisengeschüttelten – Moderne erzeugten ‹Problempotentiale› der wissenschaftlich-technischen Zivilisation scheinen ihr derzeit «eine Last aufzubürden, die sie mit ihrer Problemlösungskapazität nicht mehr zu bewältigen vermag» (Vester 1984, S. 24). Zudem findet eine «Entdramatisierung oder Gewöhnung an die Sinnkrise der Moderne statt. Die Entropie der Systeme wird entweder achselzuckend hingenommen oder in apokalyptischer Manier gefeiert. Zugleich verliert die Metapher der Entropie an Bedeutung und wird von der Metapher der Selbstorganisation von Strukturen, der dissipativen Strukturen oder der Autopoesie, ersetzt» (1985, S. 11). Im Lichte einer fröhlich-unbefangenen und «spielerischen Archivarbeit» wird in unbekümmerter Weise aus dem «Fundus der abgelagerten Sinnschichten» geschöpft und der «Gedanke zyklischer Erneuerung» zusammengedacht mit der modischen Wiederkehr des ewig Gleichen und die Affinität zum Mythos (von Bormann 1985). All das hat historische Wurzeln und Vorläufer (vgl. Lodge 1977) und all das sind daher «nicht neue Denkfiguren» (Popov 1982).

Im Zuge des Abschieds von der Hoffnung auf die ‹Erlösung› der Menschheit durch die Rationalität der gesellschaftlichen Modernisierung tauchen im neuen Gewande alte Denkhaltungen und -stile wieder auf: ‹Pessimismus›, ‹Desillusionismus›, die nihilistische Position des methodischen ‹Nein-Sagens›, ‹die tragische Haltung des Umsonst›, aber auch die ‹trotzige des Trotzdem› (Vester 1985, S. 11), der ‹freie›, narzißtisch lustbetonte und spielerische Umgang mit dem Chaos, der Unordnung, der Ungewißheiten, Widersprüchlichkeiten und Unsicherheiten. In einer oftmals verwirrenden neuen ‹Unübersichtlichkeit› bzw. «forsch akzeptierten Ratlosigkeit» (Habermas 1985) besteht aufgrund segmentierter, pluralisierter, fragmentierter und zerfaserter Wirklichkeitsversionen («wir leben eben nicht nur in einer ‹Welt›, sondern gleichsam in vielen, sich ausdifferenzierenden und auch widersprechenden Welten, die alle gleichermaßen ‹real› sein können») eine Tendenz bzw. ein Hang zur Faszination des ‹Katastrophischen› (Schneider 1984), des ‹Untergangssyndroms›, der ‹Ruinenästhetik› wie aber auch der ‹Ästhetisierung des Politischen› (Rötzer 1985).

Eine geradezu auffällige Lust zur Maske, Fassade, Oberfläche und Vereinfachung, also eine spielerische «Lust am schönen Schein» hat zugleich ein fröhlich-larmoyantes nihilistisches Lebensgefühl entstehen lassen, das mit den historisch überkommenen ‹säkularen› rationalistischen Mythologien sowie technokratischen Aufklärungs- und Fortschrittsbegriffen gleichsam auch noch die sozialen und politischen Hoffnungen und Utopien vieler Pädagogen zersetzt hat. In einem melancholischen Gefühl des Verlusts der europäischen Emanzipationsideale und in dem tragischen Eingeständnis eines unüberholbaren Relativismus der Weltbilder, von denen diese geistigen Strömungen beherrscht sind, «kündigt sich der – wahrscheinlich übereilte – Zerfall des modernen Vernunftsprinzips» sowie eine – vielleicht ebenso übereilte – Abwendung von der «Dialektik der Aufklärung» an (Honneth 1984, S. 899; vgl. durchaus auch Glaser 1985).

Schon mit Nietzsche, so belehrt uns Habermas, stellt sich die moderne «demaskierende Vernunftkritik» jenseits des «Horizonts der Vernunft». «Nietzsche inthronisiert ja den Geschmack, «Das Ja und Nein des Gaumens» als Organ einer Erkenntnis jenseits von Wahr und Falsch, jenseits von Gute und Böse» (Habermas 1983, S. 761). Nietzsche geht es schließlich «um eine totale Abkehr von der nihilistisch entleerten Moderne». Und mit ihm «verzichtet die Kritik der Moderne zum ersten Mal auf die Einbehaltung ihres emanzipatorischen Gehaltes. Die subjektzentrierte Vernunft wird mit dem schlechthin Anderen der Vernunft konfrontiert. Und als Gegeninstanz zur Vernunft beschwört Nietzsche die ins Archaische zurückverlegten Erfahrungen der Selbstenthüllung einer dezentrierten, von allen Beschränkungen der Kognition und der Zwecktätigkeit, allen Imperativen der Nützlichkeit und der Moral befreiten Subjektivität» (a.a.O., S. 760). In einer Denkbewegung, die von Nietzsches «nihilistischer Modernitätsdiagnose», über den Pessimismus der ästhetischen und literarischen Avantgarde in Wien um die Jahrhundertwende, über die «Ohnesinn- und Beweglichkeits-Philosophien» und Weltbilder («Collage-philosophy of put together») des Dadaismus in den zehner und zwanziger Jahren dieses Jahrhunderts, über den «Amerikanismus der Popkultur» vornehmlich in den 60er Jahren und anderen Formen des Populismus und schließlich über einen ‹erkenntnistheoretischen dadaistischen› Anarchismus zum «Postmodernismus» führt, findet stets neu aufgelegt, allerdings angesichts heutiger tiefgreifender gesellschaftlicher Strukturwandlungsprozesse und ‹Selbstwidersprüche der Modernität› vermehrt sowohl eine ‹theorieimmanente Demontage› als auch ein enormer wissenschaftsexterner Glaubwürdigkeits- und Legitimationsverlust des abendländischen Rationalismus (inklusive der rationalistischen Denk- und Darstellungsweisen) statt.

Ein Rationalismus aber, der sich nicht mehr zu begründen weiß, öffnet sich quasi zwangsläufig den ‹Hauptfeinden des wissenschaftlichen Rationalismus›, dem Relativismus und dem Nihilismus (Hartmann/Hartmann 1982), die allerdings schon längst in der Wissenschaftstheorie Einzug gehalten haben und dort ‹fröhliche Urständ› feiern. «Aber erst die aktuellen Wandlungen im Forschungsprozeß der Wissenschaften selbst bringen den Irrglauben des neuzeitlichen Rationalismus, das Vertrauen in den Wahrheitswert des wissenschaftlichen Wissens, endgültig zu Bewußtsein; denn in dem Augenblick, in dem sogar innerhalb des Wissenschaftssystems der institutionalisierte Anspruch auf Wahrheit in Zweifel gerät, muß das gesamte Legitimationsgebäude der Moderne in sich zusammenstürzen» (Honneth 1984, 899). Wissenschaftliche Rationalität verliert demnach tendenziell «für ihre eigene Forschungspraxis als auch für gesellschaftliches Handeln» (Liessmann 1983, 18) ihre zugleich regulative und normative Funktion. All das, was auf Norm und Reform abzielt, wird brüchig.

So dämmert es auch unter Pädagogen dem wissenschaftlich-rationalistischen Zunftgenossen, daß im bloßen Wechsel vergänglicher modischer Begriffserscheinungen – und seien es komplette Theoriemoden – kein ‹Fortschritt› ausgemacht werden kann. Da aber die ‹Fortschrittsannahme› *die* zentrale

Legitimation für rationales und wissenschaftliches Treiben *überhaupt* ist, gerät das gesamte Unternehmen Wissenschaft dann in Frage, wenn das wissenschaftliche Forschen und Wenden unterm Strich keinen Erkenntnisgewinn mehr verspricht – so die trockene Feststellung von Dieter Neumann und Jürgen Oelkers.
Das würde bedeuten, daß der «homo rationalis», der gleichsam in der übersteigerten idealtypischen Variante des «homo oeconomicus» mit der Moderne das Licht der Welt erblickte und sukzessive den ‹homo totus› verdrängte und als Produkt der ‹reinen Vernunft› betrachtet wurde, nunmehr *selbst* einer ungewissen Zukunft entgegensieht. Dieser (sozial-) wissenschaftliche homunculus, der in den Wänden und Wenden der Pädagogik das Terrain beherrschend wie auch extrem verunsichernd gewirkt hat, wird – so scheint's –, nachdem er in der Alltagswende schon als stark angeschlagen galt (vgl. hierzu etwa Dewe/Ferchhoff/Sünker 1984), nunmehr aus dem Ring genommen. Erinnern wir uns: als zentrale Charaktereigenschaft des «homo rationalis» galt die Rationalität seiner Handlungen, die kalkulierbar bzw. vorsehbar in dem Sinne waren, daß sie «unter Abwesenheit physischen und psychischen ‹Zwanges›, ‹leidenschaftlicher Affekte› und ‹zufälliger› Trübungen der Klarheit des Urteiles vollzogen» wurden und einen «klar bewußten ‹Zweck› durch seine . . . adäquaten ‹Mittel› verfolgten» (Weber 1973, S. 226). Spezifische «Unberechenbarkeit» und Irrationalität, so merkte schon Max Weber an, sei hingegen das «Privileg des Verrückten» (a.a.O.). Seit Beginn des Zeitalters der Moderne, die bekanntlich den Glauben an die prinzipielle Vernünftigkeit einer universalen Gesellschaft mündiger Bürger und die Zuversicht in die Rationalität des gesellschaftlichen Evolutionsprozesses reklamierte, hat der «homo rationalis» Bewunderung wie Abscheu erfahren. Man hat ihn etwa «Spuk- und Schreckgestalt» (W. Sombart), «Hanswurst im Zirkus der reinen Theorie» (F. Gottl-Ottlilienfeld) oder einen «anrüchigen Burschen» (A. Paulsen) genannt. Wiederum andere haben ihm nachgesagt, er pflege jede Nacht im Bett zu lesen, sofern der effektive Nutzen des Lesens für ihn den verpaßten Schlaf seiner Frau überkompensiere. Man hat ihn gar als «Lümmel» beschimpft, den niemand, der im Vollbesitz seiner Kräfte sei, seiner Tochter zum Mann wün-

schen könne (vgl. Tietzel 1981, S. 117). Wiederum andere haben mehr oder weniger elegante Definitionsversuche angestrengt: «Er stelle keinen Menschen dar, den eine Frau geboren hat, sondern eine abstrakte Marionette, künstlich in einem geistigen Reagenzglas geschaffen und willkürlich mit nur einigen wenigen menschlichen Eigenschaften ausgestattet» (Machlup 1963, S. 132). Er ist weder groß noch klein, dick noch dünn, verheiratet noch ledig. Man weiß nicht, ob er seinen Hund liebt, seine Frau prügelt oder Spielautomaten der Poesie vorzieht. Wir wissen nicht, was er will. Aber wir wissen, daß er, was das auch sein mag, skrupellos maximieren wird, um es zu erhalten» (Hollis/Nell 1975, S. 54). «Er kalkuliert Freude und Leid schnell wie der Blitz und oszilliert wie eine homogene Zusammenballung des Wunsches nach Glück unter dem Einfluß von Stimuli, die ihn herumstoßen . . . Er kreist symmetrisch um seine eigene geistige Achse, bis sich das Kräfteparallelogramm auf ihn auswirkt, worauf er den Weg des geringsten Widerstandes wählt» (Veblen 1961, S. 73).

In dem Maße, wie man sich in der jüngeren Vergangenheit in bestimmten Kreisen bemühte, nicht mit Vernunft und Wissenschaft über den Rest der Welt, sondern ohne Vernunft und Wissenschaft über Vernunft und Wissenschaft zu reden und zu urteilen (Spinner 1980), wurde auch sein erster Wohnsitz, das System der institutionalisierten Wissenschaften, gründlich durchsucht und als recht unwirtlich befunden: «Das Wissenschaftssystem ist eine Maschinerie, in der das Ideal der theoria nur noch marginal Unterstand hat. Bildung hat sich ins äußerlich Prestige-Mäßige verflüchtigt: An die Stelle des Gebildeten ist weithin der Experte getreten. Dieser kann eine Wissensautorität sein, eine ‹Kapazität›, und sei es auch nur auf dem Gebiet der Ernährungsgewohnheiten von Salamandra salamandra L. Diesesfalls werden seiner Instrumentalisierbarkeit durch Wissenschaft und Politik verständlicherweise enge Grenzen gezogen sein; aber es gibt auch andere Kapazitäten auf anderen Gebieten» (Strasser 1982, S. 112).

Wie ist die Lage?

Die Rationalitäts- und Wissenschaftskritik hat auch – wen wundert's – den pädagogischen Geschmack nicht unberührt gelassen. Pädagogisches Handeln scheint nun, so hört man, wesentlich geprägt durch ein widersprüchliches Verhältnis zur wissenschaftlich-instrumentellen Rationalität zu sein. Dieses widersprüchliche Verhältnis ergibt sich – jenseits der erwähnten Trends – auch aus den offenbar nicht mehr einer bestimmten Entwicklungs- und Handlungslogik folgenden Lebensentwürfen einer – wie es scheint – hochgradig individualisierten Adressatenschaft pädagogischer Bemühungen oder Verwahrung (vgl. Ferchhoff 1984).

In postmodernistischer façon de parler gesprochen, liegt pädagogischen Anstrengungen vielleicht eine Grundfigur gesellschaftlicher Zirkularität zugrunde, nämlich eine augenblicksorientierte Gegenwartsgestaltung durch Distanzierung von der wissenschaftlich-kognitiven Rationalität, also im gewissen Sinne ein irrationaler, weil begründungsfreier Vorgriff auf eine üblicherweise als begründungsfähig erwartete pädagogische Standardentscheidung. Die neue ‹Vernunft› ist offensichtlich situations- statt normgebunden.

Doch: Mit der Absage «an pädagogische Grundsätze», ja an Prinzipien, Kategorien, Definitionen, Methoden, Handlungsregeln und die rationalistische Logik schlechthin, ist – folgt man dem neuen Geschmack – kein nennenswertes Programm für eine neuerliche Wende mehr zu erkennen! Denn: Gerade «feste Standpunkte» sind fast immer «Strandpunkte» (Brendgen 1981, S. 121).

Das ‹Programm der Programmlosigkeit›, das ‹Prinzip der Prinzipienlosigkeit› scheint lediglich in diesem gleichsam ruhelos mäandernden So-oder-so zu bestehen mit seinen rein sprachlichen Spielmitteln zur Dislozierung aller festen Positionen, Denk- und Darstellungsmittel für die eigene ‹Unposition›, wobei selbst noch eine Ahnung davon zu bestehen scheint, daß eben Regellosigkeit und Antidogmatismus ihrerseits einem Dogmatismus anheim fallen, wenn sie nur zelebriert werden (vgl. Holthausen 1984; Lenk 1981). So gesehen, erscheint gegenwärtig jeder Versuch der Formulierung einer wie auch immer gearteten normativen pädagogischen Theorie (oder bloßen Redensart?), ja das *Konzept der Sinnstiftung und -vermittlung* überhaupt endlich unpassend. Es scheint, daß nichts mehr vindiziert wird, und man kann den Eindruck gewinnen, daß auch keine

‹Begleitmusik› mehr benötigt wird, die Begründungen, Überhöhungen und Einordnungen liefert. Es scheint, daß selbst die analytische Kraft von Argumenten im Taumel der spielerischen Handhabung von Ambivalenzen, Paradoxien und Diskontinuitäten bedeutungslos wird; es scheint auch, daß «ein logischer Einwand kein entwaffnendes Argument» mehr darstellen kann, sondern sich vielmehr als ewig gestrige, «kleinliche Beckmesserei lächerlich» macht (Vester 1985, S. 21). Die Dinge sind einfach so! «Sie sind, und basta. Sie beanspruchen keine Bedeutung. Sie haben so und machen so Sinn» (Michel 1983).

Für die Tiefe des Sinns oder für den (Über-) Sinn – so ließe sich schlußfolgern – ist Hoffnung nur noch in dem zu finden, worauf das Reich des Sinns gegründet wurde, indem sie es vernichtete: im Reich des Scheins.

«Der Sinn ist sterblich. Ich glaube an die Unsterblichkeit der Erscheinungen». (Baudrillard 1981, S. 37)

Literatur

Adorno, Th. W.: Zeitlose Mode zum Jazz, in: ders., Prismen, Kulturkritik und Gesellschaft, Frankfurt/Main, 1955, S. 144–161

Alt, P.-R.: Über den neuen Hedonismus, in: Kursbuch, Band 79, 1985, S. 55–69

Baudrillard, J.: Transparenz, in: Domdey, H./B. Weyergraf (Hg.): Probleme des Nihilismus – Dokumente der Triester Konferenz 1980, in: Berliner Hefte, Band 12, 1981, S. 30–37

Beck, U.: Perspektiven einer kulturellen Evolution der Arbeit, in: MittAB, Heft 1/1984, S. 52–62

Becker, G.: A Theory of Social Interaction, in: Journal of Political Economy, Vol., No. 6, 82, 1974, S. 1063–1093

Boulding, K. E.: Ökonomie als Wissenschaft, München 1976

Bové, P. A.: «The Ineluctability of Difference: Scientific Pluralism and the Critical Intelligence», in: Boundary 2, Vol. XI, no 1/2 (Fall/Winter 1982/83), S. 155–176

Brendgen, K.-H.: Anders zu sein, ohne deshalb in die Berge gehen oder gehen zu müssen, in: Duerr, H. P. (Hg.): Versuchungen. Aufsätze zur Philosophie Paul Feyerabends, 2. Band, Frankfurt/Main 1981, S. 116–125

Dauber, H.: Selbstorganisation und Teilnehmerorientierung als Herausforderung für die Erwachsenenbildung, in: G. Breloer/H. Dauber/H. Tietgens (Hg.), Teilnehmerorientierung und Selbststeuerung in der Erwachsenenbildung, Braunschweig 1980, S. 113–176

Derbolav, J.: ‹Wende zur Alltagswelt› – ‹Wissenschaftsorientierung›: Komplementarität oder Kompatibilität?, in: Pädagogische Rundschau, 35. Jg., Heft 1/2/1981, S. 77–89

Dewe, B.: Zur Soziologie pädagogischen Wissens. Wissenschaftstheoretische und bildungssoziologische Anmerkungen zur ‹alten› und ‹neuen› «realistischen Wende» in der pädagogischen Theoriebildung. In: Axmacher, D. u. a.: Bildungssoziologie zwischen Wissenschaft, Politik und Alltag, Osnabrück 1983, S. 103–151

Dewe, B./W. Ferchhoff: Alltag, in: Handbuch Soziologie, (Hg.) H. Kerber/A. Schmieder, Reinbek 1984, S. 17–25

Dewe, B./W. Ferchhoff/H. Sünker: Alltagstheorien, in: Handbuch der Sozialarbeit/Sozialpädagogik, (Hg.): H. Eyferth/H.-U. Otto/H. Thiersch, Neuwied – Darmstadt 1984, S. 56–72

Domdey, H./B. Weyergraf: Einleitung zu: Probleme des Nihilismus – Dokumente der Triester Konferenz 1980, in: Berliner Hefte, Band 17, 1981, S. 5–7

Eco, U.: Postmodernismus, Ironie und Vergnügen, in: ders.: Nachschrift zum ‹Namen der Rose›, München – Wien 1984, S. 76–82

Ferchhoff, W.: Die Wiederverzauberung der Modernität? Krise der Arbeitsgesellschaft, Wertwandel, Individualisierungsschübe bei Jugendlichen, in: H.-D. Kübler (Hg): Jenseits von Orwell. Gesellschaft, Kultur und Medien, Jahrbuch zur Kultur- und Medienforschung, Bd. 1, 1984, S. 94–168

Fleck, L.: Entstehung und Entwicklung einer wissenschaftlichen Tatsache. Einführung in die Lehre vom Denkstil und Denkkollektiv, Frankfurt/M. 1980

Geißler, E. E.: Wird das Allgemeine «feiertäglich», bleibt der Alltag leer, in: Pädagogische Rundschau, 39. Jg., Heft 1/1985, S. 29–42

Gross, P.: Vergebliche Liebesmüh. Professionalisierung, Entprofessionalisierung und die Grenzen der Erwerbsgesellschaft, in: Bellebaum, A. et al. (Hg.): Helfen und helfende Berufe als soziale Kontrolle, Opladen 1985, S. 265–291

ders.: Liebe, Mühe, Arbeit, Abschied von den Professionen, in: Soziale Welt, 36. Jg., Heft 1/1985, S. 60–82

Habermas, J.: Der Eintritt in die Postmoderne, in: Merkur, 37. Jg., Oktober 1983, S. 752–761

ders.: Die neue Unübersichtlichkeit. Die Krise des Wohlfahrtsstaates und die Erschöpfung utopischer Energien, in: Merkur, 39. Jg., Heft 1/1985, S. 1–14

Hartmann, H./M. Hartmann: Vom Elend der Experten. Zwischen Akademisierung und Deprofessionalisierung, in: Kölner Zeitschrift für Soziologie und Sozialpsychologie, 34. Jg. 1982, S. 193–223

Heidegger, M.: Sein und Zeit, Tübingen 1972

Henningsen, M.: Traumzeit oder Hitler, Anmerkungen zum Einfluß des Positivismus in den Sozialwissenschaften, in: Unter dem Pflaster liegt der Strand, Heft 12/1984, S. 75–106

Hollis, M./Nell, E.: Rational Economic Man, London 1975

Holthusen, H. E.: Heimweh nach Geschichte. Postmoderne und Posthistorie in der Literatur der Gegenwart, in: Merkur, 38. Jg., Dezember 1984, S. 902–917

Honneth, A.: Der Affekt gegen das Allgemeine. Zu Lyotards Konzept der Postmoderne, in: Merkur, 38. Jg., Dezember 1984, S. 893–902

Kaiser, A.: Alltagswende in der Pädagogik. Programm und Kritik, in: Pädagogische Rundschau, 35. Jg., 1981, S. 111–122

Kesting, F.: Nun hat auch der Mann die Lust am Luxus entdeckt, in: Der Stern, Heft 14/1985, S. 198–200

Knapp, G.: Wirre Wunderwelt der Postmoderne. Das Frankfurter Architekturmuseum versucht, eine Mode zu etablieren, in: Süddeutsche Zeitung vom 17. September 1984

Köhler, J.: Der weggewischte Horizont. Woher die «Postmoderne» kommt und wohin sie geht, in: Frankfurter Rundschau vom 30. März 1985

Krüger, L.: Über das Verhältnis der hermeneutischen Philosophie zu den Wissenschaften, in: Hermeneutik und Dialektik. Aufsätze I: Methode und Wissenschaft. Lebenswelt und Geschichte, Tübingen 1974, S. 3–30

Laermann, K.: Das rasende Gefasel der Gegenaufklärung. Dieter Kamper als Symptom, in: Merkur 3/85, S. 211–220

Lenk, H.: Feyerabend oder Feierabend für die Erkenntnistheorie?, in: Duerr, H. P. (Hg.): Versuchungen. Aufsätze zur Philosophie Paul Feyerabends, 2. Band, Frankfurt/Main, 1981, S. 26–41

Levy, R.: Alltagsleben – Forschungsproblem oder Problem der Forscher?, in: Schweizerische Zeitschrift für Soziologie, Vol. 9, No 1/1983, S. 85–98

Liessmann, K.: Zaungäste – Über die Grenzen des Denkens. Prolegomena zu einer hermeneutischen Soziologie der Vernunft, in: Österreichische Zeitschrift für Soziologie, 8. Jg., Heft 2/1983, S. 17–28

Loch, W.: Die Wenden des pädagogischen Bewußtseins als Herausforderung einer phänomenologischen Pädagogik, in: Bildung und Erziehung, 37. Jg., Heft 2/1984, S. 119–130

Lodge, D.: Modernism, Antimodernism und Postmodernism, Birmingham 1977

Luhmann, N./K. E. Schorr: Das Technologiedefizit der Erziehung und die Pädagogik, in: dies. (Hg.): Zwischen Technologie und Selbstreferenz. Fragen an die Pädagogik, Frankfurt/Main 1982, S. 11–40

Lyotard, J.-F.: Beantwortung der Frage: Was ist postmodern?, in: Tumult, Heft 4/1982, S. 131–142

Machlup, F.: Essays on Economic Semantics, Englewood Cliffs 1963

Michel, K. M.: Abschied von der Moderne? in: Frankfurter Rundschau vom 17. September 1983

Müller, H.: Einige Giftpfeile wären nicht so schlecht. Zehn Einwürfe zum Zusammenhang von Geschichtstheorie, Hermeneutik, Literaturgeschichtsschreibung, in: Delfin, Band 4, 1984, S. 77–83

Neumann, D./J. Oelkers: Folgenlose Moden? Beobachtungen zur Trivialisierung der Pädagogik, in: Pädagogische Rundschau, 35. Jg., 1981, S. 623–648

Oevermann, U.: Versozialwissenschaftlichung der Identitätsformation und Verweigerung von Lebenspraxis: Eine aktuelle Variante der Dialektik der Aufklärung, unveröff. Manuskript 1983

Peukert, H.: Pädagogik – Ethik – Politik, Normative Implikationen pädagogischer Interaktionen, in: Zeitschrift für Pädagogik, 17. Beiheft/

1981, Das politische Interesse an der Erziehung und das pädagogische Interesse an der Gesellschaft, S. 61–70
Popov, S.: Am Ende aller Illusionen. Der europäische Kulturpessimismus, Köln 1982
Rötzer, F.: Sehnsucht und Schrecken. Ein Symposium über den Schein des Schönen, in: taz v. 10. 4. 85
Roth, H.: Die realistische Wendung in der pädagogischen Forschung, in: Neue Sammlung, 2. Jg., Heft 6/1962, S. 480–491
Ruhloff, J.: Die Wendung zur Alltäglichkeit – Erweiterung der Thematik oder Eskamotierung der Schuldigkeit der Pädagogik?, in: Vierteljahreszeitschrift für wissenschaftliche Pädagogik, 1981, S. 191–201
Scheuerl, H.: Über die «geisteswissenschaftliche» Tradition in der Pädagogik und ihre Rekonstruktion, in: Zeitschrift für Pädagogik, 27. Jg., Heft 1/1981, S. 1–6
Schimm, S.: Mode-Clips, in: Wolkenkratzer Art Journal, Nov./Dez. 1984, S. 106–107
Schneider, M.: Die Intellektuellen und der Katastrophismus. Wider den Kultus der Angst und die Rhetorik der Vergeblichkeit, in: Frankfurter Rundschau vom 14. Juli 1984
Simmel, G.: Philosophie der Mode, Berlin 1905
Spinner, H. F.: Gegen Ohne Für Vernunft, Wissenschaft, Demokratie, etc. . . . Ein Versuch, Feyerabends Philosophie aus dem Geist der modernen Kunst zu verstehen, in: Versuchungen. Aufsätze zur Philosophie Paul Feyerabends (Hg.), H. P. Duerr, Frankfurt/Main 1980, S. 35–109
Strasser, P.: Traurige Wissenschaft. Bemerkungen über den Zusammenhang zwischen Rousseauismus, Wissenschaftskritik und gegenkulturellem Protest, in: Unter dem Pflaster liegt der Strand, Heft 10/1982, S. 97–116
Tenbruck, F. H.: Die unbewältigten Sozialwissenschaften, in: Zeitschrift für Politik, 27. Jg., Heft 3, 1980, S. 219–230
Tietzel, M.: Die Rationalitätsannahme in den Wirtschaftswissenschaften oder: Der homo oeconomicus und seine Verwandten, in: Jahrbuch für Sozialwissenschaften, 32. Jg., Heft 2/1981, S. 115–138
Veblen, T.: The Place of Science in Modern Civilization and other Essays, New York 1961
Vester, H.-G.: Die Thematisierung des Selbst in der postmodernen Gesellschaft, Bonn 1984
ders.: Modernismus und Postmodernismus – Intellektuelle Spielereien?, in: Soziale Welt, 36. Jg., Heft 1/1985, S. 3–26
Walter, K.: Eigentlich ist alles zu haben, aber nicht alles erlaubt, in: Plasterstrand H. 204 v. 8. 3. 85, S. 38–39
Warnke, M.: Nachgeschmack, in: Kursbuch, Band 79, 1985, S. 13–21
Weber, M.: Gesammelte Aufsätze zur Wissenschaftslehre, Tübingen 1973 (4. Auflage)
Widmer, K.: Pädagogik im Dilemma zwischen Theorie und Praxis. Eine wissenschaftstheoretische Fingerübung, in: Zeitschrift für erziehungs- und sozialwissenschaftliche Forschung, 1985, Heft 1, S. 1–28
Wilde, A.: Horizons of Assent. Modernism, Postmodernism and the Ironic Imagination, Baltimore 1981

Georg Neubauer

Sexopoli(s) – Über die Macht und die Spielarten des Sexuellen.

1. Einblicke

Als ich vor gar nicht langer Zeit begann, mich mit Sexualpädagogik zu beschäftigen, traf ich auf ein Feld, das zu meiner Überraschung mehr durchforscht und durchstrukturiert war, als ich vermutete. Auch die Sprachlosigkeit, die ich vorurteilsverhaftet unterstellte, war nicht in dem Maße anzutreffen. Im Gegenteil: für die Mitmenschen wurde ich sogar ein Metakommunikationspartner, der sich ja aufgrund seiner wissenschaftlichen Arbeiten als kompetenter Gesprächspartner auswies.

Besonders auf Feten wurde ich stundenlang mit Theorien und Ansichten traktiert, die zum einen von den Sexualforschern selbst hätten formuliert sein können, zum anderen eine Aufgeklärtheit zeigten, die mich verblüffte. Auch die offiziellen Gesprächsabende in Jugendheimen und sonstigen Institutionen ließen vieles als bekannt erscheinen, so daß wir uns in einem Konsens baden konnten, der doch sehr viel Sicherheit im Umgang mit der Sexualität offenbarte.

Die Sexualpädagogik zeigt sich somit von dem Odium befreit, etwas Heikles zu sein, ein unbekanntes Gebiet oder gar ein nicht aussprechbares Besonderes. Dies trifft zumindest für die Sexualität zu, möglicherweise nicht so sehr für die Pädagogik z. B. in den Schulen, die ja noch gegen Moralvorstellungen aus dem vorigen Jahrhundert anzukämpfen hat. Meine Überraschung und Verblüffung ist wohl darauf zurückzuführen, daß meine eigene Jugend noch von Schamhaftigkeit, Unterdrückung und Verboten der Sexualität geprägt war. Wovon ihre Eltern nicht zu träumen gewagt haben, beanspruchen heutzutage Jugendliche von sich und ihrer Umwelt. Natürlich haben die vielzitierten Massenmedien – bestimmt nicht die Schule – zu diesen Veränderungen beigetragen. Täglich wird frei Haus an

Information geliefert, was unsere Welt zu bieten hat, u. a. auch alles über die Sexualität. Aber auch eigene sexuelle Erfahrungen führen zum frühzeitigen Erwachsen-Werden in diesem Bereich.

Ein sogenannter «gesellschaftskritischer» Mensch wird behaupten, daß die Jugendlichen heutzutage als Konsument ein Wirtschaftsfaktor und deshalb Ziel der Werbung geworden sind. Darüber hinaus werden weibliche Jugendliche als Fotomodelle, Filmdarstellerinnen, aber auch als Porno-Girls und «Babystrich»-Mädchen der männlichen Nachfrage nach Minderjährigen gerecht. Deshalb kommt der Kritiker zum Ergebnis, daß die Liberalisierung zu Langeweile, Überdruß, Ekel und Frustration geführt hat. Und schon kehren wieder die alten Ideologien und Strategien zurück, die die Sexualität zurückstutzen wollen, da sie subversiv und pervers, anarchisch und zerstörend sei. So entstehen wieder Doppelmoralitäten, wie z. B. durch das Verbot von Peep-Shows, da sie die Frauen zu bloßen Anregungsobjekten degradiert und somit die Menschenwürde verletzt wird. Was ist aber mit Prostituierten und Cover-Girls etc.? Welche Menschen sind es, die bestimmen, was Menschenwürde ist? «Wenn schon würdelos, dann ist es der Politiker, der sich von seiner Prostituierten heimlich auspeitschen läßt und öffentlich zur Gewalt gegen Demonstranten aufruft. (...) Wer tagsüber nadelgestreift und staatstragend daherredet, nachts aber durch die Hurenwinkel streift, wer vor der laufenden Kamera Sauberkeit und Ordnung einklagt und sich von gedungenen Schleppern auf der Autobahn unsaubere, unordentliche Tramper als Nachtisch aufgabeln läßt, wer so normal gestört ist, der sollte schweigen, wenn es um Anstand und Sitte geht.» (Sigusch, 1984)

Die Doppelmoralität ist auch nichts Neues und hat es immer gegeben. Das entscheidend Neue und Moderne ist die heutige Sexualordnung, die eine Regelung der Triebe ermöglicht und zur Emanzipation auch von sogenannten Randgruppen geführt hat. Sie alle folgen dem gleichen Modell des genitalen Orgasmus.

Diese sich offenbarende Aufgeklärtheit läßt einen sogar ohne Umschweife zu Lösungen bei existierenden sexuellen Problemen kommen, da nicht in Frage gestellt wird, daß

Sexualität ein Ziel hat und lernbar ist. Das Ziel heißt Orgasmus (und dieses «Muß» kann man wörtlich verstehen) und die Methode heißt Geschlechtsverkehr.

Ist das Ziel Orgasmus unstrittig, so zeigen sich heutzutage noch einige Probleme, welche Methode die richtige ist. Es wird hier nicht nur unterschieden zwischen guten und schlechten, sondern auch zwischen richtigen und falschen Methoden. Zwar wird akzeptiert, daß möglicherweise doch nicht der Königsweg zum Orgasmus existiert, aber das muß sich noch zeigen. Auf jeden Fall ist es heutzutage noch offen, ob es eine Frage der eigenen Verklemmtheit oder die von anderen Personen ist, daß es verschiedene Wege gibt.

Im folgenden will ich näher auf diese Errungenschaften und den Stand der Entwicklung der befreiten Sexualität eingehen, um Ansätze aufzuzeigen, die der Sexualpädagogik neue Felder zuweisen, im Kampf gegen Unaufgeklärtheit und falsche Moral. Denn will sich eine Gesellschaft weiterentwickeln, muß sie sexuell befreit werden (Reich).

2. Die moderne Ordnung der sexuellen Lust

Reich haben wir die Einsicht zu verdanken, daß nur der sexuell befreite Mensch zur Revolution fähig ist. Erst der sexuell entspannte Mensch ist in der Lage zu arbeiten und sich sonstigen gesellschaftlichen Pflichten zu widmen. Reich hat somit Freud überwunden, der noch die Sublimierung des Luststaus propagierte. So schreibt Freud: «Eine andere Technik der Leidabwehr bedient sich der Libidoverschiebung (...) Die Sublimierung der Triebe leiht dazu ihre Hilfe. Am meisten erreicht man, wenn man den Lustgewinn aus den Quellen psychischer und intellektueller Arbeit genügend zu erhöhen versteht». (Freud, 1930)

Um nicht mißverstanden zu werden, die Wichtigkeit von Freud auch für die Sexualpädagogik ist unantastbar. Er kam ja zur wichtigen Erkenntnis, daß sozusagen alles sexuell ist und unser Leben durch ein unerbittliches genitales Geschick bestimmt ist. Freud kann somit für sich in Anspruch nehmen, die Sexualität als universell hingestellt zu haben; Reich mit der Betonung des Orgasmus, ihr ein Ziel gegeben zu haben. Die Befreiung des Menschen hängt somit davon ab, inwieweit er bei Lustabbau und -kontrolle einen Orgasmus erleben kann. Die unerbittlichen Triebe erhielten somit eine Ordnung und ein Ziel. Von diesen Prämissen ausgehend, hat die Sexualforschung Erstaunliches ans Licht gebracht. Eine wichtige Erkenntnis ist, daß alle Menschen gleich sind. So haben alle, wenn sie normal sind, ein Geschlechtsteil und einen Orgasmus (bei der Frau mehrere während des Geschlechtsverkehrs, aber einer davon kann mit dem Orgasmus des Mannes synchronisiert werden). Es gibt zwar verschiedene Formen, den Orgasmus zu erreichen, aber alle beruhen auf der Stimulierung des Geschlechtsteils.

Diese eher körperliche Gleichstellung ließ auch eine soziale Emanzipation folgen. Da auch die Frau zur wahren Sexualität fähig ist und dem Menn ebenbürtig, konnten sie gemeinschaftlich das Projekt Orgasmus angehen. Sowohl der Mann als auch die Frau waren jetzt aufgefordert, dieses Projekt zu verwirklichen.

Durch diese Erkenntnis war der Punkt erreicht, an dem die Sexualität als wichtigstes Element der Lebensentwürfe des Menschen implementiert werden konnte.

Masters und Johnson zeigten uns dann den Weg, wie der Orgasmus über den jeweiligen Phasen zu erreichen ist. Ich möchte hier nicht, bei dem wenigen Platz, der mir zur Verfügung steht, altbekanntes referieren. Wir wissen inzwischen alles über den sexuellen Reaktionszyklus: Erregungsphase, Plateauphase, Orgasmus- und Resolutionsphase.

Ich möchte trotzdem ein wenig verschwenderisch sein und eine für die Sexualpädagogik wichtige Metapher aus dem von mir, aber auch von Kentler mit «Achtung und Sympathie» beurteilten Buch über Sexualerziehung, zum Thema sexuelle Reaktionen zitieren:

«Wenn jemand niesen muß, kitzelt es ihn zunächst in der Nase (als notwendige auslösende Stimulierung), es steigt dann das Blut zu Kopf, so daß es kurzzeitig ganz warm wird. Je nachdem, wie lange das Niesen hinausgezögert wird, spannen sich die Muskeln im Gesicht, u. U. im gesamten restlichen Körper mehr und mehr an. Diese Anspannung kann zu einem solchen Stau anwachsen, daß sich das Niesen mit explosiver Kraft lösen muß. Das Blut verschwindet wieder aus dem Kopf, die Muskeln entspannen sich wieder, es entsteht ein Gefühl der Erleichterung.» (Fricke/Klotz/Paulich, 1983)

Diese Metapher macht deutlich, «daß jeder Einfluß darauf nehmen kann, wieviel Spannung er zulassen will» (Fricke u. a.). Der kontrollierte Orgasmus wird somit möglich und traumatische Ängste vor einem gewaltigen «Niesen» können verhindert werden.

Das Aberwitzige an diesem Modell ist aber, daß es nicht der Lust freien Lauf läßt, sondern die Sexualität überschaubar macht, eingrenzt und mechanisiert. So wird die Sexualität zentriert auf die Geschlechtsteile und es wird der angenommenen Hysterie der Frau ein endendes und begrenztes Gebiet zugestanden (Orgasmus). Die medizinische Mechanisierung löst die Kontrolle durch die Religion ab und läßt die Menschen z. B. die Geißel der ungewollten Schwangerschaft besiegen.

Betrachtet man diese Entwicklung, so ist festzustellen, daß «wir unsere Selbsterkennung von dem erwarten, was Jahrhunderte hindurch als Wahnsinn betrachtet wurde, daß wir die Fülle unseres Körpers bei dem suchen, was lange Zeit sein Stigma und seine Wunde war, daß wir unsere Identität dort vermuten, wo man nur dunkles namenloses Drängen wahrnahm. (...) Der faustische Pakt, dessen Versuchung uns das Sexualitätsdispositiv ins Herz geschrieben hat, lautet: tausche das Leben gegen den Sex, gegen die Wahrheit und die Souveränität des Sexes» (Foucault, 1977).

Das Modell des genitalen Orgasmus ist dabei Maßstab und gibt Menschen die Sicherheit, richtig gehandelt zu haben. Es weist auch der Pädagogik eine Aufgabe zu, nämlich Hemmnisse auszuräumen und den Orgasmus zur Pflichtaufgabe zu machen. Nicht Lust zu verhindern, sondern zu ermöglichen ist heute ihre Aufgabe. Dabei wirkt sie emanzipatorisch, da Sexualität universell und total ist.

Die Verhinderung einer befriedigenden Intimbeziehung kann dabei auch auf sozioökonomische Verhältnisse zurückgeführt werden, die oft Ursachen für viele Konflikte und Probleme auf der personalen Ebene sind. Emanzipative

Sexualpädagogik ist somit politisch als auch sozialpsychologisch und psychologisch zu verorten. An zwei Forderungen von Marburger und Sielert (1980) an die Sexualpädagogik möchte ich dies verdeutlichen:

- «für die Heranwachsenden soll Sexualität als Kommunikationsphänomen erfahrbar werden»,
- «die Heranwachsenden sollen befähigt werden, sexuelles Handeln nicht isoliert, sondern eingebettet in soziale Zusammenhänge zu sehen».

Die Sexualpädagogik hat deshalb zur Aufgabe die Einübung der genitalen Praxis (auch wenn ihr z. Zt. rechtliche Grenzen gesetzt sind) und die Verdeutlichung der Metaphysik der Gesamtheit.

Auch die therapeutischen Maßnahmen orientieren sich an diesen Aufgaben. So können Tips gegeben werden, wie die Praxis verbessert werden kann, falls Probleme auftreten. Z. B. kann Schreien als Gefälligkeitslüge die beruhigende Antwort der Frau auf die fragende Angst des Mannes sein, ob sie schon soweit ist und er ruhig ejakulieren kann.

Hier ist nicht der Ort, auf sexualtherapeutische Ansätze näher einzugehen. Insgesamt ist festzustellen, daß wir einen Schritt weiter gekommen sind, Triebe für uns in der genitalen Sexualität auszuleben, ohne sie sublimieren zu müssen. Natürlich muß das erst gelernt werden. Hierfür wurden uns von der Sexualforschung Hilfestellungen gegeben. Aber gerade Sexualität ist etwas Intimes und sollte als Selbsthilfe organisiert sein. Die Therapie kann nur letzter Notnagel sein, falls die Barrieren zur befreiten Sexualität zu hoch sind. Wie schon gesagt, hat sich die Norm von Sexualität soweit ins Bewußtsein der Menschen abgesenkt, daß sie das Projekt Orgasmus selbst angehen können.

Aus der heutigen Rückschau läßt sich feststellen, daß die einsetzende sexuelle Befreiung von einer Gründlichkeit war, die manch einen beängstigte. So mußten die Konventionen über Partnerschaft, Ehe, Treue, Eifersucht, Begehren etc. umformuliert werden, woran wir uns z. T. noch heute nicht gewöhnt haben.

Auch mußte die schmerzliche Erfahrung gemacht werden, daß mit der Erweiterung der sexuellen Spielräume die subjektive Binnenstruktur nicht zwanglos und automatisch Schritt halten konnte. Man stieß auf eigene Grenzen, die nicht ohne weiteres gesellschaftlich zu erklären sind und der Psychologisierung der eigenen Sexualität die Tür öffnete. Das sexuelle Verhalten selbstreflexiv in Selbsterfahrungsgruppen etc. aufzuarbeiten war nun «in» und hatte Hochkonjunktur. Auch hier zeigt sich der Wunsch des modernen Menschen, Lust nicht ungezügelt erleben zu wollen, sondern für sich erklärbar zu machen.

«Das Imaginäre verkommt zu einer Bildwelt von Stereotypen, eignet sich aber dadurch zum effizient-glatten Produzenten. Es stellt dann her, was der einzelne als Anleitung seiner eigenen Lust sieht und dem er folgt. Stereotypisierte Bildproduktion und geglättete Sexproduktion folgen in dieser Sichtweise einer gemeinsamen Logik, sind Teil des gleichen Verhängnisses der buchstäblich totbringenden Rationalisierung der Welt. Nicht Gegenkraft ist hier der sexuelle Körper, sondern er ist dahin gebracht worden, emsiger Agent der Macht zu sein.» (Ziehe/Knödler-Bunte, 1984)
Mancher wird sagen, daß die Befreiung der Sexualität nur der Schleusenöffner für eine konsumkapitalistisch in Regie genommene und damit vollkommen verdinglichte Sexualität ist, der auch die letzten Spuren von Leidenschaft, Hingabe und Totalität ausgetrieben worden sind. Richtig ist, daß «der sexuelle Körper selbstverständlicher geworden und damit auch weniger bezwingend (ist). Die sexuelle Liberalisierung, (. . .) ist «unten» angekommen, im gar nicht spektakulären Alltag.

Und eben dies stellt eine Zäsur dar. (. . .) Wir beginnen, uns an sie zu gewöhnen. Indem sie alltäglicher wird, wird sie unauffälliger, und gerade diese Unauffälligkeit ist Beweis ihres Erfolges. Erst die Vergegenwärtigung der hinter uns gelassenen Zeit macht deutlich, welche kulturellen Modernisierungsschübe durch die Körper hindurch – oder auch über sie hinweggegangen sind.» (Ziehe/Knödler-Bunte, 1984)

Andererseits zeigen sich heutzutage Folgen, die die Diktatur des Sexualdispositivs ins Wanken gebracht haben.

3. Das Gebäude der Sexualität bekommt Risse. Postmoderne und/oder konservative Wende?

In letzter Zeit sind zunehmend Beiträge in der Literatur und in den Medien zu registrieren, in denen das Modell der Sexualität abgelehnt wird. So sagt die der Prüderie unverdächtige Nina Hagen im Fernsehen, «man sollte die platonische Liebe in diesem versauten Zeitalter nicht unterschätzen»; ein grüner Abgeordneter wirbt für sich, indem er auf seine «schöne und stabile Zweierbeziehung» hinweist; aus Amerika erreicht uns die frohe Bagwhan-Botschaft von «Liebe ohne Sex».

Den drei zitierten Personen kann man wohl unterstellen, daß sie vor nicht allzulanger Zeit noch das Glück in der sexuellen Befreiung gesehen haben. Woher kommt es aber, daß zunehmend Menschen, die diesen Weg gegangen sind, sich jetzt vom Sexualitätsdispositiv befreien wollen?

Ein guter Sozialwissenschaftler wird sagen, die Krise der Sexualität ist doch zu verstehen: «Das Schreckenspanorama der weltweiten Gefährdung allgemeiner Lebensinteressen lassen die Menschen resignieren, noch zu ihren Lebzeiten das Projekt verwirklichen zu können. Es lohnt sich nicht mehr, sich zu schinden und zu experimentieren, um von der Übergangsgesellschaft zum wahren Paradies zu kommen.»

Ich glaube eher, daß die Menschen auch selbst erkennen, daß sie zu ihren Lebzeiten sich nicht zu einem omnipotentbefreiten sexuellen Gott entwickeln können. Den gibt es wohl nur in den Köpfen der sexuellen Glaubensgemeinschaft. Vielleicht war das Modell falsch, wir hätten den Katalog aller Spielarten des Sexuellen in uns selbst und unsere Aufgabe wäre es, sie durchzumachen, um uns zu entwickeln. Gerade die Zentriertheit auf die eigene Entwicklung ließ den andern nicht zu und ließ neue Ansprüche entstehen. Die sexuelle Befreiung setzte als neue Pflicht, uns als Kranke zu verstehen, die geheilt werden müssen. Sie setzte gleichzeitig Menschen als Ärzte ein, die den Kranken therapieren. Sie fordern sexuelle Minderheiten auf, sich ihnen zu offenbaren, damit sie nacheifern können und nicht die letzte Möglichkeit verpassen, sich zu verwirklichen.

Die Promiskuität der sexuellen Befreiung hatte als Voraussetzung, daß alle Menschen dabei das gleiche wollten, und die Wissenschaft hatte hierzu ihre Begründung gegeben. In der Praxis zeigte sich, daß die Annahme falsch war, Gleichheit ließe sich verwirklichen. So blieb die Frage offen, ob der Playboy recht hat, wenn er sich die Frauen aussucht, oder Don Juan, der sich auf alle Frauen einließ. So wählte der Playboy mit ihm genehmen Frauen nur die Spielarten, die er vertreten konnte; Don Juan paßte sich den Gegebenheiten an. Der Playboy beschränkte sich auf das Bekannte und vervielfältigte es und brachte es dabei zu großer Meisterschaft. Don Juan machte große Erfahrungen und ihm war alles bekannt. Er war Weltmeister in der Quantität.

Wir müssen uns wohl damit abfinden, daß wir z. B. bei der Promiskuität sowohl das eine (auswählen) oder das andere (nicht auswählen) tun können. In welcher Form der Einzelne die Karten der Spielarten des Sexuellen für sich neu verteilt, muß ihm überlassen werden. Es ist ihm oder dem anderen eben nicht ohne Übereinkunft zuzumuten, die Exkremente zu trinken oder zu fressen, homosexuell zu sein oder den heterosexuellen Geschlechtsverkehr (auch wenn es das «Normale» ist) zu praktizieren; noch gibt es eine Pflicht, die eigene oder des anderen Andersartigkeit zu therapieren. Wir müssen uns damit nicht nur abfinden, sondern auch wollen, daß «es keine angeborene Programmation für alle gibt» (Bruckner/Finkielkraut, 1979).

Damit ist die sexuelle Liberalisierung nicht grundsätzlich abgelehnt, wohl aber deren Anspruch, man trüge sämtliche erfahrbare Sinnesereignisse in sich und die Aufgabe bestehe darin, sie zu erwecken und auszuleben. Die Liberalisierung der letzten Jahrzehnte hat die Befreiung von vielen Zwängen gebracht und die Möglichkeit eröffnet, sexuelle Bedürfnisse zu erfahren und einschätzen zu lernen. So kann z. B. die Frau auch außerhalb der zwangsmonogamen Ehegemeinschaft die Sexualität erproben. «Solches Experimentieren mit dem eigenen sexuellen Körper, mit seinen Fähigkeiten, Sensibilitäten, Lust- und Verlustzonen bricht das sexuelle Erfahrungsmonopol des Mannes und gibt den Frauen ein Kriterium an die Hand, das nicht wenige Männer fürchten wie der Teufel das Weihwasser: die Möglichkeit des Vergleichen könnens.» (Lohmann, 1984)

Die sexuelle Praxis hat auch gezeigt, daß der genitale Orgasmus eher die Form männlicher Lustbefriedigung ist und eine Gleichheit der Empfindungen der Geschlechter nicht unterstellt werden kann. Den männlichen Orgasmus nachzuempfinden, kann doch nur heißen, sein Begehren zu sättigen, so daß der Begehrte gleichgültig wird. Die eigene Erfüllung durch die sexuelle Befreiung kann doch nur zur Objektivierung des anderen führen und damit zu einer Art universellen Prostitution.

Insgesamt muß wohl unterstellt werden, daß Devianz im Sexuellen die Norm ist. D. h. nicht, daß ähnliche Lüsternheit, Vorlieben, Phantasien nicht zu finden sind, nur können sie nicht mehr den Allanspruch für sich behaupten. «An die Stelle der alten Modelle tritt tendenziell das Nebeneinander sämtlicher Formen des Verlangens.» (Bruckner/Finkielkraut, 1979) Die Resignation der Nina Hagen vor der «versauten Gesellschaft» sollte deshalb nicht dahingehend interpretiert werden, daß wir die geschichtlichen Traditionen, die sich auch im Individuum angelagert haben, nicht überwinden bzw. fortentwickeln können. Wir müssen uns wohl damit abfinden, daß «die authentische Gegenwart von nun an der Ort (ist), wo sich Traditionsfortschritt und Innovation verschränken» (Habermas, 1985).

Wir sollten deshalb auch nicht die Nase darüber rümpfen, wenn jemand sagt, daß er die Homosexualität toleriert, aber «nicht mit mir». Wir müssen uns heutzutage darauf einstellen, daß nichts durch Normen endgültig feststeht. Auf Verbindlichkeiten und anerkannte Verhaltensregeln können wir nur noch um den Preis von Regressionen zurückgreifen. Trotz unserer angeblichen Aufklärung ist die Sexualität unbestimmbar und mehrdeutig, eben unzivilisiert. Jeder muß die Wahl individuell selbst treffen. Sie ist trotz Wissen nicht leichter geworden. Eher muß man sich darauf einstellen, sich bei der Wahl geirrt zu haben, leidvolle Erfahrungen zu machen und ausprobieren zu müssen. Noch nicht einmal das Ergebnis oder das Ziel ist zu benennen. Es kann bringen: sowohl Lust als auch Frust.

Die von Habermas apostrophierte «Neue Übersichtlichkeit» sollte uns aber auch nicht dazu verleiten, auf alte Werte zurückzugreifen und sie als neue Modelle festzuschreiben.

Sie geben sich neu, sind aber alt. Auch beim neuen Protestantismus wird im Namen der Friedfertigkeit und Liebe der Versuch unternommen, die neu gewonnenen Spielräume der Sexualität zurückzustutzen. Auch bei der Neuen Mütterlichkeit wird vergessen, daß im Namen der Mutterschaft der Faschismus aufblühen konnte. Die errungenen Freiheiten, auch wenn sie für manche nicht nachvollziehbar oder tragbar sind, haben zumindest den Vorteil, solange sie nicht zur Norm verkommen, daß sie einen Zuwachs von Wahlmöglichkeiten bringen und dadurch angebliche humane Werte ins Leere laufen lassen.

Wenn jemand seine «schöne und stabile Zweierbeziehung» pflegt, dann ist er weder konservativ noch progressiv, sondern hat seine Erfahrungen gemacht (oder auch nicht). Wenn jemand der Geißel der Geschlechtskrankheit durch «Liebe ohne Sex» entgehen will, ist er weder ängstlich noch vernünftig, auf jeden Fall nicht CIA-geleitet (oder auch nicht).

Die Lehre der letzten Jahrzehnte kann nur sein, daß die vorfindliche Sexualität nicht ohne weiteres in eine einheitliche transformiert werden kann, auch wenn sie sich noch so progressiv oder konservativ gibt. Die Lebenswelten der Menschen sind so verschieden, als auch deren Sexualität. Die Sexualpädagogik sollte sich deshalb nicht daran beteiligen, durch die Vorgabe von Modellen eine sogenannte gesunde Sexualität zu propagieren. Nicht die Aufklärung durch die Sexualpädagogik macht Sexualität erst möglich, sondern die Abklärung der eigenen Möglichkeiten. Die Sexualpädagogik kann diesen Abklärungsprozeß nur fördern und zu Toleranz gegen Andersartigkeit auffordern. Deshalb ist ihre Aufgabe die Bereitschaft zu fördern, offen für die Besonderheit des Anderen zu sein, ohne gleich den Anspruch zu erheben, sie zu übernehmen. Die Subjekthaftigkeit kann nicht durch die Sexualität erreicht werden, sondern eher auf anderen Wegen, vielleicht durch die Liebe, die ein Modell der Respektierung des anderen eher voraussetzt. Aber:

«Die Liebe mit ihrem zerstreuend subjektiven Glanz kann ebenso eine Falle sein wie der libertäre Schein sexueller Revolution. Zu Recht setzt Sade hinter jede Form von Sexualmoral das «Cui bono»? Die Liebe, so Sade, nützt nur der Herrschaft der Familie und dem ideologischen Schein der Subjektivität; und die libertine Emanzipation begründet die Herrschaft einer Zwangs-Unmoral auf der Grundlage zynischer Degradierung aller Anderen zu verächtlichen Objekten der Begierde. Durch die Heillosigkeit dieser Alternative hat allererst Sade das Dilemma trans-familialer Moral in der Postmoderne formuliert. Von einer Lösung sind wir weit entfernt.» (Böhme, 1984)

Literatur

Böhme, H., «Beim Glockenschlag des Wahnsinns schlagen die Stunden der Venus» – Marquis de Sade –, in: Ziehe, Th./Knödler-Bunte, E., 1984, S. 183–200

Bruckner, P./Finkielkraut, A., Die neue Liebesunordnung, München/Wien, 1979

Foucault, M., Sexualität und Wahrheit, Frankfurt/M., 1977

Freud, S., Das Unbehagen in der Kultur, Wien, 1930

Fricke, S./Klotz, M./Paulich, P., Sexualerziehung? Handbuch für pädagogische Gruppenarbeit, für Berater und Eltern, Reinbek 1983

Habermas, J., Die Neue Unübersichtlichkeit, in: Merkur, Heft 1, 1985, S. 1–14

Lohmann, H.-M., Sexualität heute, in: Ziehe, Th./Knödler-Bunte, E., 1984, S. 15–18

Marburger, H./Sielert, U., Sexualerziehung in der Jugendarbeit, Frankfurt/M., 1980

Sigusch, V., Vom Trieb und von der Liebe, Frankfurt/M., 1984

Ziehe, Th./Knödler-Bunte, E., Der sexuelle Körper, Berlin, 1984

Katharina Rutschky

Das Milchmädchen rechnet. Über den Pessimismus als pädagogische Triebkraft

Wie rechnet das Milchmädchen? Da es keine mehr gibt, sollte ich wohl allen, besonders allen Nichtberlinern erklären, was eine Milchmädchenrechnung ist. Eigentlich ist es ganz einfach: Dem Milchmädchen genügen die kleinsten und zufälligsten Dinge als Ausgangspunkt für die allerdramatischsten Hochrechnungen. Da das Milchmädchen jung, romantisch, aber arm ist, rechnet es seine Wünsche hoch: aus einem gefundenen Groschen wird ein Lotterielos, ein Hauptgewinn, eine Mitgift und ein Prinz, ein großes Glück. So tagträumt es dahin und übersieht den Stein, der es zu Fall bringt ... Die Pädagogik ist so ein tagträumendes Milchmädchen, das eine Hochrechnung nach der andern anstellt und dabei die Steine übersieht, die sperrig im Wege liegen. Natürlich haßt das Milchmädchen diese Hindernisse, gibt ihnen wohl auch noch, wie es Art der Kinder ist, einen strafenden Tritt, ehe es sich wieder auf jene schönen Wunschwege begibt, auf denen keine Steine liegen. Ja, eigentlich verfolgt die ganze Tagträumerei den Zweck, wenn nicht die Existenz, dann doch die Existenzberechtigung der Steine zu leugnen. Weg damit. Die Wirklichkeit, denkt das pädagogische Milchmädchen, gehört abgeschafft. An ihre Stelle tritt seine Welt als Wille und Vorstellung.

«Schülerselbstmorde, jugendliche Drogenopfer, undisziplinierte Hausbesetzer, zu Gewalttaten neigende junge Demonstranten, streikende Schüler sind nur die als Symptomatik herausragenden sichtbaren Teile eines Phänomens der achtziger Jahre, das in diesem Buch mit dem Begriff von den erzieherischen Defiziten unserer Gesellschaft gefaßt werden soll.» (Struck, 1982, 8)

Was ist das, ein Schülerselbstmord? Worin unterscheidet er sich denn von einem Versicherungsangestelltenselbstmord? Aha, der eine Selbstmörder besuchte vor seinem Selbstmord die Schule, wohingegen der andere in einer Versicherung einen Arbeitsplatz hatte. Ja, aber warum redet man dann so, als ob es etwas Besonderes bedeuten könnte, seit der Jahrhundertwende, und zwar ohne irgendwelche Folgen, von den «Schülerselbstmorden» und nicht ebenso von den «Angestelltenselbstmördern», das dürften doch auch einige sein? Vielleicht ist es so, daß die Pädagogik, der die Schule ja aufgegeben ist, von dem ggfs. vorfallenden Selbstmord eines ihrer Besucher reklamemäßig Nutzen ziehen kann, was bei der Versicherung, deren Angestellter aus dem Fenster gesprungen ist, nicht geht. Natürlich kann der Reklamenutzen nicht der bestimmten Schule zugute kommen, der der Schüler angehört hat, wohl aber einer besseren, zukünftigen oder einer psychologischen Beratungsstelle oder dem Berufsverband, der längst eine Senkung der Pflichtstundenzahl, kleinere Klassen und mehr Fortbildung verlangt ... Und wenn das nicht, dann werben die Schülerselbstmorde, richtig eingesetzt, für die Idee der Erziehung überhaupt, Imagepflege nennt man das, Sympathiewerbung. Ja, und so manipuliert findet dann niemand etwas dabei, wenn jemand einen «Begriff von den erzieherischen Defiziten unserer Gesellschaft» fassen will oder soll, obwohl solche Sprüche ganz genauso größenwahnsinnig sind wie die der Tabakindustrie von der «Welt der Peter Stuyvesant».

Vor zwanzig Jahren hätte ich auf die Idee einer erzieherisch nicht defizitären Gesellschaft mit dem Verdikt «Totalitarismus» reagiert. Ich hätte in der Diskussion darauf verwiesen, daß Erziehung praktisch und historisch Ordnung machen heißt und daß nach den Erfahrungen mit der nationalsozialistischen Diktatur usw. usw. Die einfache Ideologiekritik von damals hat aber heute keinen Gegner mehr, denn inzwischen hat eine gewisse wissenschaftliche Bildung um sich gegriffen und eine sehr sympathische Öffnung der Ohren nach links hat auch stattgefunden. Also, was will ich und warum nörgele ich immer weiter?

Hat mich die Reformmüdigkeit einschlafen lassen, bin ich gewendet worden oder hat mich die Enttäuschung hochfliegender Pläne so zynisch werden lassen, daß «500 bis 700 Schülersuizide, 600 Drogentote und rund 18 000 Suizidversuche von Schülern» mich kalt lassen? (Struck, 1982, 7) Wo bleibt das Positive oder doch des Positiven Anfang, die

Katastrophenstimmung, welche die Kräfte aller Guten im Lande mobilisiert?

Es ist eine allgemein beliebte, in der Pädagogik aber seit altersher angewandte und grundlegende Technik, mit Greuelmeldungen über den Zustand der Welt, der Jugend und der Kinder einen Handlungsbedarf zu erzeugen, den sie dann – alle andern sind ja vor Schrecken wie gelähmt – gern befriedigt. Und wenn kein Handlungsbedarf, dann werden ungeahnte Wissenslücken aufgerissen, eine nach der andern und eine immer größer als die vorige, die man sich dann gern schnell und vielleicht auch beschämt füllen läßt. Hat man doch gar nicht gewußt, daß man nichts, aber auch nichts gewußt hat! Meisterhaft, wie beispielsweise Rousseau den «Emile» startet, mit einem Tief- und Nierenschlag, der den Leser über Hunderte von Seiten außer Gefecht setzt: «Alles, was aus den Händen des Schöpfers kommt, ist gut; alles entartet unter den Händen des Menschen.» Vielleicht wirkungsvoll, aber für meinen Geschmack doch ein wenig, wie soll ich sagen, allzu anal, ja eigentlich beschissen, was Pestalozzi zur pädagogischen Volkslage 1801 zu sagen hat, ehe er uns dann darüber belehrt, «Wie Gertrud ihre Kinder lehrt»:

«Ich sah den Volksunterricht wie einen unermeßlichen Sumpf vor meinen Augen und watete mit einer Gewaltsamkeit in seinem Kote herum, bis ich endlich mit den Quellen seines Wassers, mit den Ursachen seiner Verstopfungen und mit den Standpunkten, von denen sich die Möglichkeit, sein nasses Verderben ableiten zu können, ahnen ließ, bekannt war.»

Ich korrigiere mich: Sie ist anal-urethral angelegt, diese Zeitdiagnose, wobei das urethrale Moment – entsprechend des psychoanalytisch bekannten Zusammenhangs von Urethralerotik und brennendem Ehrgeiz – um so deutlicher wird, je entschlossener aus dem desinteressierten Diagnostiker der selbsternannte Retter wird. «Schon lange, ach! seit meinen Jünglingsjahren wallte mein Herz, wie ein mächtiger Strom, einzig und allein nach dem Ziel, die Quelle des Elends zu stopfen, in die ich das Volk um mich her versunken sah.»

Ja, ja, die Dummen, das sind immer die andern, das ist alter Brauch überall. Es ist allerdings der Pädagogik vorbehalten,

Wissenschaftlichkeit hin, Wissenschaftlichkeit her, ihn als Maxime ihrem Handeln zugrundezulegen, ohne daß jemand Verdacht schöpft und an der Lauterkeit ihrer Motive zweifelt. Lange Zeit, allzu lange, hat man in allen Pädagogen Idealisten vermutet, und das nicht bloß wegen der tatsächlich miserablen Gehaltslage, sondern wegen ihres Eifers, mit dem sie sich – dem normalegoistischen Bürger unverständlich, dessen Altruismus knapp für die eigene Sippe reicht – um fremde Kinder, fremde Leute, Volkswohl und -bildung und -zukunft kümmern und sorgen:

«Die öffentliche Glückseligkeit aller mir bekannten Länder wird auf eine erstaunliche Weise weiter abnehmen, wenn die Ratgeber der Majestäten und der Republiken nicht bald innewerden, daß ... nicht nach und nach durch kleine Veränderungen, sondern durch eine gänzliche Untersuchung ... an der Verbesserung der Kinderzucht, des Unterrichts, der Moralität und Sitten und des Studiumswesens gearbeitet werden müsse.»

So weit nährt Basedow mit seiner «Vorstellung an Menschenfreunde» den Idealismusverdacht, mit dem die öffentliche Meinung die Pädagogen so lange verwöhnt hat. Pädagogik ist institutionalisierte Menschenliebe, könnte man sagen, wenn der Philanthrop nicht fortführe:

«Nicht durch Salben und Pflaster werden Wunden geheilt, die wegen des fressenden Eiters eine bodenlose Tiefe haben ...» Igittigitt. Solche Zustände (oder sind es Menschen?) verlangen nach einschneidenden Maßnahmen, ganz klar. Aber was passiert dann? Basedows Sammelbüchse füllt sich, die Subskriptionsliste wird immer länger und schließlich kann das «Elementarwerk» erscheinen, das Dessauer Philanthropin seine segensreiche Tätigkeit aufnehmen ... Irgendwie erinnert das alles auch immer an den Berg, der kreißt und kreißt und doch bloß eine Maus gebiert. Wie in der Werbung besteht ein groteskes Mißverhältnis zwischen dem rhetorischen Aufwand, den der Pädagoge als Moralist treibt, und dem banalen Produkt, das er uns verkaufen will. Wenn es anderswo dröhnt «Wir haben uns entschieden» und der Vater auf dem Farbbild, seine Kleinstfamilie um sich geschart bzw. es reichen ja zwei Arme, um sie an sich zu drücken, uns glaubensfest anstrahlt, dann wissen doch inzwischen schon kleine Kinder etwas mit dem Ergebnis des Entscheidungsprozesses anzufangen: sie lachen über die erlösende Duschkabine . . .

Aber ich will die Parallele nicht übertreiben; denn gelacht werden darf im Erziehungsgeschäft natürlich nicht. Hier bietet ja auch niemand Konsumgüter zur Interpretation der unendlichen Lust an, sondern es werden Schuldgefühle geweckt und befriedigt. Der Moralist lebt davon, daß die Welt nicht in Ordnung ist, nie in Ordnung kommen wird; denn die Menschheit ist zwar gut, aber die Leute sind Gesindel. Der Moralist als Pädagoge hat also nur scheinbar positive Ziele vor Augen, Erziehung, Entfaltung, Bewahrung, Bildung usw. usw., tatsächlich ist er Abwehrfachmann: Er trägt einer entarteten Schöpfung Rechnung, trocknet Odelgruben aus, schneidet krankes Fleisch aus den Körpern und was dergleichen unfreundliche Phantasien über das Leben und andere Leute mehr sind. Leider ist es ja so, daß beim Eintreffen von Katastrophenmeldungen kaum jemand einen klaren Kopf behält und leicht Rettungsmaßnahmen zustimmt, deren Berechtigung und Sinn in der Angst und Eile gar nicht zu überprüfen sind. Gelacht hat nachweislich auch noch nie jemand in der Geschichte der Erziehung, wenn Meldungen kurze Zeit nach ihrer Veröffentlichung sich als falsch oder doch sehr, sehr übertrieben herausgestellt haben: Jugendverderben durch Selbstbeflekkung; zu viel Lektüre; falsche Lektüre; gar keine Lektüre; Haltungsschäden; enge Hosen; Rock'n Roll; Comics; Kino; Fernsehen; Reklame; Dienstboten; Wiegen; Daumenlutschen; Alkohol & Nikotin; Verhaltensstörungen; Schulangst; sexueller Mißbrauch; sexuelle Repression; Rechtsradikalismus . . . Die Liste ist endlos; jede Zeit, jede Saison hat ihre Lieblingskatastrophen, mit denen die Pädagogen sich und andere auf Trab halten. Soll diese panische Flucht nach vorn, dies Jogging der Wissenschaft – «Laufen Sie dem Tod davon» – ewig so weiter gehen oder ist ein Ausstieg noch möglich, ein Paradigmenwechsel?

Ich kehre noch einmal an den Anfang zurück. Lassen mich Schülerselbstmorde, Drogentote etc. kalt? Wenn durch moralische Panikmache die Denktätigkeit zum Erliegen kommt, ist das «Um Gottes Willen, nein!», das mir jetzt allzu nahe liegt, vermutlich falsch. Ich versuche also eine andere Antwort. Ja, ich bleibe kalt, ja, ich bin reformmüde, nein, ich will mir keine Gedanken über eine erzieherisch defizitäre Gesellschaft machen, nicht einmal welche über die Schulreform; ich lache noch über die schon vergangenen. Natürlich könnte ich auch weinen, mich empören, über alle Halbherzigkeiten lamentieren, Kategorien wie Anpassung, Widerstand und Verrat einführen – aber da geriete ich doch wieder ins Fahrwasser des verantwortungsbewußten Denkens. Nirgendwo kann man sich leichter lächerlicher machen als da. Oft ist allerdings ein gewisser zeitlicher Abstand nötig, damit alle mitlachen können und begreifen, wie sehr der Weltgeist, der grade eben doch noch so schön die Segel gebläht hat, das Schiff unversehens auf Sand setzt.

«Seit den letzten Jahren sind die Kinematographen ... wie Pilze aus der Erde geschossen. Sie drohen wegen der großen Geldsummen, die sie an sich ziehen, zu einer sozialen Misere zu werden ... Im allgemeinen haben die Filme infolge einiger begleitender Umstände noch weiter gehende Wirkungen auf Phantasie und Gemüt der Jugend als das Theater. Das Kino stellt alles plastisch vor die Augen ... in vollem Leben. Das Milieu sodann fördert eine tiefe Suggestion: der dunkle Raum, das eintönig summende Geräusch, die Aufdringlichkeit der Bilder ersticken die Kritik, und so wird der Inhalt des Films zur verhängnisvollen Einflüsterung für die willenlos hingegebene Psyche des Menschen, namentlich in dem leicht erregbaren Alter der Pubertät ... Der Kinematograph ruft körperliche Schädigungen, besonders aber Gefahren auf seelischem Gebiete hervor. Diese haften teilweise demselben als solchem an und sind von der Darstellung komplizierter Bewegungsformen durch die lebende Photographie unzertrennlich ... Der rasche Ablauf stets sich ändernder Bilder ... die ausschließliche Einwirkung auf das Auge ... die Spannung des Gemüts ...» (Hoffmann, 1913, 184 ff.).

Siebzig Jahre später wäre Jakob Hoffmann vermutlich nicht mehr Gymnasialprofessor und Religionslehrer, sondern Studienrat und unterrichtete in einem Leistungskurs «Filmsprachliche Mittel der Nouvelle Vague», hätte also das Kino akzeptiert, müßte dafür aber den berufsnotwendigen Pessimismus aus der Kritik eines anderen Mediums ziehen: des Fernsehens. Studienrat Hoffmann hätte strikte, von der Wissenschaft unterstützte Überzeugungen bezüglich des hemmungslosen Fernsehkonsums der Kinder im allgemeinen und des Zusammenhangs von Gewaltdarstellungen im Fernsehen mit aggressiven Umgangsformen im Pausenhof im speziellen. Hinzu kämen erhebliche pädagogische Bedenken hinsichtlich der Einschränkung der kostbaren kindlichen Eigen-, besonders Phantasietätigkeit, etwas, wovor es Campe vor zweihundert Jahren gegraust hat, schlecht konnte ihm werden, bei dem Gedanken, daß Mädchen ihre Zeit mit Romanen hinbringen ... Aber das weiß der Studienrat heute wiederum nicht.

Die oft gestellte Frage, ob man aus der Geschichte lernen könne, eigentlich meint man ja damit die Geschichtsforschung und -schreibung, und falls ja, was eigentlich? – diese Frage möchte ich positiv entscheiden und auch mit Inhalt füllen: man lernt lachen. Das ist gar nicht wenig, das ist sehr schwer für eine Wissenschaft, bei deren Kulturkritik und Pessimismus Hebammendienste geleistet haben. Ich erinnere noch einmal an Rousseau und seine beiden Preisschriften von 1750 und 1754, in denen ein ziemlich komplettes Dekadenzprogramm abgespult wird: Handel, Wandel, Kunst und Wissenschaft machen die Menschen weder besser noch glücklicher, im Gegenteil, es geht unentwegt bergab und deshalb ist Emiles Erziehung (1762) Trauerarbeit über den Verlust eines Naturzustandes, den der Erzieher am Zögling kontrollieren, verzögern, aber nicht verhindern kann.

Ehe ich wieder ernst und verbissen werde, nichts liegt mir näher, zurück zu den Gefahren der Kinematographie. Daß der seelischen Gesundheit Heranwachsender von «lebenden Photographien» Gefahr drohe und deshalb Schutzbestimmungen, also Verbote unerläßlich seien, das kann heute amüsieren, aber wofür steht das Beispiel? Ist es repräsentativ? Und wer war schließlich Jakob Hoffmann? Eben. Darum gehe ich jetzt zu jüngeren und bekannteren Autoren und zu wichtigeren Themen der Pädagogik über, auch wenn ich den Boden der Geschichte nicht ganz verlassen will, damit das Lachen leichter fällt.

Zeit: Die Fünfziger und die erste Hälfte der Sechziger im Vorfeld der Studentenbewegung und des Schülerprotestes. Welche Ereignisse verzeichnet die Erziehungsgeschichte? Eine aufstiegsorientierte Bildungsmobilität von Schichten, denen die Volks- oder Realschule bislang für ihren Nachwuchs genügt hatte – typisch falsche Parole «Bildungsnotstand». Unterstützt wird diese Mobilität durch die Gewährung von Schulgeldfreiheit auch bei Nicht-Pflichtschulen und ein vom elterlichen Einkommen, nicht von Extraleistungen des Empfängers abhängiges Stipendienwesen; außerdem wird ein 9. und 10. Schuljahr vorbereitet und z. T. auch eingeführt. Diese Diskussion über die Verlängerung der Pflichtschulzeit hat Ulf Homann übersichtlich dargestellt (Homann, 1981). Ich greife hier nur einen Argumentationsstrang heraus, der diese Entwicklung gefördert hat und für den tagträumerischen Umgang mit Tatsachen in der Pädagogik, den seltsamen Zwang zur katastrophalen Weltsicht besonders aufschlußreich ist.

Die Verlängerung der Schulzeit scheint den Pädagogen unumgänglich, weil eine schon länger von Medizinern beobachtete Erscheinung von ihnen plötzlich in den Rang einer Zivilisationskrankheit erhoben wird: Die sog. Akzeleration. Gerade könnte es so gemütlich werden, die Nazi-Herrschaft ist schon längst vorbei, der Wiederaufbau ist in vollem Gang, es gibt Vollbeschäftigung, keine Jugendarbeitslosigkeit und sogar Lehrermangel . . . Es darf aber nicht gemütlich werden. Die «Akzeleration als pädagogisches Problem» (Roessler, 1957; auch in Röhrs, 1965) bringt frischen Wind in die seit den zwanziger Jahren doch schon etwas abgenutzte Jugendpsychologie. Aber zuerst die Tatsachen: In mehreren Untersuchungen, am gründlichsten in einer schwedischen aus dem Jahr 1948, wurde nachgewiesen, daß 1. das Geburtsgewicht und die Geburtsgröße zunehmen; 2. die Geschlechtsreife früher eintritt; 3. die nachwachsende Generation größer wird als die Eltern; 4. diese Phänomene in der Stadt prägnanter als auf dem Land und 5. in höheren Sozialschichten eher als in unteren zu beobachten sind (Undeutsch, 1952; auch in Röhrs, 1965). Wie würden Lieschen Müller und Otto Normalverbraucher, also Menschen, die bloß über die soziokulturell unumgänglichen Vorurteile verfügen, diese Tatsachen bewerten? Positiv natürlich; denn das hat sich jeder doch schon immer gedacht, daß in besseren Kreisen mehr Geld, Gut und Wissen für den Nachwuchs zur Verfügung steht und dieser Aufwand dann natürlich auch zu den entsprechend schöneren Resultaten führt! Bloß daß das Landleben als Entwicklungsfaktor nicht in die gleiche Richtung weist, das stört die beiden. Hier steht ihrer Einsicht eben das denn doch unabdingbare Vorurteil entgegen, daß Kinder und übrigens auch Hunde auf dem Lande am gesündesten leben, was zwar nachweislich ganz falsch ist, aber ich will nicht zu streng sein mit den beiden ... Ganz anders sehen die Pädagogen und ihre Zuarbeiter die Lage. «Unseres Erachtens ist die überstürzte Reifungswandlung der letzten drei Jahrzehnte Ausdruck einer Anpassung an zunehmende Belastung durch die Zivilisation.» (Bennholdt-Thomsen, 1951; auch in Röhrs, 1965)

Bekannt, aber immer wieder erstaunlich, diese Zivilisationsfeindschaft gerade bei Vertretern von wissenschaftlichen Disziplinen, die ihre Erfolge, wie die Medizin und die Pädagogik, erst in der kritisierten Zivilisation, in den letzten zweihundert Jahren gehabt haben. Ebenfalls grundsätzlich bekannt, aber auch immer wieder schön zu lesen, wie die Urfeindschaft der Pädagogen gegen Liebe und Sexualität sich neuen Ausdruck schafft:

«Bei den Naturvölkern treten die Kinder nach der physischen Reife unmittelbar in die Reihe der Männer und Frauen ein ... und die Erwachsenen erscheinen uns kindlich, weil sie in ihrem geistig-seelischen Habitus den Elf- und Zwölfjährigen gleich sind ... Je höher aber die Manifestationen einer Kultur sich über die Primitivität erheben, desto länger, schwieriger und differenzierter wird das, was wir Jugend nennen ...»

Wer diesen Distinktionsgewinn einstreichen will, muß sich nun aber auch die feinsinnigen abendländischen Sorgen über das Liebesleben anderer Leute machen. Da der Pädagoge die Augen nicht überall haben kann, ganz verbieten geht wohl nicht, droht er denen, die nicht folgen wollen, die modernen Höllenstrafen an, z. B. die:

«Wir erfahren von der außerordentlich starken ... Intensität des Geschlechtstriebs und der daraus resultierenden ...

geschlechtlichen Aktivität im mittleren und höheren Jugendalter, aber wir wissen noch nicht, wie sich Erotik und Sexualität zueinander verhalten, ob jene sich frei entfalten kann, oder ob sie von früherer Sexualität verzehrt wird, bevor sie ihre geistesbiologische Funktion erfüllen konnte: nämlich den Trieb zu geistiger Leidenschaft zu erheben ... Läßt nun ... die Intensität und Aktivität des Geschlechtstriebs ... die Erotik mit Enthaltsamkeit und Scheu zur personbildenden Wirklichkeit werden? ... Wahrscheinlich ist es so, daß die verfrühte Reifung die Fixierung infantiler Verhaltensweisen begünstigt ... Die Gefahren sind groß: nur von denen, die eine innere Stimme oder ein ungeliebtes Schicksal vor dem leichten Geben und Nehmen bewahrt, die aus Leiden, Sehnsucht, Erwartung, Verehrung der Frau gewinnen, ist geistig etwas zu erwarten.» (Blättner, 1955; auch in Röhrs, 1965)

Neben der Erotik scheinen auch andere abendländische Errungenschaften gefährdet. Man spricht von «Gemüts- und Gefühlsretardierungen» (Roessler, 1957; auch in Röhrs, 1965); von «geistig-seelischer Schnellreife», «Scheinerwachsenheit» (Fischer, 1958), gar von «geistiger Versteppung» (Muchow, 1952) oder von den «seelischen Abartigkeiten» (Busemann, 1951) der heutigen Jugend ist die Rede. Die bange Frage, ob der «Durchbruch zum Geistigen» oder die Auseinandersetzung mit der Welt der Werte beim Volksschüler überhaupt noch gegeben ist, führt dann zur Unterscheidung der «Primitivpubertät» von der «Kulturpubertät» (Roth, 1961; Brezinka, 1964; dieser auch in Röhrs, 1965), eine Unterscheidung, die auch den Vorteil bietet, dem bürgerlichen Haß gegen fremde Kulturen im eigenen Land einen wissenschaftlichen und sogar sozial engagierten Unterbau zu geben; denn primitiv ist natürlich der Arbeiterjugendliche, wohingegen der melodramatisch-verklemmte Jugendliche, den sich seit Sprangers Buch über das Jugendalter (1924) alle Pädagogen so sehnlichst wünschen, in den Rang eines Kulturheros erhoben wird.

Keine feinsinnigen Überlegungen über den Untergang der Erotik usw. usw. durch Akzeleration stellt der Schulmann an. Die plötzlich auftauchende Frage, ob das deutsche Kind bzw. der deutsche Jugendliche nicht immer dümmer wird, hat nicht nur K. V. Müller in jener sagenhaften «Untersuchung» niedersächsischer Schüler positiv beantwortet (1950). Daß weniger verschwurbelte Köpfe sich die Mühe machten, Müller zu widerlegen, sei nicht verschwiegen, es hat aber nicht geholfen:

«Leider wird die selbständige Auseinandersetzung mit den Werten unserer Kultur in der Gegenwart vielfach hinausgeschoben, weil die Geschlechtsreife zu früh einsetzt und jede körperliche Beschleunigung (Akzeleration) gesetzmäßig eine seelische Verzögerung (Retardation) verursacht . . .» (Huth, 1965)

Diesen blühenden Unsinn hätte der Herr Professor, wenn er schon nicht über den common sense von Lieschen Müller verfügt, zwar durch wissenschaftliche Lektüre korrigieren können, der sorgfältige und keineswegs durch Radikalität abstoßende Aufsatz von Udo Undeutsch, ein Resümé aller wesentlichen Forschungen, war ja schon 1952 erschienen, aber das wollte er offenbar nicht. Es ging ja doch nach 1945 auch für die deutsche Pädagogik darum, verloren gegangene Machtpositionen wieder zu besetzen und möglichst zu erweitern. Wenn es gelänge, eine Schulreform mit Dekadenztheorien zu legitimieren, dann hätte man wieder einmal etwas getan, ohne daß sich etwas ändern müßte. So erklärt sich auch die fast einhellige Begeisterung für die Verlängerung der Volksschulzeit bei gleichzeitiger Ablehnung der Integration der herkömmlichen Schultypen in einer Gesamtschule, die doch der Blick nach den angelsächsischen Ländern . . . Wer andere amüsieren will, muß selbst schön cool bleiben, das weiß jeder Erzähler. Ehe ich also im Rückblick auf die verpaßten Chancen wieder der Wut und Verbitterung Raum gebe und in ernste Diskussionen und Vorhaltungen ausbreche, zurück zum blühenden Unsinn:

«Es steht fest, daß in der gegenwärtigen deutschen Jugend weniger geistig produktive, theoretische, sprachliche Form-Begabungen zu finden sind als noch in den zwanziger Jahren; der Rückgang der Leistungsfähigkeit auf diesen Gebieten beträgt rund 10 %.» (Huth, 1965)

Wer sich in der intellektuellen Prestigehierarchie auskennt, wird sich durch die Vertauschung des Wortes «Begabungsrückgang» mit dem angeblich richtigeren «Begabungswandel» kaum getröstet fühlen; denn wohin führt der? Von den feinen Begabungen zu den weniger feinen, denen, die auf technischem, praktischem und organisatorischem Gebiet liegen. Im Grund beobachten wir also eine Proletarisierung der Intelligenz, auf die wir uns eben einstellen müssen! (Huth, 1958; auch in Röhrs, 1965) Neben der Akzeleration mit ihrer Folge der geistig-seelischen Retardation um 2–4 Jahre gibt es natürlich noch viele andere Ursachen für die «veränderte Leistungsfähigkeit» der Jugendlichen, dieses unschuldig schuldig Werden. Ich nenne, die Liste ist unvollständig, macht aber nichts, sie muß ja auch offen bleiben, damit jeder noch eintragen kann, was ihm nicht paßt: Reizüberflutung, Vermassung durch Film, Funk, Fernsehen und Kino; Fehlen allgemein anerkannter Werte und Normen; Wegfall der Mutterliebe durch Berufstätigkeit; Autoritätsverlust in der Kleinfamilie; keine oder falsche Vorbilder . . . (Huth, 1965) Gelegentlich werden dann auch, dem Ernst der «Jugendnot» entsprechend, recht stramme Maßregeln empfohlen, wenngleich nun im Namen einer freiheitlichen Demokratie, die gerade ein «Höchstmaß an Erziehung und Selbsterziehung» fordert, was man sich doch wohl (ich übersetze ins Kenntliche) als die Ersetzung der Diktatur im Großen durch Erziehungsterror im Kleinen vorstellen muß. Worauf kommt es an? Auf «Wertkonsensus und Sitte-Reflexion steigern! – Anspruchsniveau heben! – Zur Bindung ermutigen! – Konkrete Aufgaben stellen! – Soziale Umgangsformen üben! – Auf Ehe und Familie vorbereiten! – Zur Zucht anspornen! – Die Leibesübungen fördern! –» (Brezinka, 1964; auch in Röhrs, 1965) Natürlich fordert auch dieser Pädagoge auf der Basis seiner misanthrophischen und kulturpessimistischen Anschauungen die Verlängerung der Schulpflicht um zwei Jahre. Nun, er hat bekommen, was er wollte.

«Gesamtergebnis: mit der Akzeleration ist eine Verstärkung und Vorverlagerung der auf Anpassung zielenden Intelligenz verbunden . . . Zugleich ist eine Verringerung und Verzögerung der selbständigen Auseinandersetzung mit dem charakterlichen, ethischen und religiösen Wertbereich eingetreten. Sieht man in diesem Bereich das Zentrum der geistigen Jugendentwicklung, dann darf man sagen, daß sich mit der leiblichen und intellektuellen Akzeleration eine geistige Retardation eingestellt hat . . .» (Remplein, 1967)

Alles zurück marsch, marsch? Die deutsche Jugend wird, wiewohl akzeleriert, doch nicht dümmer? Ganz im Gegenteil? Nein, nein, so einfach ist es nicht. Der «Remplein», das seit 1949 immer wieder aufgelegte und umgearbeitete jugendpsychologische Standardwerk kann einfach nicht umhin, jene angelsächsischen Untersuchungen zu berücksichtigen, die von der Akzeleration nur Gutes zu vermelden haben. Aber weder die Welt noch die Jugend dürfen in Ordnung sein: zwar sind die akzelerierten Jugendlichen nicht, wie man lange zu beweisen versuchte, dümmer, dafür aber in einem Maße geistig-moralisch zurückgeblieben, daß den Pessimisten der Klagestoff nicht auszugehen droht . . .

Wer nun fragt, warum um Himmels willen solche Leute sich der Menschen- und Jugendarbeit verschreiben, wo doch kein Argument, nicht einmal die Schönheit, welche mit dem «stärkeren Hervortreten des leptosomen Typus» (Remplein, 1967) nun einmal gegeben ist, sie von ihrer Welt- und Menschenfeindschaft abbringen kann, der soll bei seinem common sense bleiben. Der Pessimismus ist, weit entfernt von einer Berufsstörung, vielmehr eine unabdingbare Voraussetzung für den Beruf des Erziehers.

Literatur

Adolf Busemann: Die heutige Berufsschuljugend als pädagogisches Problem. In: Berufserziehung 2, 1951

Wolfgang Fischer: Der junge Mensch. Freiburg 1958

Ulf Homann: Die Diskussion der Schulpflichtzeitverlängerung in der BRD. Berlin 1981

Albert Huth: Entwicklungspsychologie des Kindes im Volksschulalter. Donauwörth 1965[5]

Karl Valentin Müller: Bericht über die Begabungsuntersuchung Niedersachsens. In: Homo 1, 1950

Heinz Remplein: Die seelische Entwicklung des Menschen im Kindes- und Jugendalter. München und Basel 1967[15]

Hermann Röhrs, Hrsg.: Die Jugendfrage – eine erzieherische Aufgabe. Frankfurt 1965

Heinrich Roth: Jugend und Schule zwischen Reform und Restauration. Hannover 1961

Peter Struck: Erziehungsdefizite in Familie, Schule und Gesellschaft. Hannover 1982

Andrea Frank

Die Optimisten glauben, wir leben
in der besten aller Welten –
die Pessimisten fürchten, dies sei wahr.
(Murphy)

Bodenlosgelassen – Postmoderne Fragmente

Postmoderne ist nur ein Wort. Immerhin eins, das in seinen An- und Verwendungen nicht allzu großen kontextuellen Restriktionen unterworfen ist. Es ist (noch?) kein Begriff. Das wäre, nebenbei bemerkt, auch völlig widersinnig. Gleichwohl gibt es mittlerweile viele Versuche, «Postmodern(e)» zu einem Kampfbegriff hochzustilisieren und als solchen anzuwenden. Träger und propagandistische Vertreiber dieser Versuche sind mal wieder jene fortschrittlichen, altmodernen Denker, die sich schon immer vorneweg glaubten und auch diesmal ihrer Zeit und ihrer großen Stunde hinterherhinken. Manns genug, um auch in dieser Art der Fortbewegung den moralisch-ideologischen Zeigefinger hoch zu halten. Auch dies ein Symptom der Unsicherheiten und Verwirrungen, die sich all überall als Charakteristika moderner Gesellschaften auftu'n – Desolation! Aber während die einen mißmutig der Dinge harren, die da kommen sollten, begnügen sich andere mit der Komposition von Fröhlichkeiten.

Wie dem auch sei: Was der eine als dekadent, gar zynisch bezeichnet, erhellt sich für die andere als ein Schimmer von Lebenskunst und -lust.

Der Klassifikateur klassifiziert eben immer auch sich selbst – und außerdem sind Namen sowieso Schall und Rauch. Das Leben ist es, das gelebt werden will! So oder so – immer wieder – und nicht ein für allemal. *Da spielt es am Ende kaum eine Rolle, daß der Alltag das letzte Wort behält, daß die Eintönigkeit wieder zum Vorschein kommt. Die Zeitabschnitte sind nicht alle vom gleichen Wert.* (Bruckner/Finkielkraut, im folgenden B&F) Hineingeboren in eine Welt, in der selbst die Kritik dem Establishment angehört, verwandelt sich das Utopia von gestern in eine lebbare Banalität wechselhafter Erträglichkeiten. So ist die Postmoderne vornehmlich zu begreifen in dem, was war – und eben auch in dem, was nicht war bzw. in den (gewesenen) Phantasien darüber, wie's sein sollte: All das, was jahrzehntelang einer politisch-ideologischen Idee geopfert wurde, kämpft sich nun wieder an die Oberfläche und verleiht letzterer endlich einen angemesseneren Stellenwert als dies im Zeitalter der leidhaften Dualismen von Höhe und Tiefe, von Unten und Oben möglich war. Die Pole des Aufklärens und der «Unaufgeklärtheit» verlieren ihre Relevanz und ihren Reiz in einer Zeit des allgemeinen Abgeklärtseins. Auch die Fragen stellen sich heute anders, so ziemlich alles steht zur Disposition, vor allem auch die eigene Urteilsfähigkeit bzw. -sicherheit.

Was spricht eigentlich gegen Plastikbäume? Bislang gültige Kriterien zur Klassifizierung in Gut und Böse, in Wahr und Falsch, in links und rechts, sind weniger überzeugend denn je – die Philosophen haben die Welt so verschieden interpretiert, daß man sie nicht mehr verändern kann!

Wir sind keine verlorene Generation, sondern eine parodistische, die alles in der Maske anderer erlebt hat, sogar und vor allem den Mai 68, dieses immense Psychodrama, durch das die Attrappe endgültig Eingang fand in die Geschichte als ihr Prozeß und Motor. (B&F)

In der Postmoderne wird die Avantgarde ihrer selbstgefälligen Legitimation auf eine schamlose Weise beraubt: ohne daß ihr ein politisch-ideologisches Pendant entgegengestellt wird. Die «Postmodernen» entziehen sich dem Einflußbereich und Dunstkreis der intellektuellen Besserwisser. Die vorwurfsvollen Aufschreie der so allein- und stehengelassenen gesellschaftskritischen Denker wiederum räumen auch die letzten Zweifel am moralistischen Gehabe dieser Weltverbesserer aus dem Weg. So kommt eins zum anderen.

Das Leben selbst soll den «postmodernen Menschen» Halt (bzw. diverse Möglichkeiten des Festhaltens und Loslassens) geben, nicht eine übergeordnete Theorie, Ideologie o. ä. Mag sein, daß viele Leute eine ordnende Metaebene brauchen, die verspricht, das Chaos dieser Welt in einen sinnstiftenden Zusammenhang zu stellen – ebenso wie es vielen (denselben?) nötig erscheint, sich *eine* konsistente Identität zu «erarbeiten». Der «Postmoderne» setzt sich solchen Anstrengungen und Einschränkungen nicht (mehr) aus, wohl aber setzt er sich gegen alle Versuche der Zielsetzung, Verallgemeinerung und Focussierung laufender Prozesse zur Wehr.

Das postmoderne Leben dient weder der Verteidigung von Idealen und Utopien noch ist es Ausdruck einer bedingungslosen Anpassung an die Verhältnisse. Ihm eigen ist ein spielerisch-ironischer Umgang mit konkreten und imaginären Aspekten des Lebens. Diese Ironie macht vor nichts halt, das eigene «postmoderne Bewußtsein» bleibt davon genauso wenig verschont wie Mac Donalds oder Habermas.

Die Postmoderne (in Zeitgeist und in persona) widersetzt sich gleichermaßen der Regelhaftigkeit des Alltags wie den zukunftsorientierten, kritischen Interpretationen und Handlungsweisungen der professionellen Avantgarde. Sie ist eine allgemeine Aufkündigung von Loyalitäten: *Das Vertrauen in die traditionellen Meß- und Bewertungsinstrumente ist in eine Krise geraten. Infolgedessen hat jeder das Recht* (und so mancher nimmt es sich auch), *bedeutungslos, gewöhnlich und einfach zu sein, das Kleine schafft sich selber Rang und Namen, die Hierarchien geraten durcheinander, das Leben existiert auf verschiedenen Stufen und verspürt kein Bedürfnis mehr, sich auf bestimmte Werte zu gründen, um sich kenntlich zu machen.* (B&F)

Viele Werte verderben den Einheitsbrei. Der Appetit kommt (Carciofi ripienti) und vergeht (Mensa) beim Essen. *So kommt uns die Geschichte hoch wie eine allzu reichliche Mahlzeit.* (B&F) Wiederholtes Aufstoßen ist die unvermeidliche Folge: *Geschichte wird gemacht. Es geht voran* (Fehlfarben) – d. h. jeder macht seine eigenen Geschichten. Inszenieren wir das Leben!

Und dann kann es weder als das wahre oder als ein falsches identifiziert werden. *Es gibt kein richtiges Leben im falschen,* heißt's bei Adorno – na gut, dann müssen wir uns eben von solchen Kategorien lösen, wenn wir trotz alledem leben wollen. *Es ist wie ein merkwürdiges Gefühl der Leere, in dem sich Jubel mit Ungewißheit mischt; wir sind zugleich ratloser und freier. Nie aber werden wir diesen prekären*

Zustand mit der Idylle vom sieghaft abhebenden Morgen oder der Fabel von der strahlenden Zukunft vertauschen. Da kommt man nicht raus, selbst wenn die Gesellschaft sich einen anderen Namen gibt. (B&F)

So beinhaltet die Postmoderne auch das Eingeständnis eigener Bedürfnisse, und zwar unabhängig davon, ob es sich nun um «gemachte» oder «natürliche» handelt, wer kann das auch schon unterscheiden! In einer Welt lebend, die alle Differenzierungsversuche alltäglich Lügen straft, haben wir uns darauf eingerichtet, *das Abenteuer fortan im Inneren dieses Netzes von Abhängigkeiten, Verboten und Verpflichtungen zu suchen, das unsere Alltäglichkeit ausmacht.* (B&F) Wissend um die Paradoxie inszenierter *Ausbruchsversuche* aus der *beherrschenden Realität* (Cohen/Taylor, im folgenden C&T), die die Bedingungen, die den Alltag als ein Gefängnis der Routine erscheinen lassen, strukturell unangetastet lassen, ihnen allenfalls einen anderen inhaltlichen Fixpunkt verleihen, begnügen wir uns damit, diese Paradoxie zu einer, immerhin Spaß bringenden, Spielregel innerhalb unseres leidigen Alltags zu machen.

Es mag den meisten *lächerlich, unaushaltbar und unlebbar* (C&T) erscheinen, dennoch: *Eine komische Lösung* oder: auch das ist Postmoderne

Unser Comic-Held gleicht manchen Typen des wirklichen Lebens in seiner unbekümmerten Entschlossenheit, aus Aspekten der beherrschenden Realität auszubrechen, in seiner Weigerung, nach Neuheit, Fortschritt und Sinn zu suchen, in seiner glücklichen Hinnahme multiplen Selbstseins in pluralisierten Lebenswelten.

(...) Das Streben nach Neuheit und Fortschritt muß natürlich aufgegeben werden. Nie erwartet er, daß das Leben besser wird, das Glück zunimmt oder Beziehungen sich entfalten. Er begrüßt die Wiederholung, freut sich daran, wie sein Leben den herrschenden gesellschaftlichen Scripts nahekommt. (...)

Das Wort ‹wirklich› existiert nicht in seinem Wortschatz. Niemals ist er ‹wirklich verliebt›, ‹wirklich glücklich›, ‹wirklich deprimiert›. Jede Lebenswelt wird strikt separat gehalten – eine ist ihm so wichtig wie die andere. Es gibt keine Übergänge von einer zur anderen, keine Erwähnung der einen in einer anderen, keine Übertragung von Gefühlen von Situation zu Situation. Er hat kein Interesse, irgend etwas zusammenzufügen; es ist seine Lust, die Dinge auseinanderzureißen. Statt Erklärungen und Zusammenhängen bevorzugt er Differenzierung und Dissonanz, nicht eine Identität, sondern viele, nicht ein Sinnsystem für alle Lebensaspekte, sondern für jeden Aspekt eines.

(. . .) Der Würfel rollt, um zwischen Alternativen zu entscheiden, um Handlungsabläufe zu unterbrechen, um die Idee der biographischen Determiniertheit Lügen zu strafen, um in Identität, Alter und Verhalten Unberechenbarkeit einzubringen. (. . .)

Doch trotz aller Verwandtschaft in Temperament und Verhalten kann er schwerlich ein Vorbild für andere Menschen abgeben, die sich vielleicht durch den mangelnden Zusammenhalt zwischen ihren Idealen von Sinn und Identität und der Beschaffenheit des Alltags gefangen fühlen.

(. . .) Dergleichen Reorientierung in unserer Haltung zum Leben würde uns immerhin zwingen, illusorische Ziele wie ‹wirkliche Identität›, ‹wahrer Fortschritt›, ‹höherer Sinn› und ‹echte Neuheit› aufzugeben. Sie würde ein pluralisiertes Bewußtsein erzeugen, das unserer zwangsläufigen Erfahrung der Welt entspräche.

Dieses Szenario von Cohen/Taylor gibt ein gutes Beispiel für postmoderne Motive. Es erinnert an die Surrealisten und deren Skandal-Inszenierungen. Aber gegenüber den surrealistischen Szenarios geht es in denen der Postmoderne weniger darum, andere (intentional) zu irritieren, als darum, sich selbst die Freiheit zu nehmen, unabhängig von tradierten Wert- und Orientierungsvorstellungen am und im Spielen an sich Spaß zu haben.

Die metaphorische Darstellung der Gesellschaft als Bühne für unsere Aktivitäten wird in der postmodernen Lebensweise zur Realität. Leben ist ein Spiel, Geschichte ein grandioses Szenario. Alles was ist und sein wird, ist Teil eines

Schauspiels, der Raum ist abgesteckt, Texte und Requisiten liegen bereit. Die Trennung von Zuschauern und Schauspielern ist aufgehoben, es gibt kein «hinter den Kulissen» mehr. Das Repertoire ist vielfältig, es reicht von der Komödie über das schlichte Drama bis zur Tragödie, enthält sowohl klassische als auch moderne Elemente. Der postmoderne Akteur läßt sich in seiner Rolle nicht festlegen, vermischt dieses mit jenem und verfremdet das eine oder andere. Am ehesten liebäugelt er noch mit der Commedia dell'arte.

In dieser Sicht der Dinge erscheint das Bestreben, sich außerhalb der gesellschaftlichen Wirklichkeit zu stellen, noch weniger wünschenswert und vielversprechend als dies ohnehin schon unmöglich ist. In der postmodernen Lebensweise werden die Fähigkeiten und Möglichkeiten der Distanzierung stattdessen innerhalb der Gesellschaft genutzt. Dabei gilt das Interesse vornehmlich den flexibel gehaltenen eigenen Parts im Spiel der Spiele. Die Unterbrochenheit, der Zufall und das Vermischen von Kategorien lassen das Leben annehmbarer werden als es durch das stupide Festhalten an «höheren Werten» oder die aussichtslose Suche nach dem «tieferen Sinn» möglich wäre. *Seien wir glücklich in der Konfusion* (B&F).

Dabei nimmt der Protagonist der postmodernen Haltung nicht für sich in Anspruch, Verwirrung zu schaffen, sondern – viel bescheidener und ohne jeglichen propagandistischen Touch – sie, die Verwirrung, da sie nun schon mal da ist, zu leben – und zwar exzessiv!

Diese Haltung enthält zwar eine Auflehnung gegen die *beherrschende Realität*, trifft aber sehr viel stärker jene fortschrittlichen Denker, die sich darin bemühen, der Welt zu zeigen, wo's lang geht (gehen müßte).

Indem ihr euch die edle Aufgabe gestellt habt, die Welt zu verändern, habt ihr den Bereich der Interpretation nicht verlassen. Im Gegenteil, ihr habt die Interpretation bis zum Wahn gesteigert; ihr habt euch abgerackert, vom Detail zum Gesamtbild, von der Wirkung zur Ursache, vom Teil zum Ganzen zu gelangen. Kaum fand irgendwo ein Ereignis statt, so versuchtet ihr gleich, es mit einem globalen Plan in Verbindung zu bringen, um so herauszufinden, was sich da im Verborgenen tat. Keinem Konflikt, möchte er noch so spezifisch sein, erlaubtet ihr, sich dem «Grundwiderspruch» zu entziehen, der fundamentalen Polarisierung: System oder Revolution. (B&F)

Unbeantwortet blieb die Frage «Wie den Tag überstehen?» – wo wir zudem auch noch das ganze Leben vor uns haben. Was Herr Habermas *die neue Unübersichtlichkeit* nennen mag, können wir genießen *als eine neue Beweglichkeit, die einen ständigen Verrat an der eigenen Haltung voraussetzt, das Recht, sich immerfort selbst zu widersprechen und permanent zu verändern* (B&F). Losgelöst von der Vorstellung einer konsistenten Identität propagieren wir *eine Koexistenz verschiedener und sogar antagonistischer Identitäten in ein und derselben Person* (B&F). Das Zeitalter der Fragmente verlangt jedem seiner Zeitgenossen gewisse «Opfer» ab. Allein, wir wollen es doch eher als einen befreienden Gewinn bezeichnen! Denn wie sonst wären wir dazu in der Lage, die Parzellierung der Lebenswelten, wenn schon nicht in bare Münze, so doch hin und wieder in eine Quelle von Lebensfreude umzuschlagen. *Der Riß genießt mehr Rechte als das Grundmuster!* (B&F)

Nicht zuletzt deshalb öffnen wir der Rehabilitierung des Zufalls Tür und Tor. Welch denkbar größeren Raum könnten wir unserer Freiheit einrichten als den des Zufalls? Aller soziologisch, psychoanalytisch oder sonstwie ausgeklüngelten Determiniertheit unseres Lebens spottend, trachten wir nach Ereignissen, *deren eigentlicher Wert zu den unüberprüfbarsten gehört, ... die ihrer Art nach bloß festgestellt werden können, aber sie haben jedesmal ganz das Aussehen eines Signals, ohne daß man sagen könnte, was für ein Signal es ist, sie lösen in voller Einsamkeit das Bewußtsein unwahrscheinlicher Mitwirkung aus, sie überzeugen* (uns), *daß es eine Illusion war, wenn* (man sich) *zuzeiten schon selbst am Steuer glaubte* (Breton).

Zugegeben: *Es ist eine abenteuerliche Mobilität* (B&F), auf die wir uns da einlassen. Und doch ist es nicht mehr und nicht weniger als das, was wir dem Leben abverlangen. *Das Paradies beginnt dort, wo wir es für richtig halten* (Breton/Soupault), wir wollen uns nicht länger darauf vertrösten lassen, unser Leben mit der Hoffnung auf bessere Zeiten zu vergeuden – sei es in Form eines Reihenhauseigenheims oder in Form eines revolutionären Umsturzes. *Ist das Abenteuer etwas anderes als fröhliche Resignation?* (B&F). Aber auch die großen Abenteuer sind abgelebt, ihr schlechtes Epigonentum (gebuchter Abenteuerurlaub) liegt uns nicht und wäre sowieso zu teuer. Die Zeiten sind wahrlich schlecht. *Aber das Abenteuer stirbt nicht, es wird volkstümlich* (B&F). Regional, für jeden erreichbar. *Die Überraschung muß um ihrer selbst willen gelebt werden, bedingungslos* (Breton).

Heute noch setze ich all meine Erwartungen einzig in meine Ungebundenheit, in diesen Drang, mich treiben zu lassen, um allem zu begegnen (. . .). Ich möchte, daß von meinem Leben kein Laut bleibt als nur das Lied eines Spähers, der sich die Erwartung mit Singen verkürzt. Unabhängig von dem, was eintrifft, oder nicht eintrifft, es ist wunderbar, in der Erwartung zu leben. (Breton).

Halt: – Ursprünglich als lockere Beschreibung Gedachtes ist unversehens zu einer Art Plädoyer geraten. Postmoderne Gelassenheit, ironische Distanz fielen dem Bedürfnis nach Polemik zum Opfer. [Freilich einer harmlosen Polemik, denkt man z. B. an Laermanns Pamphlet gegen Kamper (Merkur 3/85)]. Wie dem auch sei: der Ton steht in einem angemessenen Verhältnis zum Gegenstand der Betrachtung.

Schließlich geht es um nicht weniger als die treulos-muntere Dekonstruktion ehemals moderner, inzwischen traditionell und langweilig gewordener, von der schnöden Notwendigkeit, trotzdem irgendwie leben zu müssen, überrollter Wert- und Sinngebilde.

Im postmodernen Alltag sind die pädagogisch hochgehaltenen Perspektiven persönlicher Identität und gesellschaftlicher Progressivität lächerlich geworden. Kampflos ist das papierne Imperium der Sinnvermittler zusammengebrochen: das Leben scheint heiterer, leichter – ein Flip.

IDENTITÄT – ein pädagogischer Meilenstein! Ein legitimatorisches Sprungbrett für pädagogische Interventionen! Aber: vorbei die Zeit, in der sich pathologisieren läßt, was nicht in die Doktrin von Kontinuität und Konsistenz paßt. Vorbei auch die Zeit der schönen Wörter wie Identitätsbalance, Identitätsbildung, Identitätsbehauptung, Identitätsbewußtsein, Identitätsdiffusion, Identitätskrisen, Identitätsverlust ... (Wem immer noch danach ist, dem sei zur endgültigen Abschreckung folgendes empfohlen: Siegfried Reck, Identität, Rationalität und Verantwortung, Frankfurt 1981)

Die Konfrontation mit einer postmodern eingestellten Klientel stellt für die Pädagogik im Allgemeinen eine Herausforderung dar. Denn wenn in der Postmoderne *alle Deutungs- und Interpretationsmuster prinzipiell ... zur Disposition stehen, kann auch Erziehung auf Dauer nicht auf scheinbar stabile Traditionen rekurrieren.* (Baacke)

Die Pädagogik befindet sich, hält sie nicht auf ewig an irgendwann einmal aufgestellten (Erziehungs-)Konzepten fest, ständig in einem «retroaktiven Prozeß» zur gesellschaftlichen Wirklichkeit. Dies heißt natürlich nicht, daß sie nun alles an- und übernehmen muß, was ihr da «geboten» wird (oft bemüht sie sich ja eher «gegenzusteuern», zumindest in den Zielformulierungen pädagogischer Arbeit), aber die Pädagogik kann den Auseinandersetzungen mit herrschenden und weniger herrschenden Verhältnissen nur aus dem Weg gehen, indem sie entweder Ignoranz oder Autorität zu einer pädagogischen Leitformel macht (wobei, gerade im Fall der Pädagogik das eine meist das andere mit sich bringt). Dies will natürlich niemand, auch die Pädagogen nicht!

Aber wie soll oder kann sich die Pädagogik gegenüber zeitgeistlichen Stimmungen und Haltungen verhalten, die sowohl im Großen und Ganzen als auch im Detail eine Absage an zielbestimmte pädagogische Interventionen bedeuten? Oder, anders gefragt, kann sich die Pädagogik postmoderne Charakteristika aneignen, ohne sich damit selbst den Boden unter den Füßen wegzuziehen? Und: Welche Konsequenzen bringt eine akzeptierende Haltung postmoderner Phänomene und Eigenarten für die konkrete pädagogische Arbeit mit sich?

Insgesamt stellt sich also die Frage, ob der Pädagogik im Verzicht auf so traditionelle Werte und Ziele, wie z. B. «Identität», «Emanzipation» etc., noch eine inhaltlich bestimmte Existenzberechtigung erhalten bleiben oder gar geschaffen werden kann.

Fragen über Fragen. Aber: keine Panik, Postmoderne ist ja nur ein Wort . . .

Literatur

Baacke, D., Jugendkulturen und Erziehung, in: deutsche Jugend 1984/12, S. 553–561

Breton, A., L'amour fou, Frankfurt 1981

Breton, A./Soupault, P., Die magnetischen Felder, München 1981

Bruckner, P./Finkielkraut, A., Das Abenteuer gleich um die Ecke, München 1981

Cohen, S./Taylor, L., Ausbruchsversuche, Frankfurt 1977

Günther Bittner

Der postmoderne Nihilismus

Zuerst wollte ich über die Seele in der Postmoderne schreiben. Am Rosenmontag 1985 wurde mir klar: Das ist ja gerade der Witz, daß es in der Postmoderne keine Seele mehr gibt! Also handelt mein Beitrag jetzt vom Nihilismus der Postmoderne – und von meiner späten Einsicht, daß es nichts mehr von dem gibt, was mir einmal wertvoll war.

Der Groschen fiel, als ich mir die Anekdote von dem Studenten noch einmal durch den Kopf gehen ließ, die ich in dem Vorbereitungspapier von Radtke für dieses Buch fand (vgl. dazu auch Radtke S. 188):

> Nach einer nüchtern zwischen zwei Spitzenpolitikern im überfüllten Auditorium Maximum geführten Podiumsdiskussion, die der Rektor persönlich leitete und bei der es um die Friedensfrage ging, darum, wie die Sicherheit in Europa gewährleistet und eine Koexistenz der Systeme unterhalb der Schwelle atomarer Auseinandersetzungen erreicht werden könne, meldete sich, als die Diskussion für das Publikum geöffnet wurde und das in solchen Situationen übliche Schweigen über Gebühr andauerte, ein Student zu Wort. Wenn schon niemand eine Frage habe, so wolle er die Gelegenheit der Anwesenheit so vieler Menschen nutzen und bekanntgeben, er suche dringend einen gebrauchten Elektroherd.

Als Anekdote liest sich das ganz hübsch, und im Einzelfall mag eine solche flapsige Bemerkung, zum richtigen Zeitpunkt vorgebracht, auf hohles Pathos entlarvend wirken. Aber als Dauerhaltung ist es tödlich, ist es «nihilistisch»: Der Student drückt die Überzeugung aus, daß nichts mehr wichtig sein soll auf dieser Welt als allein die Frage: wo kriege ich möglichst billig einen Elektroherd her? Der Ausspruch erinnert an das seinerzeit berühmte Bonmot von Rainer Kunzelmann, als er noch in der Kommune 2 lebte: «Was kümmert mich Vietnam, wenn ich Orgasmusschwierigkeiten habe?»

Nietzsches Prophezeiungen

War die Geschichte vom Studenten und seinem Elektroherd vielleicht nur ein Ausrutscher, der versehentlich in die Vorbereitungspapiere hineingeraten ist? Ich zitiere andere Äußerungen, die auf der gleichen Linie liegen:

«Im postmodernen Alltag sind die pädagogisch hochgehaltenen Perspektiven persönlicher Identität und gesellschaftlicher Progressivität lächerlich geworden. Kampflos ist das papierne Imperium der Sinnvermittler zusammengebrochen. Das Leben scheint heiterer, leichter – ein Flip.» (Andrea Frank, S.) (Da fühle ich mich angesprochen: mit gesellschaftlicher Progressivität hatte ich niemals viel im Sinn, mit persönlicher Identität umso mehr. Jetzt weiß ich, was ich bin: ein abgewirtschafteter Sinnvermittler G. B.).

«Auch bei der Erziehung wird zunehmend nur noch zitiert: Dem Gebrauch von Formen und Mustern im Zeitalter ihrer Unmöglichkeit haftet etwas Spielerisches, Ironisch-Tändelndes und Beliebiges an . . .».

Wenn es Postmoderne gibt, dann «allenfalls deshalb, weil sich alle Angebote ‹gesamtgesellschaftlicher› und ‹geschichtlicher› Sinngebungen als widersinnig, lächerlich und gemein decouvriert haben.»

Postmoderne ist eine *nihilistische* Geisteshaltung, sofern Nihilismus «als geschichtliche Erfahrung das Resultat der Entwertung aller obersten, dem Leben und Sterben bislang Sinn gebenden» Grundsätze darstellt (Höffe 1977, S. 172 f). Postmoderne ist, an diesem Maßstab gemessen, durch und durch nihilistisch.

Nihilismus – das Stichwort führt zu Nietzsche. «Ich beschreibe, was kommt, was nicht mehr anders kommen kann: die Heraufkunft des Nihilismus. Diese Geschichte kann jetzt schon erzählt werden: denn die Notwendigkeit selbst ist hier am Werk.» (Nietzsche, Werke Bd. 3, S. 634).

Angefangen hatte alles mit der Botschaft vom Tod Gottes: «Habt ihr nicht von jenem tollen Menschen gehört, der am hellen Vormittage eine Laterne anzündete, auf den Markt lief und unaufhörlich schrie: ‹Ich suche Gott! Ich suche Gott!› – Da dort gerade viele von denen zusammen standen, welche nicht an Gott glaubten, so erregte er ein großes Gelächter. Ist er denn verloren gegangen? sagte der eine. Hat er sich verlaufen wie ein Kind? sagte der andere. Oder hält er sich versteckt? Fürchtet er sich vor uns? Ist er zu Schiff gegangen? Ausgewandert? – so schrien und lachten sie durcheinander. Der tolle Mensch sprang mitten unter sie und durchbohrte sie mit seinen Blicken. ‹Wohin ist Gott?› rief er, ‹ich will es euch sagen! Wir haben ihn getötet – ihr und ich! Wir sind alle seine Mörder!›» (Nietzsche, Werke Bd. 2, S. 126 f).

Später ergreift dann der Nihilismus jede Art von Glauben: «Die extremste Form des Nihilismus wäre die Einsicht: daß jeder Glaube, jedes Fürwahrhalten notwendig falsch ist: weil es eine wahre Welt gar nicht gibt.» (Nietzsche, Werke Bd. 3, S. 555).

Nietzsches Diagnose gilt der Moderne. Was hat sich verändert zur Postmoderne hin? Die Botschaft «Gott ist tot» hatte die Massen damals nicht allzu sehr beunruhigt; man glaubte auch ohne ihn ganz gut auszukommen. Da gab es die neuen Götter, an die man sich halten konnte: «Freiheit, Gleichheit, Brüderlichkeit», «Blut und Boden», «Fortschritt», «Weltrevolution», «sexuelle Befreiung», «Rationalität», «Seele», «Selbstwerden» und wie sie alle hießen. Nun scheinen auch sie dahingegangen zu sein.

Das hatte Nietzsche's «Toller Mensch» schon vorausgesagt, daß der Verfall der Götter langsam und fast unmerklich kommen werde: «‹Ich komme zu früh›, sagte er dann, ‹Ich bin noch nicht an der Zeit. Dies ungeheure Ereignis ist noch nicht bis zu den Ohren der Menschen gedrungen. Blitz und Donner brauchen Zeit, das Licht der Gestirne braucht Zeit, Taten brauchen Zeit, auch nachdem sie getan sind, um gesehen und gehört zu werden. Diese Tat ist ihnen immer noch ferner als die fernsten Gestirne› . . .» (Nietzsche, Werke Bd. 2, S. 127). Inzwischen scheint sie uns eingeholt zu haben.

Das heißt: erst jetzt, in der «Postmoderne» ist der Nihilismus aus den Höhen der Abstraktion hinabgestiegen und hat auf breiter Front den Alltag erreicht. Beruf und Familie, Liebe und Sex, Skat und Fußballspiel sind wert-los, beliebig, bloßer Zeitvertreib geworden. Die Parole kann da nur noch heißen: den Weg zum Zentralfriedhof so lustig wie möglich zu gestalten.

Ich hatte mir für diese geistesgeschichtliche Entwicklung vor einiger Zeit im Anschluß an C. G. Jung ein Denkmodell zurechtgelegt. In der abendländischen Tradition gab es ein numinoses Paar: Gott und die gottebenbildliche Seele. Ich nannte das den «großen» und den «kleinen» Gott (Bittner 1977). Als Gott tot war, fiel zunächst das ganze numinose Licht auf den Menschen. Darum war Nietzsches Gedanke, der «Nachfolger des toten Gottes zu sein», außerordentlich folgerichtig und konnte nur genügsamen Interpreten als «Wahninhalt» erscheinen, der mit seiner Philosophie nicht mehr direkt zu tun gehabt habe (vgl. Kokemohr in Scheuerl 1979, S. 36). Richters «Gotteskomplex» (1979) ist ein Abgesang auf die neuzeitlichere Subjekt-Vergottung.

Jetzt ist also auch der zweite, der «kleine Gott» tot; was wird nun aus den numinosen Bedürfnissen? Es entsteht, was ich als «numinoses Streulicht» (vgl. Bittner 1977) bezeichnet habe: bald erscheint eine Idee, ein faszinierender Mensch, ein neuer «Heilsweg» in numinosem Licht. Die nihilistische Verfinsterung beginnt erst dort, wo auch dieser letzte Rest des göttlichen Lichtes verbraucht ist.

Es liegt mir fern, Nihilismus als Schimpfwort zu verwenden. Ich bin zu allererst Psychologe; und als solcher bewerte ich nicht, sondern beschreibe, was ich sehe. Da ich außerdem Tiefenpsychologe bin, beschreibe ich nicht in erster Linie andere Leute, sondern fange mit dem Beschreiben (und Hinterfragen) bei mir selbst an: Thema dieses Aufsatzes ist vor allem mein eigener Nihilismus. Drittens bin ich dann auch noch Pädagoge; und als solcher muß ich mir die peinliche Frage stellen, wie das gehen soll – Erziehung im Zeichen zusammengebrochener Sinnvermittlung?

Mein persönlicher Nihilismus

Wie gesagt: ich war einer von jenen «professionellen Sinnvermittlern», deren «papiernes Imperium» nun zusammengebrochen ist. Was meine Person und meine Lehre betrifft, möchte ich wenigstens bestreiten, daß es «kampflos» geschah. Bei meinem letzten Buch (vgl. Bittner 1984) habe ich auf das Titelbild den Dürer'schen «Ritter» gesetzt und habe mit Horaz dazu gedacht:

> Si fractus inlabatur orbis
> inpavidum ferient ruinae

oder, eine Nummer kleiner, mit Erich Kästner:

> Nichts auf der Welt macht so gefährlich, als tapfer und allein zu sein.

Aber genützt hat es nichts, das ganze Sich-selber-gut-zureden. Jetzt dämmert mir langsam, daß die Werte, für die ich gekämpft habe, nicht mehr zu verkaufen sind: Seele, Individuation, erfülltes Leben.

Ich bin überflüssig geworden. In jeder Hinsicht. Als Pädagogik-Professor sowieso, da gibt's ja schon zu viele. Aber auch als Analytiker: überall kann ich hören und lesen, daß ich überholt bin, ein Fossil aus der Zeit der Jahrhundertwende. Ich könnte mich zwar zu einem Bioenergetik-Workshop anmelden; ich könnte in die Friedens- oder die Umweltbewegung gehen oder mich für die Dritte Welt oder in Eltern-Initiativen gegen den Croup-Husten engagieren.

Alles das würde mich für eine Weile von meiner Misere ablenken, von der Erkenntnis, daß ich rundherum abgewirtschaftet habe.

Ich bin katholisch aufgewachsen und war als Kind und Jugendlicher religiös. Die Psychoanalyse hat den Gott meiner Kindheit sterben lassen. Sie hat mir dann neue Götter gegeben: die Seele, die Liebe, das Ideal des Selbstwerdens. Das waren in den letzten zwanzig, dreißig Jahren meine Götter.

Gott war also noch nicht ganz tot, als Nietzsche seinen Tod verkündete. Er löste sich in «numinoses Streulicht» auf – als die große Lichtquelle verschwand, fingen die kleineren Götter an zu leuchten. Jetzt scheint es, haben auch diese Götter langsam ausgeleuchtet.

Jetzt höre ich schon die lieben Kollegen, die hämisch sagen (und die mir dieses Bekenntnis sicher vorhalten werden, falls ich mich noch einmal irgendwo bewerben sollte): du magst recht haben, daß du abgewirtschaftet hast – aber wir nicht – wir können noch lange weitermachen. Wir propagieren die Weltrevolution, die Lebendigkeit des Körpers, die menschenwürdige Umwelt – davon können wir noch lange leben. Dein Pech ist einfach, daß du auf das falsche Pferd gesetzt hast.

Andere wieder werden es ähnlich empfinden wie ich, daß nichts mehr da ist, wofür man leben kann. Sie werden es aber als eine Erleichterung empfinden nach dem Motto

> Ist der Ruf erst ruiniert,
> lebt sich's gänzlich ungeniert.

Oder, frei nach Watzlawick: Wenn es keinen Sinn im Leben gibt, spart das eine Menge Arbeit – wir brauchen nämlich keinen mehr zu suchen (vgl. Watzlawick 1975, S. 77).

Die Initiatoren dieses Bandes scheinen an der postmodernen Sinnlosigkeit überwiegend Vergnügen zu empfinden. Ich kann dieses Vergnügen nicht teilen. Ich leide an meinem Nihilismus.

Wohin mit den verbrauchten Sinnvermittlern? oder: Das Problem der Sinnvermittler-Entsorgung

Nun bin ich nicht bloß Nihilist, sondern auch Psychologe. Die Katze läßt das Mausen nicht, darum will ich meinen Seelenzustand zu kommentieren, zu zergliedern suchen: in persönlicher wie in kollektiver Hinsicht.

Ich wüßte gern, ob die Einschätzung der Sinn- und Wertlosigkeit meines Tuns nur mein persönliches (depressiv-neurotisches) Problem ist, oder ein kollektives im Sinne C. G. Jungs: Daß in meinem persönlichen Leiden etwas vom allgemeinen Leiden zur Sprache kommt? Dann hätte es wenigstens einen Sinn, diesen Nihilismus zu artikulieren, ihn zu umkreisen und auf seine Bedeutung zu befragen. Dann hätte wenigstens das, was ich hier aufschreibe, einen Sinn.

So weit mein Nihilismus mir persönlich zurechenbar ist, ist er Ausdruck einer Depression. Die Psychiatrie subsumiert den Nihilismus unter die depressiven Wahnideen:

> «Bei verblödenden Organischen (!) sehen wir noch eine ... Gruppe depressiver Wahnideen, die zwar nicht sehr häufig sind, aber wenn sie da sind, die Diagnose erlauben: den *Nihilismus* ... Hier existiert alles nicht mehr, die Anstalt, die Welt, der Herrgott, die Kranken selbst; sie haben nicht gegessen, haben aber auch nicht gefastet; sie haben keinen Namen, sind kein Mann, keine Frau usw.» (E. Bleuler 1972[12], S. 49)

Ganz so weit treibe ich es nicht. Meinen Namen weiß ich noch; im Prinzip auch, daß ich ein Mann bin. Die Existenz meiner «Anstalt», der Universität, ist mir auch durchaus geläufig. Aber mit dem Herrgott und all den anderen, kleineren Göttern hapert es eben. Also, die Anfänge von Verblödung vielleicht ...?

Nihilismus in diesem psychiatrischen Sinn bedeutet Entwirklichung: nichts ist mehr da, auch ich selbst bin nicht mehr da. Die mildere Variante dieses Lebensgefühls kann noch durchaus lustvoll erlebt werden – als «Im-Hier-und-Jetzt-Sein» (Perls, vgl. Bittner 1976), als Identisch-Sein mit seinen momentanen Gefühlen und Selbstdarstellungsbedürfnissen – dies letztere wäre etwa der postmoderne Symptomkomplex.

In der psychoanalytischen Psychosenforschung ist ein Begriff entwickelt worden, der sich auch zur Erklärung nicht-psychotischer individueller und kultureller Erlebensmuster immer mehr durchzusetzen beginnt: der Begriff «Dehumanisation» (vgl. Searles 1960). Damit ist ein Erlebniskomplex bezeichnet, der das Subjekt sich nicht mehr als ein menschliches, unterscheidbar und unterschieden von der außenmenschlichen, der dinglichen Umwelt fühlen läßt. Das Subjekt mag sich dann auf andere Menschen so beziehen, als seien diese toten Dingen, oder auf tote Dinge (bzw. auf außermenschliche Lebewesen: Tiere, Pflanzen), als seien sie Menschen. Es mag der Wunsch (oder: die Angst) aufkommen, sein Subjekt-Sein loszuwerden, sein Leben aufzulösen in eine zusammenhanglose Folge von Zuständen und Ereignissen, die kommen und gehen wie das Wetter oder wie die Wellen auf dem Meer.

Nun zur kollektiven Bedeutung des Phänomens. Bei Jung ist viel von der Nigredo die Rede, der Schwärzung, Faulung und dem Zerfall, die nach dem Fest, nach dem Rausch eintreten: «Die Rechnung wird präsentiert, und eine finstere Leere tut sich auf» (Jung GW 16, S. 277). Allerdings ist die Schwärzung und Faulung bei Jung Teil eines Prozesses, der letztlich zur Wiederkehr der Seele führen soll. Manche tiefenpsychologische Zukunftsdeuter haben um den Menschen der Postmoderne (astrologisches Stichwort: vom Zeitalter der Fische zum Wassermann-Zeitalter, vgl. Jung: Aion, GW 9/2; Rosenberg 1979[3]; Dieckmann 1981; Schmid/Schmid 1983; auch Bittner 1978) allerlei schöne Phantasien gerankt. Bisher ist von diesen verheißungsvollen Zügen der Aquarius-Menschheit wenig zu entdecken; man ist noch vollauf damit beschäftigt, den Materialismus und Nihilismus der Moderne auf die Spitze zu treiben. Mit den Worten eines zeitgenössischen Jungianers:

> «Die materialistische Sichtweise endet in einer Art Leere, die Hallen des Hades werden zu einem geistigen Vakuum, weil seine Mythen und Bilder zu irrationalen simulacra erklärt werden. Das Ende ist Depression – und das legt nahe, die überall vorhandene, wenn auch larvierte Depression in unserer Kultur . . . als eine Reaktion der Seele auf ihre verlorene Unterwelt zu verstehen» (Hillmann 1983, S. 71 f).

Wohin nun mit all den abgebauten Sinnvermittlern, den Verkündern einer «Tiefe», die nicht mehr greifbar ist, deren «papiernes Imperium» zusammengebrochen ist? Es gibt da in der Weltliteratur einige beherzigenswerte Rezepte. Ich greife zwei heraus:

Das eine ist das Rezept «Winterreise» (frei nach Schubert und seinem Dichter Wilhelm Müller). Nachdem der Held auf alle Weise versucht hat, sein Schicksal zu berennen, findet er den Leiermann als Schicksalsgefährten:

> Keiner mag ihn hören, keiner sieht ihn an . . .
> Und er läßt es gehen alles, wie es will
> Dreht, und seine Leier steht ihm nimmer still.

Also, Rezept Nummer eins: die alte Leier immer weiter drehen, auch wenn niemand mehr zuhört und keine Antwort kommt.

Rezept Nummer zwei steht am Schluß von Claudels «Seidenem Schuh»: der Held, der Welt- und Fraueneroberer Don Rodrigo findet sich beim Abfall wieder, beim «Sperrmüll», wie wir heute sagen würden. Die Lumpensammlerin nimmt ihn mit, aber nur gegen Dreingabe einer alten eisernen Bratpfanne. Da der «Seidene Schuh» eine religiöse Dichtung ist, gibt es zum Schluß sogar noch einen kleinen Trost. Von der «Erlösung» der «gefangenen Seelen» ist die Rede, und: «Keiner weiß, was in diesem alten Rodrigo noch steckt» (Claudel 1939, S. 378).

Eine weniger religiöse Variante des gleichen Themas findet sich in Ibsens «Peer Gynt». Das verdorbene Werkstück Mensch kommt in den Schmelztiegel zurück, wird umgegossen:

> «. . . In meinem Befehle
> Hier heißt es: Fordere Peer Gynt! Seine Seele
> Bot ihrer Bestimmung Trotz bis zum Schluß
> In den Löffel mit ihm als mißratenem Guß»
> (Ibsen o. J., S. 373).

Darum ist vielleicht auch für abgebaute Sinnvermittler noch nicht aller Tage Abend. Im Moment bleibt nur der Rat, die Sinnlosigkeit auszuhalten, ohne sie zu idealisieren und zu propagieren und ohne sich allzu häuslich in ihr einzurichten.

Literatur

Bittner, G.: Gestalttherapie. Notizen zu einem Buch und zu einer therapeutischen Praxis, in: Neue Sammlung (16) 1976, S. 156–163

ders.: Der große und der kleine Gott. Überlegungen zur Differenzierung von C. G. Jungs Selbststruktur, in: Analytische Psychologie (8) 1977

ders.: Fisch- und Wassermannzeitalter. Gedanken zu C. G. Jungs «Aion» anläßlich seines Neuerscheinens, in: Analytische Psychologie (9) 1978

ders.: Das Sterben denken um des Lebens willen. Ein Lehrstück tiefenpsychologisch-pädagogischer Menschenkunde, Würzburg 1984

Bleuler, E.: Lehrbuch der Psychiatrie, Berlin/Heidelberg/New York 1972[12]

Claudel, P.: Der seidene Schuh, Salzburg 1939

Dieckmann, H.: Weltuntergangsphantasien an Jahrtausendwenden und ihre Auswirkungen auf Jugendliche, in: Bittner, G. (Hrsg.): Selbstwerden des Kindes, Fellbach 1981

Hillmann, J.: Am Anfang war das Bild, München 1983

Höffe, O. (Hrsg.): Lexikon der Ethik, München 1977

Ibsen, H.: Peer Gynt, in: Sämtliche Werke, Bd. 4, Berlin o. J.

Jung, C. G.: Aion. Beiträge zur Symbolik des Selbst, GW 9/2, Olten 1977[2]

ders.: Praxis der Psychotherapie. Beiträge zum Problem der Psychotherapie und zur Psychologie der Übertragung, Olten 1976[2]

Kokemohr, R.: Friedrich Nietzsche, in: Scheuerl, H. (Hrsg.): Klassiker der Pädagogik, Bd. 2, München 1979

Nietzsche, F.: Werke in drei Bänden (hrg. von K. Schlechta), München 1957

Richter, H. E.: Der Gotteskomplex, Reinbek bei Hamburg 1979

Rosenberg, A.: Durchbruch zur Zukunft. Der Mensch im Wassermannzeitalter, Bietigheim 1979[3]

Schmid, H./Schmid, R.: Tiefenpsychologie und Astrologie, in: Schmid, H. (Hrsg.): Wege zur Identität, Würzburg 1983

Searles, H. F.: The Nonhuman Environment in Normal Development and in Schizophrenia, New York 1960

Watzlawick, P. u. a.: Lösungen, Stuttgart 1975

Elsner contra Lagerfeld
Lagerfeld contra Elsner

In der Sendung «Ich stelle mich» vom 27. 2. 1985 hatten Gisela Elsner, satirisch bissige und engagierte Schriftstellerin und Karl Lagerfeld, bekannter Couturier und Snob, ein Streitgespräch. Aus diesem die folgenden Auszüge:

Elsner: Ja, Herr Lagerfeld, zunächst möchte ich Ihnen zu Ihren Mannequins gratulieren, die so schön sind, daß sie selbst in Karl Lagerfeld-Modellen reizvoll wirken. Dann möchte ich Ihnen mein Mitleid aussprechen, denn ich glaube, daß Sie es nicht leicht haben. Denn den deutschen Michel überbietet als Spottfigur nur der deutsche Dandy, und damit Sie sich als deutscher Dandy international behaupten können, sind Sie nicht nur dazu gezwungen, für Millionenbeträge ein Rokoko-Schlößchen restaurieren zu lassen, Sie müssen obendrein in einem schauerlichen Mammutbett nächtigen, nur weil darin schon einmal ein echter Bourbone genächtigt hat. Leiden Sie sehr unter diesen Zwängen?

Lagerfeld: Nicht so viel wie Sie! (brüllendes Gelächter des Publikums)

Elsner: Ich leide unter Ihren Zwängen nicht, ich wundere mich nur, daß Sie sich solchen Zwängen unterwerfen. Die herrschende Klasse ist längst dazu übergegangen, ihren Reichtum zu verbergen. Sie hingegen trumpfen mit Ihrem Reichtum mit einer Prunksucht auf, die manch einem Aristokraten im 18. Jahrhundert schon den Kopf gekostet hat. Finden Sie nicht, daß Sie etwas unvorsichtig sind? Sie provozieren doch die Leute, daß sie eines Tages Ihr Rokoko-Schlößchen und Ihr Bourbonen-Bett in die Luft sprengen (!!!)

Lagerfeld: Ja, das ist eben das Risiko des Berufes.

Elsner:	Warum reden Sie eigentlich so ungern über Geld?
Lagerfeld:	Ja, scheinbar nicht, nachdem, was Sie da sagen . . . (Gelächter) . . .
Elsner:	Sie haben doch ein Stoffmuster gehabt, wo Sie Figuren mit Hammer und Sichel halten, ich habe das jedenfalls gelesen.

Lagerfeld: Gelesen, gelesen, wo denn? Das ist nicht schlimmer als Andy Warhols «Mao».

Elsner: Ich bin natürlich kein Karl-Lagerfeld-Forscher. Ich habe nur das Pressematerial gelesen, was man mir gegeben hat.

Lagerfeld: Dann müssen wir das mal zusammen durchgehen.

Elsner: Aber als der Vollblutzyniker, als der Sie sich ausgeben, müßten Sie auch nichts dagegen haben, beispielsweise irgendeine Kollektion auf den Markt zu werfen, auf der die Freiheitsstatue beispielsweise mit einer Pershing II-Rakete in den Händen dargestellt wird. (Unmutsäußerungen des Publikums)

Lagerfeld: Wissen Sie, Sie sind trendiger wie ich. Nichts ist mehr der Mode unterworfen wie diese Geschichte. Das ist auch eine Mode, wie der Che Guevara aus den 60er Jahren. Das tut mir furchtbar leid.

Elsner: Ja, was Sie tun, gehört eigentlich eher ins 18. Jahrhundert.

Lagerfeld: Ja, war vielleicht gar nicht so eine schlechte Zeit.

Elsner: Ja, es war die Zeit, wo die Köpfe der Aristokraten rollen . . .

Lagerfeld: . . . ganz zum Ende

Elsner: . . . deren Leben Sie nachahmen

Lagerfeld: . . . ganz zum Ende, ganz zum Ende

Jürgen Frese

«The Education of Henry Adams» und die Postmoderne

«. . . nie mehr wollen als Bekämpfung des Einzelfalls . . . Laufen lassen, nichts ändern wollen, sondern einfach darauf aus sein, sich nicht die Butter vom Brote nehmen zu lassen.» Fontane

Henry Adams: Adam der Postmoderne?

In den neuesten Erörterungen des Themas Moderne versus Postmoderne breitet sich gereizte Aufgeregtheit aus. Manche Essays lesen sich, als gelte es, hinter allerlei Zeit- und Modeströmungen eine unheimliche Kraft auszumachen, zu der Bilder von Verhängnis assoziiert werden dürfen. Was den Beschwörungen moralisch-politischer Gefährlichkeit noch fehlt, ist die Personifizierung der Postmoderne zur leibhaftigen Gestalt. Als diese gilt Vielen Nietzsche. Es gibt passendere Figuren.

Von den ideologischen Tendenzen zum Postmodernismus eher fasziniert als beunruhigt, wird im folgenden am Schattenriß eines Portraits gezeichnet, in dem einige archaische Züge prototypischer Postmodernität wiedererkannt werden können.

An einem Beispiel wird demonstriert, wie postmoderne Diskurstechniken und Einstellungsakzentuierungen im Horizont von «Moderne» vorkommen können: Postmoderne hat es in den Modernen schon immer gegeben; was sich derzeit in den westlichen Metropolen ändert, ist lediglich das Ausmaß der Zugänglichkeit postmoderner Haltungen unabhängig von Schicht- und Generationsbasis.

«Die» Moderne ist eine typische Subjektivierung eines Epochen-Begriffs, durch die sich Intellektuelle einen künstlichen, leicht und beliebig handhabbaren Kontext für Problematisierungen verschaffen, in denen sie selbst figurieren und imaginativ handeln können.

In diesem Sinne wird eine Kultur «modern» genannt, die sich darauf umgestellt hat, die Elemente ihrer Prozesse ohne Anlehnung an traditionelle Muster, über Kritik herzustellen. Als kulturelle Prozeßelemente gelten hier insbesondere: Stile des Sich-Bewegens, Haltungen und Bekleidungen; «Definitionen» der kultureigentümlichen Fassung des Geschlechter-Dimorphismus, pädagogische Zurichtung von Individuen; religiöse und ästhetische Sinn-Garnierungen für Kontingenzen in Alltag und Exzeß; moralische Argumentationen; Formulare für ideologische Plädoyers; disziplinierte Erfahrungspräsentation in Literatur und Wissenschaften usw. Moderne Kulturen reproduzieren sich in solchen Prozeßelementen jeweils über kritische Unterbrechungen von Traditionen: **Kritische Überbietung ist die Figur der Moderne.** Modern ist eine Kultur dann, wenn sie sich als Kritik organisiert, ihre Prozesse als Krisen darstellt und ihre epochalen Zusammengehörigkeitsanmutungen als ein jeweils spezifisches Kontinuum aus Brüchen erlebbar macht.

Aus diesem Bestand interessieren hier nur einige charakteristische Strukturelemente. Zentral für Modernität ist zunächst, daß der Vorbildcharakter tradierter Muster unter Vorbehalte kritischer Prüfung gestellt wird (Umkehrung der Wertstufung zwischen antiqui und moderni): Kritik selbst fungiert als Legitimation. Dabei werden kulturelle Leistungen zunehmend nicht mehr Institutionen (wie Kirche, Kloster, Universität), sondern individuellen Kulturproduzenten (Künstler, Dichter usw.) zugerechnet: die Artikulation von Intellektuellen-Identität wird ein wichtiges Thema und Motiv moderner Kulturproduktion. Nach dem Modell moderner Künstler-Identität wird schließlich der Begriff der Person als der eines Kunstwerks konzipiert: Ganzheitliche Bildung wird zum pädagogischen Programm der Moderne. Das eigentliche Subjekt der Konstruktion «Moderne» ist also der Kritiker, der weiß, wohin das Ganze fortschreitet. Dessen Kritik soll die Möglichkeiten einer fiktiven Totalität freilegen und befördern.

Gegen diese Anmaßung machen die postmodernen Intellektuellen Front.

Einer der wenigen Punkte, in denen Beschreibungen dessen übereinstimmen, was demgegenüber als «postmoderne»

Haltung, Orientierung, Stil, Atmosphäre usw. gelten kann, ist: Gleichgültigkeit gegenüber allen Versuchen der Identifikation von Sinn und der Legitimation. Wenn «Postmoderne» da ist, besser: «läuft», dann – in ihrem «Selbstverständnis» – nicht, weil sie «an der Zeit ist», sondern allenfalls deshalb, weil sich alle Angebote «gesamtgesellschaftlicher» und «geschichtlicher» Sinngebungen als widersinnig oder lächerlich decouvriert haben. Für ein «postmodernes» Bewußtsein ist es daher unnötig, durch Vergewisserung entweder seiner aktuellen oder seiner historischen Zwangsläufigkeit sich selbst zu bestätigen.

Anders steht es für diejenigen, die sich (noch) nicht sicher sind, was sie eigentlich affirmieren, wenn sie die Phänomene der «Postmoderne» rein deskriptiv in den Blick nehmen. Einer solch unentschiedenen, aber wohlwollenden Zuwendung ist es hilfreich, vergleichend darauf zu achten, ob es in vergangenen Gegenwarten «Vorläufer» postmoderner Kultur gegeben hat.

Bei einer solchen Suche stößt man in Analysen der nordamerikanischen postmodernen Literatur, insbesondere in Pynchon-Interpretationen, auf den Namen des Journalisten, Historikers, diplomatischen Flaneurs und philosophischen Schriftstellers Henry Adams (1838–1918). Es gibt kaum ein Motiv der Postmoderne in Architektur, Literatur und Lebenshaltung, das nicht in Werk und Biographie von Adams «präfiguriert» wäre; z. B. die Überzeugung, alle Ordnung sei dem Chaos der Entropie durch Wahnbildung abgewonnen, vor allem: Geschichte sei «Sinngebung des Sinnlosen»; die Erfahrung des notwendigen Sichselbstaufhebens jeder intentionalen Erziehung; der Zusammenbruch des Glaubens an die Versprechungen der Avantgarde-Ideologien; die Ersetzung der arroganten Gebärde des selbsternannten Gesellschaftskritikers und Advokaten der Emanzipation durch den bescheideneren Habitus und Gestus eines selbstkritischen «Spiegels» von Tendenzen seiner Zeit; die Pflege der Kunst des Geschehen-Lassens einer Vielfalt lebendiger Prozesse usw. usf.

Sowohl beim Verlangen nach einem «Ende der Erziehung» als auch beim Flankieren der postmodernen Weigerung, das Chaos der Moderne in eine geschichtsphilosophische Ordnung zu zwingen, berufen sich zeitgenössische amerikanische Autoren mit einiger Evidenz auf «The Education of Henry Adams». Diese Koinzidenz ist alles andere als zufällig: Die aktuelle Spiegelung von Motiven und Attitüden, die gerade im Werk von Henry Adams gebündelt und forciert werden, sagt viel auch über die postmoderne Literatur.

In Erinnerung an Henry Adams' Philosophie, von ihm selbst «konservativer Anarchismus» getauft, kann sich die Postmoderne eines Kristallisationspunktes der Selbstaffirmation versichern, aus dem sich kein neues Epochenbewußtsein ergeben muß: Postmoderne konnte und kann es in der Moderne immer geben. «Adams' work has become an indispensable prologue to a reexamination of modern culture» (Harold Kaplan 1981).

Vor allem in seiner philosophischen Autobiographie «The Education of Henry Adams» (1907) hat Adams bereits formuliert, zum Ensemble zusammengehöriger Haltungen arrangiert und mit souveräner Ironie vorgetragen, was heute die Protagonisten der Postmoderne (Venturi, Borges, Pynchon, Eco u. a.) als Verwandte erscheinen läßt. Adams' «Education» ist eine physiognomische Miniatur der Postmoderne.

Die «Education», bewußt als Gegentext zur europäischen Tradition der subjektfixierten Konfessionenliteratur (von Augustin über Rousseau zu Kierkegaard) komponiert, ist als Altes Testament eines unmöglichen postmodernen Evangeliums zu lesen.

Die postmoderne Selbstkritik der Moderne verzichtet auf den geschichtsphilosophischen Diskurs: sie bleibt im Rahmen biographischer Selbstreflexionen.

In der «Postmoderne» ironisiert sich die Moderne.

Der Klassiker dieser Ironie ist «Die Erziehung des Henry Adams».

Henry Adams' «postmoderne» Ironie ist rhetorisch und politisch den Intentionen und Funktionen der sokratischen entgegengesetzt. In der historisch-literarischen Gestalt des

Sokrates wird traditionell die Differenz des derangierten Intellektuellen gegen die gesellschaftlich herrschenden Haltungen und Normen reflektiert. Während das sokratische Fragen ironisch durchblicken läßt, von welcher konkurrenzlosen Ordnungsidee her der Fragende denkt, sieht Adams, daß jede Verwirrung nach irgendeiner Ordnung ruft und der ironische Betrachter lediglich weiß, daß es immer auch noch ganz anders geht.

Mehr noch als die literarische ist die «gelebte» Ironie angewiesen auf eine (wie gut auch immer versteckte) provisorische Basis. Adams' Basis sind die Erfahrungen einer der Kultur des 18. Jahrhunderts verpflichteten aristokratischen Landhausexistenz, daneben das – zwar gelegentlich vom Konkurs bedrohte, im öffentlichen Kredit jedoch faktisch unangreifbare – Vermögen seiner Familie. Postmodernität muß man sich leisten können . . .

Henry Adams ist ein kleiner idiosynkratischer Kosmos. Prämoderne Traditionen der frühbürgerlichen neuenglischen Aristokratie des 17. und 18. Jahrhunderts, die Erfahrungen der Industrialisierung und Modernisierung in Richtung auf einen imperialistischen Kapitalismus im 19. Jahrhundert und die Perspektiven der postmodernen Katastrophen des 20. Jahrhunderts (Adams prognostizierte sowohl die Polarisierung Rußland–USA als auch die technische Apokalyptik der Atomenergie!) – diese drei Jahrhunderte überspannen das Phänomen der Moderne und zugleich den geschichtlichen Erfahrungsraum der «Erziehung des Henry Adams». Sein postmodernes Resultat ist die Überzeugung von der Unverfügbarkeit der Geschichte: Geschichte ist weder einheitlich noch sinnvoll noch dazu machbar.

Die autobiographische Präsentation des konservativen Anarchismus ist als Apotheose der Vielfalt literarisch so facettenreich wie ihr biographisches Korrelat.

Die folgenden Skizzen und Zitat-Collagen sollen auf drei dieser Facetten hinweisen.

«Henry Adams» (er schreibt über sich in der dritten Person) «war der erste in einer . . . Reihe, der entdeckte und sich eingestand, daß er sich nicht darum scherte, ob Wahrheit wahr sei oder nicht. Er scherte sich nicht einmal darum, daß man sie als wahr erweise, ausgenommen, wenn das Verfahren neu und lustig war». «Um des Spaßes willen» war er (als es im Jahre des Erscheinens von Marx' «Kapital» allgemeine Intellektuellen-Mode wurde) Darwinist. Kein geringerer als Darwins Vorkämpfer und Kampfgenosse Sir Charles Lyell, «ein Darwinist vor Darwin», wurde Adams' Mentor. Lyell freute sich, in Adams einen eifrigen Schüler und energischen Propagandisten der neuen Lehre gefunden zu haben. Hätte er genauer hingesehen, hätte zu solcher Freude kein Grund bestanden. Adams war eben Darwinist «for fun» und hatte sich den neuen Ideen angeschlossen, um die langen Abende des Londoner Winters 1867/68 auszufüllen. Er war zudem «Darwinist, weil es leichter war, es zu sein als es nicht zu sein». Der junge Mann (er war 29) fühlte sich den ideologischen «Schwätzern wie Tyndall und Huxley» aus mangelnder biologischer Sachkenntnis unterlegen und nahm, wie alle Intellektuellen seines Alters, die Darwinsche Lehre ohne Überprüfung «auf Treu und Glauben» an. Das Bedürfnis, die Suche nach Sinn durch «*irgendeine* große Verallgemeinerung» zu beenden, war allgemein, also «glaubte er instinktiv an Entwicklung». «Folgerichtig hätte er auch Marxist sein sollen», aber sein Versuch, «sich zu ihm zu bekehren», blieb vergeblich. Sein Klasseninteresse war da wohl stärker. Aus philosophischer Verlegenheit wurde er wenigstens «ein Anhänger Comtes». «Er war bereit, alles zu werden, nur die Ruhe mochte er nicht. Wie wenn in seinen Tagen die Welt nicht genug umgestürzt worden wäre, war er begierig, sie noch mehr umgestürzt zu sehen». Adams war immer für Bewegung, die Anarchie sollte andauern, also nannte er sich einen konservativen Anarchisten.

Mit seinem Darwinismus war es allerdings nicht weit her. Zu genau war ihm noch in Erinnerung, was er in Harvard bei Louis Agassiz über geologische Katastrophen, insbesondere Eiszeiten gehört hatte. Die Rolle gewaltsamer geologischer Veränderungen in der Naturgeschichte wurde dagegen in Lyell's Theorie derart heruntergespielt, daß Adams Verdacht schöpfte. Er bat Lyell um Angabe einfachster Fälle zur Illustration des Gesetzes der natürlichen Zuchtwahl. Die Fälle, die Lyell nannte, zeigten allerdings «zuviel Einheitlichkeit und viel zu wenig Zuchtwahl». Schwer erschüttert wurde Adams' Darwinismus, als ihm Lyell Huxley's «Pteraspis» als erstes bekanntes Wirbeltier benannte: dieser Schmelzschuppenfisch hatte bereits ziemlich früh existiert, fast zu Beginn des Lebens überhaupt. Adams dämmerte, daß der Grund des Glaubens an die darwinistische Mode-Philosophie nicht so sehr deren wissenschaftliche Evidenz war, als vielmehr etwas ganz anderes: Die Lehre von natürlicher Entwicklung und Einheitlichkeit, von ununterbrochener Entwicklung unter einheitlichen Bedingungen schien ihm «der allerbeste Religionsersatz», eine «allgemein gültige» Lehre, passend für junge Menschen, die mithelfen sollten, «Einheit und Einheitlichkeit Leuten aufzuzwingen, die sich ihr widersetzten». Die darwinistische Idee der Vereinheitlichung, der «stetigen, einheitlichen, ununterbrochenen Entwicklung vom Niedrigeren zu Höherem» war nicht zuletzt eine Ideologie, ein Dogma, «eine Art religiöser Hoffnung», bestimmt, «Anarchie zu Ordnung» zu bändigen, auch wenn dazu «fünf Milliarden in Geld und noch eine Million Menschenleben» geopfert werden müßten. Hinter dem Glauben an die darwinistische Vision sah Adams deutlich den wahnhaften Willen zur Homogenisierung der Gesellschaft unter kapitalistischen Vorzeichen.

Was tat er nun? Er machte mit, als Sohn seiner Zeit, aber ohne Überzeugung.

Seit er den Darwinismus glaubte durchschaut zu haben, entstand ihm ein neues Bewußtsein geschichtlicher Abfolgen: «Man könnte die einzelnen Zeitepochen durcheinanderwerfen, wie man will, oder die Gegenwart irgendwo in die Vergangenheit stopfen . . .» Der gerade beendete amerikanische Bürgerkrieg schärfte die «Zweifel an der Wirklichkeit einer moralischen Entwicklung». «Wenn er sich fragte, was er wirklich dachte, so fühlte er, daß er keinen Glauben hatte, . . . daß die Idee des Einen Gesetzes, der Einen Form, Ordnung oder Stufenfolge für ihn nicht mehr Wert hatte als die Idee von keiner; was er zuhöchst schätzte, was Bewegung war, und was seinen Geist anzog, war Wechsel».

Kritik der akademischen Institutionen

Henry Adams hatte sich mit politischen, zeitgeschichtlichen und zuletzt (in Sachen Darwinismus) wissenschafts-popularisierenden Zeitschriftenartikeln einen Namen gemacht. Seine Familie gehörte zu den angesehendsten Neuenglands, ihr entstammten zahlreiche Staatsbeamte, Diplomaten, Wissenschaftler und zwei Präsidenten der Union. Trotz dieses Hintergrundes, literarische Reputation und Familienkredit, kam es für Adams völlig überraschend, als er im Sommer 1870 die Einladung des Präsidenten von Harvard erhielt, eine neu geschaffene Assistant Professorship für Mittelalterliche Geschichte zu übernehmen. Mit dieser Position war die Verpflichtung gekoppelt, die angesehene «North American Review» zu redigieren. Nach einigem Zögern nahm Adams an. Seine Ablehnungsgründe waren schlagend gewesen, hatten jedoch nichts gefruchtet: Er hatte zwar keine Ahnung von dem zu lehrenden Fach, wußte aber auch niemanden, der den Job besser hätte ausfüllen können. Also machte er es. «Er wußte genug, um unwissend sein zu dürfen.» Selten wohl hat ein junger Gelehrter eine Professur illusionsloser angetreten.

Ihm war klar, daß der Einfluß eines Hochschullehrers immens sein kann: «Er macht seine Schüler entweder zu Priestern oder Atheisten, zu Plutokraten oder Sozialisten, Richtern oder Anarchisten – fast gegen seinen Willen». Er nahm das in Kauf. Schwerer wog schon seine Überzeugung, daß «Geschichte wesentlich unzusammenhängend und unmoralisch ist». Denn: «Man muß sie entweder als solche lehren oder sie verfälschen». «Adams wollte keines von beiden tun». Er wollte weder als Philosoph für oder gegen die Entwicklungstheorie auftreten noch als Ideologe Tatsachen einer Doktrin anpassen noch als Unterhalter angenehme Geschichten erzählen. Er war weder professionell noch naiv. Verglichen mit den Theoriediskussionen der Experimentalwissenschaften schien ihm die Geschichtswissenschaft als Wissenschaft sogar «bankrott». Die umlaufenden anthropologischen Theorien der Evolutionisten (Comte, Buckle, Maine, Tylor, McLennan usw.) überzeugten ihn nicht. Im Schwanken zwischen abstrakten Theorien und bloßen Datensammlungen schienen ihm die Romane von Walter Scott und Alexandre Dumas lehrreicher.

Was wollte er? Er war «ein junger Professor, der weder Geschichte noch Methode achtete, und den es allein interessierte, den Geist seiner Schüler kennenzulernen». Er wollte «die Schüler zum Reden bringen» und vor allem dazu, «sich von ihren Mitschülern Kritik gefallen zu lassen». Da ihm jedoch klar war, daß «niemand mehr als ein halbes Dutzend von Schülern auf einmal unterrichten kann», mußte er sehen, daß seine Visionen illusionär waren. Waren schon die «unterrichtsmethodischen» Ziele zum Scheitern verurteilt, wollte er wenigstens didaktisch etwas Vernünftiges zustandebekommen. Adams wußte: «Die Geschichte ist ein verwickeltes Garn, das man an jedem beliebigen Punkt aufnehmen und abreißen lassen kann, wenn man genug aufgewikkelt hat; aber Vielfalt geht hier der Entwicklung voraus». Von zwei Experimenten, die Adams anstellte, um einen passablen Lehrkurs zu entwickeln, berichtet er ausführlich. Einmal versuchte er, den Stoff der 1000 Jahre von 450 bis 1450 dadurch zu bündeln, daß er seine Schüler veranlaßte, rechtshistorische Dokumente von den Salischen Franken bis zur Gegenwart zu sammeln. Erfolg: «Die Jungen arbeiteten wie Kaninchen». Aber Adams wußte, daß angesichts der üblichen Methoden des Jurastudiums das in seinem Kurs am College erworbene rechtshistorische Wissen den zukünftigen Advokaten eher hinderlich sein würde. Ein anderer Versuch: Als 1871 das Deutsche Reich gegründet wurde, gab es eine breite germanophile Mode in Amerika; das konnte genutzt werden, um mittelalterliche Geschichte am Exempel Deutschlands (konkret: der Geschichte des Reichs-Mythos) interessant zu machen. Sieben Jahre lang stellte Adams viele didaktische Experimente an, hatte aber nicht das Gefühl, ein wirklich erfolgreicher Hochschullehrer gewesen zu sein. Seine Lehrtätigkeit erschien ihm als ein einziges Scheitern.

In der Analyse seines Scheiterns fand er zwei objektive

Gründe: einmal war es klar, daß die meisten Studenten das Harvard-Abschlußzeugnis nur unter Karrieregesichtspunkten anstrebten und ohne Sachinteresse studierten. Zum anderen sah er, daß ein System, das jedem Professor ein bestimmtes wohlabgegrenztes Lehrgebiet zuwies, alle, Lehrer und Schüler, zur Passivität verurteilte. Adams wollte Kampf und Widerspruch und wünschte sich einen Rivalen in seinem Fach. Das Universitätssystem des 13. Jahrhunderts mit seiner organisierten Pflege von Disputationen schien ihm wissenschaftlich seriöser als das seiner Gegenwart. (Nicht nur in diesem Punkt war er sich einig mit seinem philosophischen Kollegen C. S. Peirce.) Adams Resümee: «Er konnte seine Schüler nichts lehren, er erzog nur sich selbst auf ihre Kosten».

Adams war klar, daß seine Studenten eine völlig andere Bilanz zogen, sie waren begeistert von ihm, suchten seine Gesellschaft, gingen auf seine Anregungen rasch ein, waren bildbar und schier unermüdlich. «Ihr Glaube an Erziehung war so ergreifend ...» Adams war als Hochschullehrer vielleicht allein deshalb hinlänglich brauchbar, weil er nicht mehr an den Sinn akademischer Erziehung glaubte, weder seine Wissenschaft noch die Institution noch seine Methoden für verteidigbar ansah – und dennoch sein Bestes einsetzte.

Kritik der Identitäts-Konzepte

«Postmodern» ist Adams vor allem hinsichtlich seiner Destruktion der modernen Postulate des identischen Selbst.

Adams' Botschaft zum Thema Selbst ist indirekt ausgesprochen in den Enttäuschungen, mit denen er die normalen Erwartungen eines historisch gebildeten Lesers konfrontiert. Sein Buch heißt im Untertitel «Eine Autobiographie», erfüllt jedoch kaum eines der Formulare für eine Vita. Ausdrücklich beruft er sich auf die Konfessionen Augustins und Rousseaus, aber nur um sich von der Legitimationsprogrammatik dieser Muster abzusetzen. Positive Bezugsautoren sind eher die skrupelbeladenen Selbst-Skeptiker Montaigne und Pascal, Newman und Nietzsche.

Aber auch noch deren Vanitas-Deklamationen und Ecce-Homo-Apologien sind ihm fern.

Adams schreibt 800 Seiten über sich selbst in der dritten Person. Dieses antikisierende Stilmittel ist aber nicht Cäsars Pseudo-Objektivismus, sondern Instrument einer konsequenten Selbst-Distanzierung.

Viele der standardisierten Themen und Probleme von Autobiographien sind ausgespart; 20 wichtige Jahre (1871–1891) sind einfach (ohne sehr viel Überleitungsaufwand) weggelassen. In diese Phase fallen nicht nur die Höhepunkte der beruflichen Selbstverwirklichung als Hochschullehrer und Forscher, sondern auch der härteste Bruch seiner Biographie: die Selbsttötung seiner Ehefrau. In diesen Jahren hat Adams Asien und den Pazifik bereist und sich unter dem klimatisch und sozial milden Himmel der Südsee (wie Stevenson und Gauguin) eine anti-puritanische Lebenshaltung anzugewöhnen versucht. Diese Jahre, über die er vielerlei zu erzählen gehabt hätte, Erfolge, Katastrophen, Krisen und Wenden, läßt Adams einfach weg: es geht ihm nicht um eine «angemessene» Rekonstruktion seines Lebenslaufs, sondern darum, zu zeigen, daß der Mythos von der Möglichkeit eines kontinuierlich durchlaufenden und erzählbaren Selbst-Prozesses eine Fiktion ist. Diese zu liquidieren, macht die Kernaufgabe seiner Botschaft aus. Diskontinuität und Bruch hätte er nicht stärker betonen können als durch eine Erzählung, die dem Leser eine Lücke zumutet, die durch keine Konjektur geheilt werden kann.

Wer war Henry Adams? Auf diese Frage gibt die «Education» eine eigenwillige Antwort. Die «Lehre» dieses Buches ist die, seinen Leser zu der Überlegung zu führen, ob nicht die Voraussetzungen einer solchen Frage falsch sind.

Adams' «Education» hat viele imaginative Gesprächspartner in der Literaturgeschichte. Chaos und Illusion, Wirklichkeits-Suggestion und Wahn sind Themen, in denen sich Adams mit Rabelais und Cervantes einläßt und für die er in Sterne's «Tristram Shandy» und in Carlyle's «Sartor Resartus» eine Überfülle an Bildern und Ideen findet. Die «moderne» Problematik der Selbstästhetisierung des bürgerlichen Mannes wurde immer schon (neben ihren zahlreichen «pädagogisch wertvollen» Apotheosen im Bildungsroman) von einer satirischen Seitenlinie begleitet, die die allseits gebildete Persönlichkeit und ihr glückliches Werden verhöhnt und verspottet. Beim frühen Carlyle mischen sich Goethes Bildungsprogramm und dessen Ironisierung. Das reizt Adams: durchgehend führt er den Dialog mit Professor Diogenes Teufelsdröckh, der autobiographischen Fiktion Carlyle's. Teufelsdröckh, deutscher Professor für «Allerlei-Wissenschaft» («things in general»), hat eine tiefsinnige Philosophie der Bekleidung entwickelt, die Carlyle für das englische Publikum didaktisieren zu wollen vorgibt. Als eigentliche Alternative für den Gentleman des Jahres 1831 wird der Dandy inspiziert – die Option bleibt in ironischer Schwebe.

Adams' Interesse an Carlyle's wiederhergestelltem (besser noch: zusammengeflicktem) Schneider («Sartor Resartus») gilt der Bekleidungsmetaphorik in der Beschreibung des autobiographischen und des pädagogischen Objekts. Adams wechselt in Rousseaus Zivilisationskritik die Vorzeichen: Er nimmt als unumgängliches Faktum an, daß die Gesellschaft das Ich zwingt, sich auszulöschen und, sozusagen zu Modellzwecken, eine Kleiderpuppe (manikin) zu werden, der man das Kleid der Erziehung anzieht. Adams Studienobjekt ist nicht mehr der Mensch unter der Bekleidung, sondern ausschließlich das Gewand selbst. Der Erzieher als Schneider produziert sowohl die Puppe (Individuum als bloßer Leib) wie auch die Kleider (die erzogene bzw. sozialisierte Person) nach den Wünschen des Kunden (das Individuum als gesellschaftliche Figur bzw. die Institution). Adams als Erzieher stellt sich einen ganz besonderen «Kunden» vor: junge Amerikaner des 20. Jahrhunderts mit Universitätsabschluß und politisch-ökonomischen Macht-Ambitionen. Für diese gesellschaftliche Schicht, die amerikanische Elite dieses Jahrhunderts, nicht für Menschen überhaupt, ist sein Buch geschrieben. Diesen jungen Männern will Adams zeigen, wie sie sich selbst konzipieren können als Träger einer bestimmten Sorte destruktiver Energie, für die es allein auf Ökonomie der Kräfte ankommt: Wegräumen von Hindernissen und effektiver Kraftaufwand. Adams' Klientel, seine Theorie-Objekte bzw. Erziehungs-

Subjekte sollen lernen, die Subjekt-Illusionen ihrer Väter-Generation abzulegen und sich in einem sozialen Feld nur noch als Energieträger zu sehen: die Puppe bewegt sich unter bestimmten Kraftverhältnissen eines Feldes. Wo bisher Subjekt, Wille, Handlung gesehen wurde, soll jetzt die subjektlose Kleiderpuppe im Kräftefeld so bekleidet werden, daß sie mit ihrer Bekleidung gewappnet/bewaffnet auf den Kraftlinien im Feld optimal reagieren kann. Um dieses Ziel zu erreichen, muß die Puppe, zunächst bloßes Modell, den Anschein von Wirklichkeit annehmen, sie muß für wirklich gehalten werden; man muß sie behandeln als hätte sie Leben. Der Pragmatist und Fiktionalist läßt völlig offen, ob diese Wirklichkeitsunterstellung lebendig wird. Adams' Buch suggeriert die postmoderne Haltung, die die Differenz zwischen Wirklichkeit und Fiktion ironisch überspielen will. Ironisch-selbstdistanzierte Diagnose der eigenen Geschichte und offene Apologie der Energie des imperialistischen Übermenschen/Superman stehen unvermittelt nebeneinander. Theoretisierendes Zuschauen und praktisches Handeln sind in keiner Konstellation noch zusammenzuzwingen: ironische Distanz und intensives Engagement werden auf disparaten Ebenen gesteigert. Dieses Janusgesicht ist typisch für die postmoderne Kehre/Wende der Moderne von Anfang an.

Ingrid Volkmer

Kulturräume statt Kulturpädagogik?

Einige Notizen

Die Moderne – ein mittlerweile vollendetes Projekt? Der einst helle Lichtstrahl der Moderne erlischt – nach ersten Andeutungen in Architektur/Literatur/bildender Kunst – nun auch für andere gesellschaftliche Bereiche zu einem immer fahleren Schein. Die Moderne, einstmals eine blühende und hoffnungsfrohe Epoche, ist erstarrt, ihr Esprit ist dahin, ihr fehlt der Glaube an ihre eigenen Kategorien und Imperative. Was sich abzeichnet, ist nun der helle Laserstrahl der Postmoderne und mit ihm die gebündelte Kraft neuer Ideen, Einfälle, Umgangsformen, um mit dem klapprigen Skelett der Moderne, mit ihren Überresten doch noch produktiv umzugehen. Die Postmoderne – die letzte Chance der Moderne?

Auch die Pädagogik erlebt Irritationen, denn sie zeigt sich sensibel für zeitgeistige Brüche: ihre theoretischen Raster greifen nicht mehr mit gleichbleibendem Erfolg (sei greifen eher daneben), ihre wissenschaftliche Rationalität wird frustriert, ihr wohlwollender analytischer Blick ist längst entschärft und zielt ins Leere.

Gerade die Spezifität der Kulturpädagogik leidet momentan an einer Identitätskrise, weil ihr «Arbeitsgebiet» besonders sensibel auf neue Strömungen reagiert – der postmoderne «Virus» breitet sich gerade in kulturellen Milieus und Szenen hervorragend aus. Die Kulturpädagogik scheint besonders an ihren eigenen Verdiensten und Errungenschaften zu kranken. Sie wirkt schwerfällig (vielleicht müde?), ihre Sensibilität bewegt sich immer noch in alten Kanälen. Sie ist

– *verinstitutionalisiert:* ihre Arbeit findet vor allem in Institutionen statt, wie Jugendzentren, Erwachsenenbildungseinrichtungen, Freizeitzentren, natürlich auch in Kreativhäusern etc. Sie verläßt sich zu stark auf die institutionellen Rahmenbedingungen, erhebt sie selbst zum pädagogischen Prinzip. Synthetische Kultur entsteht à la Makramee, Bastelkursen, Rollenspielen – die eigentlichen kulturellen Umgangsformen aber finden «draußen» statt, ohne genormte Zeitstruktur, ohne Anleitung;

– *ritualisiert:* gemeint sind die unzähligen Rituale der Stadtteilfeste, der gängigen didaktischen Formeln dessen, «was dazu gehört», der Spielekarteien. Die Rituale sind entlastend, für alle Beteiligten bekannt – Pädagogik ohne Phantasie.

So wichtig die Institutionen und Rituale für andere pädagogische Zielsetzungen vielleicht sein mögen, z. B. für Erwachsenenbildungsprozesse etc., so hohl – ikonenhaft sind sie für eigentlich kulturelle Kontexte. Möglicherweise steckt noch der 68er Geist in ihnen, aber der Schwung ist verloren, die Empathie erloschen: die Zeiten ändern sich. Routinen ersticken selbst den kritischsten Geist – Kritik droht zur tradierten Farce zu werden. Kulturpädagogik scheint auf der Stelle zu treten – Kulturpädagogik – eine Utopie?

Kultur bedeutet Leben, Lebendigkeit, spielt sich außerhalb (geschlossener) pädagogischer Environments ab – Kultur ist nicht programmierbar, nicht beeinflußbar, nicht antizipierbar – ihre Entwicklung vollzieht sich kaleidoskopisch, anders, als es Pädagogen vermuten. Sie bleibt zunächst im verborgenen, erlebt hier ihre Originalität, wird erst entdeckt, wenn sie an ihre Grenzen stößt (und diese möglicherweise überschreiten muß). Ist sie aus ihrer Verborgenheit in die Öffentlichkeit gezerrt, droht sie zu verwässern, zu verfallen – zu welken. Sie wird dann manipuliert, ihre Symbolik ist verloren. Sie wird vermarktet, zerlegt in einzelne – in allen Kaufhäusern zu erhaltende – Accessoires. Vorbei, aus, ein neuer Versuch beginnt. Wo bleibt die Kulturpädagogik? Wieso läßt sie diese immer wiederkehrenden Zeremonien einfach zu?

Sie sollte die Postmoderne als Chance nutzen, sich selbst an der in ihr entstehenden Kultur zu messen, sich neu zu definieren. Der postmoderne Zeitgeist lebt und nährt sich nicht primär aus der Verbalisierung eines kritisch-politischen Bewußtseins. Die postmoderne Kultur lebt von einer anderen Form der Kritik, der Ironie, des spielerischen

Umgangs mit den verbleibenden und noch nutzbaren Resten der Moderne, gegen die vor einiger Zeit noch argumentative Kritik (vergeblich) geübt wurde. Sie nutzt nun – frustriert – die Reste, aber auch die Umgangsformen der Moderne, um daraus Collagen zu fertigen und irgendwann ein neues Raster zu entwerfen. Kritik als Ironie, why not? Die Experimentierfreude, das Collagieren, die Provokation werden zu neuen kulturellen Kommunikationsformen erhoben. Das zeigt sich (natürlich) auch in der Kunst, die in der Postmoderne ein Stückchen mehr aus ihrem sakralen Raum befreit wird – Kunst im Entzauberungsprozeß. Postmoderne Kunst ist nicht geschaffen für die musealen Schaukästen und Wände, für Galerien (für zahlungskräftiges Publikum). Sie versteht sich als Kunst der Spontaneität – das Zucken eines bunten Augenblicks. Es gelten: Performance, Improvement – Kategorien des Lebens, fern jeder musealen Konservierung. Wird sie deshalb bereits als «no-future-Kunst» dequalifiziert? (vgl. Bleyl, 1985) Allerdings droht ihr bereits eine Konservierung qua Konzept, das ihre Charakteristik zu manifestieren versucht: «Möchte man die Gegenwart nach ihrer stilistischen Dominanz befragen, lautet die Antwort immer noch: Pluralismus in einer Weise, daß alles gilt. . . . Die Kunst entfaltet sich in einem Klima scheinbarer Toleranz, das alles zuläßt – bis zur Beliebigkeit, Stilwechsel oder die Offenheit des experimentellen als Stil oder die Verweigerung gegenüber ‹harmonischen› Werkentwicklungen» (Dienst, 1979).

«Kunsthalle als Kulthalle»

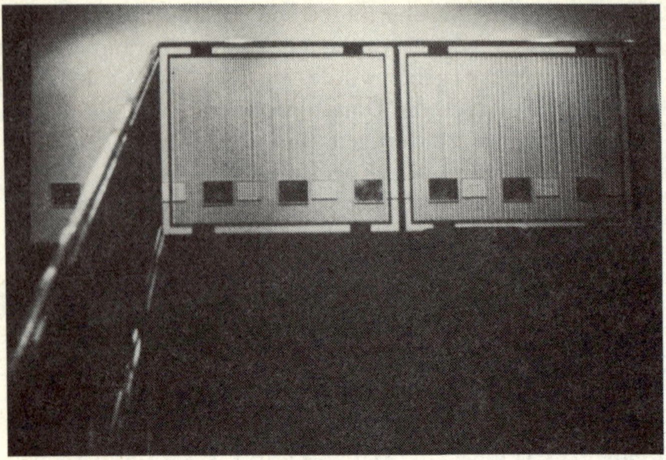

Dennoch: Kunst stürmt unbeirrt heraus aus den Museen, erobert die Lebens-, Luft-, Wasserräume (z. B. die Performances von Jürgen Claus oder Mel Alexenberg) – sie erfaßt Phantasien. Es hat sich nicht nur die Kunst postmodern gewendet, auch die Ästhetik, die Geschmacksurteile der «Rezipienten», der Konsumenten erleben eine nicht unerhebliche Erschütterung.

Der «reine»[1] Blick des Bildungskapitals (Bourdieu, 1982) gerät ins Wanken, er bekommt eine «barbarische»[2] Nuance. Nicht mehr Stilvollendung («Ton in Ton») gemäß Bourdieus Polarisierungsschema[3] gilt, sondern die Farbigkeit eines kulturellen Ekklektizismus, den ich als Spur einer postmodernen Wende der Ästhetik des Bildungsbürgertums bezeichnen möchte. Die kulturellen Konsumzwänge haben sich gelockert, sind legerer geworden, auch vorurteilsloser? Neben Wim Wenders «Paris, Texas» gelten nun auch «Ghostbusters», «Indiana Jones», «Auf der Jagd nach dem

1) Der «reine» Blick besitzt den kulturellen Code (die kulturelle Kompetenz), um Kunst zu entschlüsseln.
2) Der «barbarische» Geschmack meint «populäre» Ästhetik.
3) Bourdieu führte, um seine Kulturtheorie zu verdeutlichen, eine Reihe von Interviews zur ästhetischen Urteilsbildung durch. Die Ergebnisse ordnete er nach bestimmten Rastern an. Danach lassen sich bestimmte Polarisierungen und Korrelationen ästhetischer Wahrnehmung bestimmen.

grünen Diamanten» als «sehenswert». Das Beispiel des postmodernen Ekklektizismus: «Sie ist Anwältin, er Zahnarzt, beide um die Vierzig, verheiratet, und sie wünscht sich einen schönen Kinoabend. Beide sind Leser der ‹Zeit› und des ‹Spiegel›, sie würden sich als gebildete Zeitgenossen bezeichnen. In letzter Zeit, sie wissen nicht recht warum, sind sie konsumfreudiger geworden ... Abends sehen sie fern, beim Essen, dazu werden französische Rotweine getrunken. Hin und wieder fällt ihm seine umfangreiche Schallplattensammlung klassischer Musik ein, und er legt Rubinstein, Karajan, Pollini auf ...» (Schober, 1985). Ein bürgerlich-postmodernes Szenario? Vielleicht umfaßt die Schallplattensammlung schon bald auch «Stop making Sense» von den Talking Heads?

Die Postmoderne Kultur ist in der Szene, in den Milieus (vor allem der Jugendlichen) viel offensichtlicher. Die Lebenskultur hat sich gewandelt, verändert, die Stile vermischen sich: kulturelle Muster (und nicht nur konsumierbare, sondern auch produktiv-kreative) bestimmen die kulturellen Spielarten.

Die Muster verlaufen nicht immer stringent, sie entstehen spontan, bilden sich ab, verwischen sich (oder sie werden verwischt) – es entstehen neue. Kultur ist vor Vermoderung bewahrt, sie ist «hautnah» mit dem Leben verbunden.

Ironisch grinsender Punk

Beispiele solcher aktuellen Muster – freilich nur bruchstükkartig skizziert – können folgende sein:

Hedonistische Frivolität: zum Beispiel Mode

Der Tanz des Ego vor den Spiegeln der Diskotheken, die Stilisierung des Narziß, z. B. durch Kleidung. Mode, Kleidung als ein (wiederentdecktes) Kommunikationsmedium, als Identitätsgewinn. Modenschauen werden zu Festivals der Selbstdarstellung und des Genusses. Es vollzieht sich «der perfekte Bruch mit jedweder Ideologie und Moral, ein Gemisch aus Allem und Jedem ergibt das Elixier der Zukunft – einzige Norm: der Macho, auf allen Ebenen, die Frau, die Kühle, Eiskalte, Unerreichbare. Daß unter beider Eis kein Feuer brennt, macht nichts, denn dafür ist das Eis besser gestylt als jemals zuvor» («Leather Boys, Rubber Girls», Stadtblatt, 1984). Die Auswahl der Stilverknüpfungen ist unerschöpflich, Mode rückt ins kulturelle Zentrum, sie wird zum Statussymbol.

Die neue Gemütlichkeit

Die neue Gemütlichkeit bedeutet: eine Entdeckung des Idyllischen, Behaglichen. Dazu gehört ebenso der modern ausgebaute Kotten irgendwo auf dem Land, farbiger gestaltete Plätze in den Städten, die Wichtigkeit der Ausgestaltung der Wohnung, als auch ein Rückzug ins Private, die Welt wird reduziert, kleiner, isolierter, die Kritik erlischt, die Betonung des Lebensraums und dessen identitätsstiftende Erhöhung stehen gegen die Frustration einer Beton- und Fertighauswelt.

Cynismus und Ironie: ein Spotlight

«Die Suche nach der verlorenen Frechheit», von Peter Sloterdijk (scheinbar vor Lichtjahren) angeregt, ist vorerst zu einem erfolgreichen Ende gekommen. «Freche Fragen schaden nie!» – das Motto eines neuen Sprachspiels? Graffitibe-

«Der Macho, auf allen Ebenen . . .» Foto: Dresing

sprühte Wände – nicht mit politischen Parolen, sondern mit spritzigen Sprüchen, (scheinbarem) Nonsens – sie werden zu Platzhaltern einer bestimmten Symbolik. Die Reduzierung der Sprache auf das minimale – «Da, da, da . . .» Refrain eines Tophits der Gruppe Trio – das Aufgreifen vergangener zeitgeistiger Charakteristika, ein neues Manifest?

Die Reduktion hebt ungeahnte, latente Sinnstrukturen an die Oberfläche. Lieber small Talk als Sinnüberschüsse!

Die kulturellen Muster sind lediglich Beispiele für Nährböden vieler kultureller Aktionen. Kulturelle Pflänzchen sprießen überall, an Kreativität mangelt es nicht, vielmehr an Möglichkeiten, an Chancen, an Freiräumen, sie umzusetzen. Hinter kulturellen Aktionen lauern Gesetze, Richtlinien, Vorstellungen dessen, was «normal» ist, die zerstören, Aggressionen unnötig schüren, das Leben aller erschweren, Meinungen und Urteile erneut reproduzieren.

Wo steht nun die Kulturpädagogik in diesem Dilemma? Zugegeben, sie hat einen schweren Stand. Allerdings scheint der Zeitgeist an ihr vorbeigeschlichen zu sein, um sie nicht im Traum zu stören. Sie dreht sich um ihre eigene Achse, es kommt nichts Neues hinzu. Ihre jüngste selbstkritische Frage, ob sie denn überhaupt notwendig sei[1], ist nur mit einem eindeutigen «ja» zu beantworten. Allerdings, so die Einschränkung, wenn sie bereit ist, ihre Konzepte zu verändern, neue zu entwickeln und ein großes Maß ihrer Routinen über Bord zu werfen. Sie ist bemüht, ihre «Vermittlungsfunktion» wahrzunehmen, den reinen Kulturkonsum abzuwenden, zu eigener Produktion anzuregen (Motto: «Kultur für alle»). Allerdings erreicht sie mit ihrem Konzept nicht viel. Die jugendlichen Adressaten, die sich in einem Videoprojekt einfinden sollen, um zum einhundertsten Mal ihren Alltag zu dokumentieren, finden sich längst in anderen Welten. Die Adressaten bleiben weg, der Zahn der Zeit nagt schneller als die Pädagogik!

Die Kulturpädagogik sieht davon ab, für die eigentlichen Kulturschaffenden (die verborgenen) etwas zu tun, das überläßt sie bisher der Beliebigkeit der Politiker, ob sie verantwortungsvolle Kulturpolitik betreiben, oder sie als lästiges, zweit- oder drittrangiges Arbeitsfeld betrachten.

---

1) Zu dem Thema: «Lernen zwischen Sinn und Sinnlichkeit – Brauchen wir eine Kulturpädagogik?» fand eine Tagung im letzten Jahr (1984) in Unna statt (organisiert von der Kulturpolitischen Gesellschaft e. V.). Die Antwort auf das Tagungsthema lautete: «jein».

Kulturpädagogik kann die Programmierung von Kultur nicht übernehmen. Ihr Konzept, z. B. «Motivationen wekken, Eigeninitiative herausfordern, befriedigende, aufrüttelnde, horizonterweiternde, nachdenklich machende ... Ereignisse und Erlebnisse inszenieren» (gesehen im Tagungsbericht der o. g. Tagung, Februar, 1985) überfordert auf der ganzen Linie – sie selbst und die Adressaten. Sind denn wirklich immer noch nicht genügend «aufrüttelnde», «Neugier weckende» und vor allem «nachdenklich machende» Ereignisse gerade in der Kulturszene vorhanden? Warum werden sie übersehen? Ihre Symbole stoßen auf Unverständnis – die Kommunikation ist immer noch gestört.

Die Kulturpädagogik sollte den Augenblick der Irritation nutzen, über sich nachzudenken und sich vielleicht neu zu orientieren. Dazu ist es notwendig, sich auf kulturelle Werte und Muster einzulassen. Nicht zu inszenieren (das sollte nie ihr Ziel sein), die Zusammenhänge erneut pädagogisch zu wenden, sondern kulturelle Facetten wahrnehmen, sie verstehen – und von ihnen zu lernen – den Funken der Aktualität spüren.

Die Zugänge wären vorhanden, aber es sind andere, als der Pädagogik vielleicht lieb ist. Sie sind provokativ, ironisch, frech, aber auch originär und originell. Damit ist der pädagogische Umgang zunächst schwer, dabei ist er so leicht und befreiend.

Literatur

Bleyl, Matthias: Tiefe Blicke in die no-future-Kunst, in: Das Kunstwerk, CXXXVIII, 1985, S. 3–6

Bourdieu, Pierre: Die feinen Unterschiede, Frankfurt: Suhrkamp, 1982. Original: «La distinction. Critique social du jugement», Paris, 1979

Dienst, Rolf-Gunter: Deutsche Kunst: eine neue Generation, in: Das Kunstwerk, CXXXIII, 1980, S. 3–38

Kulturpolitische Gesellschaft e. V.: Lernen zwischen Sinn und Sinnlichkeit – Brauchen wir eine Kulturpädagogik?, Tagungsdokumentation 24, Hagen, 1985

«Leather Boys, Rubber Girls», in: Stadtblatt (Bielefeld), Nr. 47 (15. 11. 1984), S. 1 f

Schober, Siegfried: Die Amüsiernation, in: DIE ZEIT, 15, (5. 4. 1985), S. 57 f

Sloterdijk, Peter: Kritik der zynischen Vernunft, Frankfurt: Suhrkamp, 1983

Eckhard Henscheid

Zur Lage der Humanität

Das Dasein gleicht immer mehr bloß sich selber.
(Adorno, Ästhetische Theorie)

Garstig in Lebens Nöten wir befangen sind; aber es wird schon wieder. Der felsigt Hader schrumpfet alsbald kleiner; die Haupt- und Staatsaktion haut bestens hin. Mit Andacht schauen wir den falben Wolken zu – Gemütsamkeit nimmt zu aufs neue. Den Höhepunkt lang überschritten hat schon die Gärung in den Köpfen, Palastrevolutionen werden nicht länger toleriert. Die Frage nach dem Kriegsgrund: auch sie stellt sich kaum mehr. Der Kriegsgrund sind die Waffensysteme selber (Guha). Der Wadlbeißer ist der Russ'. Gegen die Atombombe gibt es keine hinlängliche Abwehr (Briegel).

Das Nackerte ist das Gemeine. Und Gescherte allzumal. Der Nießbrauch und der Nießnutz gehen Hand in Hand mit Fug gleichwohl. Die Daten zwar müssen gesammelt werden. Auf daß sie dann im Zweifelsfalle da sind. In dubio pro aspera. Doch das Gesetz indessen lautet: 1. Aug' um Auge, Zahn um Zahn. 2. In den jockey-Club kommt keiner rein, der nicht lang schon drin sein tut.

Deutsche, helft mir! Nur die Solidarität mit dem Staate (Bleedl-Staate) hilft diesem weiter. Immer wieder ein Stückl weiter. Sozialismus haut nicht hin. Ist nicht drin bei uns. ‹Bild› sagt, wie es so ist. Und wie Beckett auch. BB heißt sowohl Brischidd Badoo – als auch Bunsen-Brenner. Gemeint ist Alfred Edel. Er hat das Fräulein Bunsen zuerst an den Bunsen getatscht. Und dann angebrennt.

Schwer ibereske Gestalten kreuzen deinen Weg, schweifende Nekromanten. Eher breit und rund als lang; runzlig rosig eingehüllt in den Anorak, meist im Astronautenlook. Auf mäßig raschen Mopeds fahren sie dahin und her. Das Gut-Katholische ist am Arsch und wird sich bäldlich offenbaren. Das Profane übersteigt sogar noch das Katholische; beides doch hat keinen Taug. Der Mohr lacht sehr gefällig und zivil. Fleisch räkelt sich vor ihm im Staub. Den Tag seh' ich erscheinen, der mir sehr wohl gefall'n tut. Wohl bald gewonnen, wie zerronnen. Das Wasser steigt, das Wasser fällt, item der Dollar hinterdrein. Dübbers' Kathreinchen ist ein Schwein. Versungen ist alle die himmlische Lust, im Sturmwind bangt sich beugend Schilf, jedoch es bricht ja nicht. Der Gang der Weltgeschichte ist sehr gut. Ehrgeiz der Ämter ist zu bremsen; andrerseits Verwahrlosung. Die Bäuche aber seien wie Weizenhaufen, in welchen zahllos Weizenbiere lagern (Strong u. a.).

Gott ist mein Hirt, mir wird nichts mangeln. Simulation ist heute alles, niemand unterscheidet irgendwas. Und wie sieht's im einzelnen aus? Insgesamt nicht schlecht. Glöcklein im Tale, Rieseln im Bach, Säuseln in Lüften, schmelzendes Ach (v. Chezy). Zu spähen ist auch fürder: Freundliche Stille, rings blaue Ferne. Zwist als Zwietracht schwindet mit dem jungen Morgen; jedenfalls im Landessüden. Die Natter der Häresie wird zertreten und auch die der Hoffart – flatsch! Nicht endlich nämlich ist die Zeit; wenn auch sang- und klanglos. Laxheit künftig ist verboten. Die Rache des Simulakrums ficht uns schwerlich an, ihr trotzen wir gewaltig. Noch minder kratzt uns die Androhung des Antichrist (Bestia immunda). Samt Ärgernus und Finsternus und Kümmernus. Sowie das Übel traun der Knotenanbläserinnen (113. Sure). All diese machen uns mitnichten Sünden fürchten.

Nicht wider den Stachel löken wir. Die Bösen des Aufruhrs haben allgemach sich schon gelegt. Kaum aus dem Weltall fallen wir; ungern gesehn ist Volkserhebung (R. Wolf). Wie schön bist du, freundliche Stille. Der Bann treffe den Renegaten. Der Raffgier Eisenfinger hält den Laden dicht – nicht wackeln Mauern Jerichos. Daß alles weidlich weitergeht, das ist das sehr Frappante.

Heute ist es klar, daß der genetische Code als das fundamentalste aller semiotischen Raster betrachtet werden muß (Liapunow). Flagellantentum und Bußfertigkeit nutzt gut wider die Seelentrübsal. Das Schweinische hat keinen Taug; und also hört es auf sehr bald. Sondern es gelte abermals: Satzgegenstand, Satzaussage, Prädikatsnomen sukzessive. Alles andere ist von gestern und verfällt der Reichsacht. Und dem

Bann des Blutzolls der Schismatiker. Dort wird Heulen sein und Zähneknarren.

Media in vita mortui sumus, zu deutsch: Im Leben der Medien summt es tödlich. Qual rumor in den Fernsehkästen! Pack licet, what Pack gaudet. Der dritte Teil der Menschen ist nicht dicht und haut nicht hin (Bartel F. Sinhuber). Doch Räume öffnen wir den vielen Mios. Das Dimmste aber, wo überhaupts giebt, heißet jetzo: Hans-Joachim Rauschenbach. Hans Joachim Rauschenbach. Grüß Sie Gott, Herr Rauschenbach, Rauschenbach ahoi! Eine Ära, die Jahrtausende dauerte, endet vielleicht in wenigen Tagen. Macht nix, Hauptsach' schö is' g'we'n. Sowie hyperrealistisch. Mubarak heißt jetzt die Parole – ausgedient hat Muhackl. Wenn die Frauen nichts mehr anzuziehen haben, soll man sie halt ausziehen (Dregger!). Und einisteßln vil und ganz org auffiboußln.

Denn der Syllogismus führt immer noch von der praemissa maior über die praemissa minor zur conclusio primae noctis. Platon ist jetzt auch schon gar zu lange tot: 2332 Jahre – direkt spiegelreflexiv! Und wie die Zeit vergeht! Rabulisten, Sophisten, Syllogisten und Pharisäer (Stoiber!) haben das Land nun stark im Griff. Und natürlich Manichäer, Manichäer, Manichäer noch und noch. Wohin das Auge schweift: Manichäer, Manichäer. Ihnen gilt der große Dank. Verräter verfallen stracks der Feme. Die lutherischen Säue werden zum Konzil nicht zugelassen, basta. Daß ausgerechnet jene, die Jesum seinerzeit niedergemacht haben, die Itaker, jetzt allaweil den Papst stellen, ist wie das Symbol eines tiefen, tiefen Zeichens. Tiefentiefen Zeichens. Ausnahme: die polnische Kartoffel.

Nix gegen Beethoven-, Schubert-, Bruckner-Scherzi. Aber der einzige, bei dem die Scherzi das Intregral seiner Symphonien vorstellen, das ist Mendelssohn. Das nur nebenbei. Das macht: Mendels Sohn war eben der scherzhafteste von allen. Und starb deshalb schon mit 40. Auch das muß mal gesagt sein.

Das Verhältnis zu den vernunftlosen Tieren ist heute im allgemeinen gut und geregelt; im Fernseh (Grzimek, Sielmann usw.) nicht anders als in Wirklichkeit (Hund, Katze,

Üttl usw.). Da gibt es nichts, das gibt es nix zu deuteln. Inzest ist verlockend, aber biogrammatisch verboten usf. Dagegen freilich die städtebauliche Korruptheit der Städte im Einzugsgebiet von Stuttgart ist momentan eine kardinale, ja unermeßliche. Indessen: Auch das packen wir noch. Den schwarzen Beamtensäuen soll der Arsch auf Grundeis gehn.

Nihil sequitur geminis ex particularibus unquam; aber wo (Streibl). Parthenogenesis sei drum derzeit wiederum Gebot. Das Kapital will gar nicht aufgeklärt noch werden. Wenn die Kräfte mich verlassen, will ich doch Mariam fassen; Mariae an die glockenreinen Didderl fassen.

Das Problem Hüttler (Hüttler-Frage) ist ein für allemal geregelt und erledigt und erlöst. Die Wege des Antichrist – langwierig sind sie, höchst verschlungen. Doch das Giftkraut der Häresie (Eco) hat schon seine Macht verloren, die Zerwirrtheit hat alsbald ein End. No problems, no es problema. Der Niedertrachten erhabenste zwar ist das olympische Synchronschwimmen der Frauen sowohl als auch der Mattenpräsident. Gott aber wird das Spiel der Geschichte beenden, wann er will und wo er will (Langgässer). Und wie er halt grad Zeit hat. Gott ist uns, scheint es, heute sehr gewogen. Indes zu leicht befunden, tätärä. Lebens Not nagt negerhaft an uns (Ernst Neger), wir aber überdecken es mit viel Bravour. Und Jacob-Sisters und so weiter. Der Zinsfuß steht Gewehr bei Fuß: 5,15 momentan. Die Arbeit ist überall, weil es keine Arbeit mehr gibt (Baudrillard). Arbeit ist jetzt Freizeit. Und Highlife ist jetzt Arbeit. Zack! Ist doch Klasse! Oder nit? (Duschke).

No placet? Placet.

Ihr wandert droben im Licht. Bei uns Saubauern dreanten aber ist freili hint' oft höher als wie vorn. Der Nieswurz Nießnutz ist nicht auszubrüten. Dem Andenken eines Engels widmen wir nicht selten komplette Violinkonzerte (Weizsäcker!); von Romanen ganz zu schweigen. Das juste milieu ist uns schon grade recht, jedes Milieu ist uns ja leidlich schon willkommen. Der Milieukatholizismus scheint oft die saure Milch der dummbrummenden Denkungsart; alles, was Odem hat, lobe doch den Herrn. Denn merke abermals: Sogar das Thier hat Religion, indem es den

Menschen verehrt, fürchtet, liebt (Richter). Wachet und betet, damit es nicht eines Tages heiße: alles Scheiße, große Scheiße (Konrad Lorenz).

Früh mußte der Verteidiger Kohlmayer heim, – auf daß das Wort erfüllet würde, auf daß ER endlich niederkäme – in aller Pracht und Herrlichkeit (Kohl). Zerschlagen liegt die Gottheit wohl; item Karl Carstens. Aber die neue kommt ja schon. Die Zeit ist allschon nahe. Der Wurstfinger der Morgenröte greifelt schon in die Konkupiszenz des Mittagdämons hinüber – so wispert's flüsternd allerorten (Barzel).

Wohl bald zerwonnen wie geronnen. Heimlich mir graut, weil es hier munter will hergeh'n: Carolin Reiber – Elmar Gunsch – Weizsäcker – Edel – Kohl – Hans Rosenthal, oho! Und Peter Hofmann undsoweiter. Und Rothenberger undsofort. Das Herz wird schwer; jedoch wir halten stand. Himmel wird thauen viel Gerechtes. Der reife F. W. Bernstein hält derweil das G'schwörl zusammen. Gepriesen sei Martina, das Graugänschen. Il nome della rosa bleibe gleichwohl verhüllet ganz.

Es liegt außerhalb der Zurechnungsfähigkeit – pardon: der Zuständigkeit selbst dieser Mahnschrift – wer aber Lauscher hat, zu lauschen, hört, der lauschet dieses: Die Jahre, die ihr kennt, sie sind von einem Pesthauch an Gemeinheit eingesäumt (Ignoranz, Perfidie, Fernseh), von dem sich noch nicht einmal Gott selbst am siebten Schöpfungstage schwanen ließ (Robert Schwan). Das Unausweichliche (Moiramoira), ja Unaussprechliche (Vfüithg) hat uns schwerstens am Wickel. Der Code indessen ist uns schon bekannt. Er lautet: Millowitsch. Willy Millowitsch. Er (ER!) ist es, der das Stichwort kennt, er ist es, der uns hält. Er ist es, der die Frauen betört und hinreißt – sie umlegt, niedermacht, wie er's grad braucht (Zirngiebl). Nämlich beim Großen Zeus: Nichts ist der Wahrheit verwandter als die nackte Wahrheit. Höchstens noch die Einheit. Die Feinde der offenen Gesellschaft (permissiv, permissiv!) sind dagegen böse sehr von Jugend auf. Mit riesiger Gelassenheit und brennender Tranigkeit so waltet Kohl jetzt seines hohen Amtes. Und des Landes; ist ja eh kein Unterschied. Nur Unterschleif gehört geächtet, geächtet und verboten. Biathlon heißt die Parole – so lehret uns der Kanzler. Und recht hat er, der Saukopf.

Euer Wort sei jaja, neinein – und nicht mehr Dialektik. Schon eh'nder Dialekt. Hildegard Hamm-Brücher ist eine politische Krampfhenna (F. J. Strauß) – kaum ihr Sohn scheint Peter Hamm. Sondern nur beim Rundfunk. So rundet alles sich in Frieden, so löset alles sich in Straubing.

Das Anrührblau der gemeinen Wegwarte rührt selbst den Torwart bald zu Tränen. Das All-Eine zwar kömmet aus Hirsch-Stadt. Der große Himbeerschlag befindet sich auch daneben. Die Zeit ist jetzt sehr nahe. Von Sternen übersät nachtblaut der Himmel – leiser rauscht der Hain hinein. Sanftes Licht geußt sittlich weit über die Erde hin. Das Herz ist schwer; das gibt sich. Bald wird es tagen sicherlich.

Ein Problem ist es mit den alten Soldaten. Es gibt bald keine alten Soldaten mehr. Weil es keinen Krieg mehr gibt jetzt (leider). So fehlt die sittigende Kraft der alten Soldaten (karteln).

Videmus tunc per speculum in aenigmate – mais de hoc satis. Pulchra sunt meist ubera – größer aber ist was ganzwas Aaanderes. Das Größte, das Endziel des Weltengeists und gleichsam sein Geschäftsführer: das ist der knackig-runde, wohlgeformte pudelnackte Weiberarsch. Semper fidelis est und schön. Schön und schön und ewig schön. Da möcht' ma einibrummen. Jedoch es geht nur vorn. Ist aber auch nicht schlecht. Kann man den Arsch im Handerl halten. Nämlich der Arsch ist ewig Geist. Er blühet ewig fort. Und unsre Augen blicken ihn: in sternarschwahrer Klarheit. Ich aber sage Euch zuletzt: Aus mir spricht deutlich Gott. Kraft Schreibzeug seines treuen Dieners – ewig und ehrlich:

Eckhard

Rainer B. Jogschies

Die Anti-Rebellion-Rebellion. Der Konsumismus ist neue Jugendreligion geworden

Im «Jahr der Jugend 1985» wußte die Zeitschrift *Praline* ihren rechts-konservativen Lesern Erstaunliches zu berichten: «Auch wenn viele Erwachsene es nicht so recht glauben wollen: Deutschlands Jugend ist völlig normal. Zu diesem Ergebnis kamen die Frankfurter Wissenschaftler Professor Klaus Allerbeck und Wendy Hoag. Unter 1066 Jugendlichen gab es nur fünf Punker und vier Hausbesetzer.»

Schon ein Jahr zuvor hatte die *Bunte* über die «Einsteiger» berichtet: «Was sie wollen, ist nicht wenig: Werte, Wissen, Wohlstand.» Der Reporter Joachim Lottmann folgerte: «Die neue Generation hat weiß Gott keine Ähnlichkeit mehr mit den Lemmingen, die sich ohne Not von hohen Felsen in den Tod stürzen. Solche Mentalität hatte die Apo-Generation. Aber die ist nun runtergestürzt und somit nicht mehr da. Da ist: eine neue, leistungswillige, positive Jugend. Was aus jungen Menschen, die auf so altmodische Dinge wie Disziplin und Etikette setzen, einmal wird, bleibt abzuwarten. Aber mehr als aus ihren Vorgängern allemal.»

Assistiert wurde den beiden Bilderblättern bereits 1982 von der sich links gerierenden Rockmusik-Zeitschrift *Sounds.* Der Leser G. Heinrich aus Lahntal hatte besorgt bei der Redaktion angefragt: «Warum zieht ihr konsumorientierte Charaktere (Popper, Haircut usw.) den «Friedensfuzzis» (von den von euch verschmähten Hippies ganz zu schweigen) vor und gleicht damit eure Zielvorstellung, mit der offenbar die Jugend auf geistig unterstem Niveau unserer «freien Marktwirtschaft» zugeführt werden soll, der Zielvorstellung von CDU/CSU in Punkto Jugend an?» Die Antwort des Redakteurs Diedrich Diedrichsen stand gleich darunter: «Der Kapitalismus herrscht und hat sich die alternativen Werte zu eigen gemacht. Hippies sitzen in der Regierung und geiler Konsum (du weißt schon: Genuß ohne

Reue, z. B. McDonalds, Haircut 100, Walkman etc.) ist z. Zt. längst von den Herrschenden verpönt worden. Der Bundespräsident trägt längst eine «Jute-statt-Plastik»-Tüte. Wir setzen dagegen mehr auf das Kämpfen im Kleinen, auf Erschütterungen der immer gleichen Leitideen, die dir von allen Vertretern der Herrschaft vorgeleiert werden. Dazu gehört auch, daß wir all die kleinen Teenie-Obsessionen fördern und ausleben, die wir damals wie heute haben und die wir uns nicht von rigider alternativer Moral zerstören lassen, aber auch unsere ernsthaften Erwachsenen-Obsessionen kommen nicht zu kurz.»

Da war gerade das Jahr vorüber, in dem Berliner Hausbesetzer, Brokdorf-Demonstranten, Hannoveraner Punkertreffen, Bonner Friedensfreunde und Hamburger Kirchentagler für ein Bild der Jugend sorgten, das im *Kursbuch* als «Der große Bruch – Revolte 1981» zusammengefaßt wurde.

Nicht einmal vier Jahre umfaßt der Zeitraum, der in den Zitaten wie der Große Bruch wirkt – von der Rebellion zur «Normalität», von subversiver Semantik zum konsumierenden Konservatismus. Die Wende ist, würde man eine Kontinuität zwischen den Zitaten annehmen, 1982 eingetreten – dem Jahr, in dem die Liberalen den Sozialdemokraten in den Rücken fielen und sich auf konservative «Werte» besannen. Diese Parallelität von Politik und Popkritik wäre evident: ein Indiz für die Richtigkeit der bis dahin unangetasteten Rockmusikmythologie, wonach die Jugendszenen direkter Reflex gesellschaftlicher Verhältnisse sind – gleichzeitig jedoch ein Beleg für die Nichtigkeit des Revolutionspathos einer Generation, deren Werte wie Solidarität, Emanzipation oder Innerlichkeit scheinbar nun weder einlösbar noch nachgefragt sind. Schlimmer noch: Der Große Bruch, bisher ein Generationen-Gap, wäre nunmehr je nach Stand- oder Wende-Punkt einerseits Der Große Verrat, zudem eine Verkleisterung der Vitalitätsunterschiede zwischen Adoleszenten und Arrivierten, und andererseits Die Große Hoffnung, nach No-Future-Elegien zu neuen Melodien zu tanzen, und sei es Walzer oder Swing.

Die veröffentlichte Entwicklung der gewandelten Werteordnung scheint naheliegend: der Rockjournalist Diedrichsen, nach Angaben der linken Monatszeitschrift *konkret* früher

Mitglied der Jugendorganisation des rigiden «Kommunistischen Bund», bricht als 25jähriger seiner verlorenen Pubertät eine Lanze, auch weil er die «alternativen Werte» verraten sieht. Er möchte sich, nach einer «rigiden alternativen Moral», «ausleben» – und sei es mit Plastiktüten, die der Bundespräsident nicht trägt – (wie jedermann im Fernsehen prüfen kann), und bei McDonalds, was bei Alternativen mit einem «Bäh» kommentiert würde. Daß die *Bunte* dies Frönen der kleinen Fluchten, der «Teenie-Obsessionen», überhöht zu einer Abrechnung mit der immer schon bekämpften «Apo-Generation», die sich Lemmingen gleich «ohne Not in den Tod» gestürzt hat, kontrastiert – und macht die «leistungswillige, positive Jugend» noch optimistischer. Autor Lottmann ist im übrigen nicht viel älter als Diedrichsen und wurde von diesem gelegentlich bei der *Sounds* eingesetzt; ansonsten arbeitete er für Springers rechtes Flaggschiff, die *Welt*, in deren Hamburg-Teil er auch schon mal verächtlich über eine Bürgerinitiative berichtete, die er nie zu Gesicht bekommen hatte.

Die *Praline* schließlich gäbe Entwarnung nach einer Entfremdung von einem Jahrzehnt angestrengter alternativer Pädagogik, deren Emanzipationsanspruch in Eskapismus gemündet ist: es herrscht wieder Normalität im Land.

Indessen stimmen weder die Stimmungsbilder noch die gefaselten Phasen der Drehung, wie ein näherer Blick in die Bezugsquelle der *Praline* verrät: die Frankfurter Soziologen Klaus Allerbeck und Wendy Hoag hatten sich von 1981 bis 1985 der in den Medien als «No-Future-Generation» etikettierten Jugend angenommen, dem Zeitraum also, der hier durch Zitate markiert wurde. Sie griffen insbesondere bei ihrer empirischen Erfassung einer repräsentativen Szenerie in über 200 Dörfern und Städten auf eine Untersuchung des Soziologen und späteren hessischen Kultusministers Ludwig von Friedeburg aus dem Jahre 1962 zurück. Das Ergebnis der Studie «Jugend ohne Zukunft?» widerspricht den Trendbehauptungen, es gäbe eine «neue» Jugend, eine, die sich nicht länger von «rigider alternativer Moral zerstören» lassen wolle. Weitaus die meisten Daten gleichen 1985 denen von 1962, lediglich unterscheiden sich heute Mädchen mehr in ihren Ansichten und Verhalten von denen der Jungen.

Das konservative Spektrum innerhalb der heutigen Jugend ist freilich merklich kleiner geworden: von 45 % der CDU/CSU-Anhänger unter den Jugendlichen sind 37 % geblieben, bei der FDP ging der Anteil von fünf auf zwei Prozent zurück. Demgegenüber ist der Anteil der sozialdemokratischen Anhänger von 25 auf 33 Prozent gestiegen, die GRÜNEN konnten 12 % für sich verbuchen. Weder hat es also einen Großen Bruch innerhalb der Jugend gegeben, noch ist eine Nähe zum konservativen Aufbruch unter den bundesdeutschen Politikern empirisch zu rechtfertigen.

Gleichwohl gibt die Untersuchung Anlaß für propagandistische Mißverständnisse: «Die Einstellung der Jugendlichen zu ihren Eltern ist kritischer als 1962, aber keineswegs konfliktträchtiger und schon gar nicht feindlich.» Die eigene Zukunft sehen 75 von hundert Jugendlichen «eher optimistisch», nur 17 Prozent «eher pessimistisch». Hinsichtlich der «Zukunft in Deutschland allgemein» sind 54 % der Befragten «hoffnungsvoll» oder haben «mehr Hoffnungen als Befürchtungen». Die Jugendlichen im Wirtschaftswunderjahr 1962 waren, auch im Bezug auf die wirtschaftliche Situation, nicht so optimistisch wie 1983. Daß sich die Verhältnisse «in fünf Jahren verbessern» glaubten damals nur 21, nunmehr aber 36 Prozent.

Dieser Zukunftsglaube bricht mit dem landläufigen Wort von der «No-Future-Generation», begründet allerdings nicht, daß diese Jugend tatsächlich eine Zukunft hat. Allerbeck und Hoag stellten nämlich gleichzeitig eine andere gesellschaftliche Struktur der Jugend fest: 1962 hatten die meisten der Befragten die Schule bereits verlassen, heute haben sich weit mehr als früher das Abitur zum Ziel gesetzt, «Auszubildende» und Berufstätige sind zu einer Minderheit geworden, arbeitslose Jugendliche gab es 1962 keine.

Dies allerdings brächte dunkle Töne in das Bild vom «Ausleben», vom «Positiven» und von der «Normalität» bei Diedrichsen, Lottmann und *Praline*. Einerseits läßt sich ihre euphorische Rede von einer «neuen», konservativen – auf jeden Fall aber konsumierenden – Jugend empirisch nicht belegen, zumal sie sich lediglich auf das durch einzelne Aktionen entstandene Medienbild einer rebellierenden, sich verweigernden «Generation» als Kontrast stützt. Andererseits entlarvt eben die repräsentative Allerbeck-Analyse die Differenz zwischen Wunsch und Wirklichkeit: die Wende bei der Jugend gibt es nicht, auch wenn *äußerlich* manches dafür spräche.

Die Studie des Jugendwerkes der *Deutschen Shell* offenbarte bereits 1981 den fatalen Interpretationsspielraum, der sich aus einer phänomenologischen Betrachtung ergibt. Die Jugend, so der Marburger Pädagogikprofessor Jürgen Zinnecker im Jahr der Jugendrebellion, sei längst nicht so politisch wie angenommen. In Accessoires wie Buttons äußere sich allenfalls eine individuelle, witzig gemeinte Protesthaltung. Bundesdeutsches Mineralöl hat halt eine tolle Klopffestigkeit. 1984 ließ Zinnecker die Jugend in «Selbstzeugnissen» Stellung nehmen: die ihm zugesandten Texte, Tonbänder, Bilder und Filme interpretierte er als eine «Philosophie der Jugend», die ihn an das «emphatische Lebensgefühl der zwanziger Jahre erinnert» habe. Die «in Prägnanz und Eigenarten neue Generation» sei «geprägt vom humanistischen Idealismus» und «harsch gegen Materialismus» – deshalb habe die Jugend der achtziger Jahre nur ein Feindbild: die Politiker. Selbst DIE GRÜNEN kämen in den Zuschriften schlecht weg. Mit ihrer «Verachtung der Widrigkeiten des Alltags» wären die «authentischen» Aussagen der Jugendlichen nicht auf die Arbeitslosigkeit, dafür aber auf «allgemeine Zivilisationskritik» eingegangen. Als «Sachverwalter der Prinzipien Phantasie und Liebe» würden bei der 80er Jugend «Endzeitstimmung und optimistische Perspektive» eine Einheit bilden, urteilte Zinnecker. «Die Stimmung ist: Ich fühl' mich gut. Nur wenn ich an Probleme denke, wird mir schlecht.»

Der *Rowohlt*-Lektor Eberhard Naumann, der 300 Texte und 160 Bilder der eingesandten 15 000 «Selbstzeugnisse» in der Anthologie «Jugend – Eine Generation stellt sich vor» zusammenfaßte, wertete Zinneckers «Analyse» fälschlich als «repräsentativ». Erstmals habe der Verlag «die schweigende Mehrheit vor sich» gehabt, während sonst in der Jugendbuch-Reihe *panther* «eher Extreme», «Minderheitenmeinungen» zu Wort gekommen seien. Die «sogenannte normale Jugend» solle nun nicht gleich «wieder diskriminiert» werden: «Es wäre eine Falschmeldung, nach dem vorliegenden Ergebnis von ‹Entpolitisierung› zu berichten.»

Dies Bild der Jugend wurde als Taschenbuch mit dem Untertitel «Von Umtausch ausgeschlossen» verkauft.

Während einige Medien also einen selbst geschaffenen Popanz wegen des vorgeblichen Neuigkeitswertes gegen eine neue Fiktion umtauschen, wobei sie sowohl von links als auch von rechts propagandistisch werten, kommt der Erziehungswissenschaftler phänomenologisch und hermeneutisch offenbar zu ähnlichen Ergebnissen: die «normale», die sonst schweigende Jugend, lebt plötzlich in Emphase und Optimismus, sie sei problemscheu, aber nicht «unpolitisch». Das Negativbild der «68er-Generation» nutzt Zinnecker ebenfalls als Kontrast: während diese «Gesellschaftskritik» geleistet habe, werde heute mehr «Lebenskritik» bevorzugt.

Auch in der Politik ist dieser «neue» Jugendstil, die Renaissance des ziselierten Weltschmerzes und der blühenden Lebenslust, Konsens geworden. Die nach den Jugendprotesten 1981 eingesetzte Enquete-Kommission des Deutschen Bundestages berichtet von einem «Wertwandel», der bei näherem Hinsehen keiner ist: zwischen den Generationen bestehe ein auf unterschiedlichen Erfahrungen beruhender Wertekonflikt – «materialistische» gegen «postmaterialistische Orientierung». Dazu geselle sich ein Gegensatz zwischen einer asketischen Arbeitsmoral und einer hedonistischen Konsumhaltung. Das um diese Grundhaltung gewobene «ganzheitliche» Menschenbild wurde im Bundestagsausschuß von den sozialdemokratischen Vertretern eher im Sinne ihrer parteilichen Programmatik zum «Humanismus» und von den Christdemokraten eher im Sinne eines ganzheitlich-personalen katholischen Menschenbildes interpretiert. In der konservativen *Zeitschrift für Parlamentsfragen* kommentiert der Politologe Jürgen Plöhn 1985 die Enquete-Ergebnisse: «Der Staat wird offenbar nicht mehr als eine soziale Organisation sui generis begriffen, die definitionsgemäß und mit Recht das Gewaltmonopol im Gemeinwesen beanspruchen kann und muß. Damit ist eine erhebliche potentielle Gefahr für den inneren Frieden gegeben, auch wenn von aktiver Gewalt derzeit (noch) abgesehen wird.

(...) Eine geradezu terroristische Gefahr ist nicht auszuschließen, wo selbst eine aus dem alternativen Feld hervorgehende Bewegung wie die GRÜNEN für ihre politischen Aktionen das Vertrauen einzelner Jugendlicher aus dem Protestbereich verliert.»

An diesem Punkt treffen sich, bei aller Wirklichkeitsferne, die bizarre Beurteilung des Politologen Plöhn und des poppigen Propagandisten Diedrichsen: die «Kämpfe im Kleinen» bedrohten «das System», der «hedonistische Konsum» innerhalb eines common sense, der inzwischen neben einer asketischen Arbeitsmoral auch Alternatives aus der Programmatik der GRÜNEN einschließe.

Die Enquete zur Jugendrevolte war übrigens im doppelten Sinne zu ihrer Behebung tätig: Karriere durch Krawalle machte der frühere Junge-Union-Vorsitzende Mathias Wissmann, der sich als Vorsitzender der Kommission in der Bundestagsfraktion qualifizierte – zum wirtschaftspolitischen Sprecher. Sein «wissenschaftlicher Mitarbeiter» in der Kommission, Christoph Böhr, wurde inzwischen Vorsitzender der Jungen Union.

Über Böhr und den siebzehnjährigen Schüler Peter Stefan Herbst, Bundespressesprecher der Schüler Union und Abgeordneten-Assistent Wissmanns, berichten die jungen Journalisten Klaus Farin und Leo A. Müller in dem *rororo-aktuell*-Band «Die Wende-Jugend». Sie gelten Farin und Müller als typische Beispiele für Heiner Geißlers «positive Jugend»: «Er kann beruhigt in die Zukunft blicken, denn seine Basis wächst». Auch diese Annahme ist lediglich darauf gestützt, daß die Schweigenden zu Wort kommen und gleich nach dem landläufigen Sprichwort als «Mehrheit» deklariert werden – und ihre Aussagen sich von dem unterscheiden, was bisher das aktionsgeprägte Medienbild der Alternativen ausmachte. Zu einem Gutteil, das wird vor allem bei den Ergebnissen der Enquete und ihren vorgezeigten Protagonisten deutlich, herrscht die Methode der Sich-selbst-erfüllenden-Prophezeiung.

Damit sind das poppige Phänomen und die post-materialistische Methode hinreichend beschrieben: die Neue Deutsche Jugend, die positive und pathetische, die Wende- und die Wohlstands-Jugend, dienen als Fiktion in Popkritik, Pädagogik und Politik zur Rechtfertigung entweder einer Art Coming Out, weil man sich bisher rigide unterdrückt fühlte, oder einer Weihe der «Normalität», weil bisher Unartikuliertes beachtet wird, und schließlich einem Roll back, weil durch die überhöhte Bestätigung des Status quo, der als «neu» und als Fortschritt deklariert wird, Rückschritte und Repressivität nicht mehr thematisiert werden. Zu Wort kommen die, die sich selbst bestätigen wollen, die vorher nichts gesagt haben, die nichts zu sagen hatten – und nun auf das Aufmerksamkeit erregende Etikett des «Neuen» bauen.

Indessen ist freilich noch undeutlich, warum es trotz der sehr verschiedenen Ausgangspunkte und gegensätzlichen politischen Auffassungen zu immer wieder demselben fiktiven Jugendbild kommt. Die schnell generalisierten Versatzstücke entziehen sich eigentlich einer Systematisierung, auch dies ist Teil der phänomenologischen Methode: eine Jugend, deren Neuartigkeit durch eine humanistische bzw. katholische Werthaltung und unbegründeten Optimismus nur im Gegensatz zu einer aufgeklärten und politisch engagierten Jugend beschrieben werden kann, die es nicht mehr oder nur als Minderheit gäbe, taugte wegen wissenschaftlicher Wabbeligkeit nicht zur Fiktion. Desto größer ist die Heftigkeit, mit der sie von allen Seiten gepredigt wird: geiler Konsum und totale Theorielosigkeit bzw. Theoriefeindlichkeit machen's möglich.

Gewiß lassen sich Beobachtungen etwa in der Entwicklung der musikalischen Vorlieben machen, die überraschen, mit Altem zu brechen scheinen. Beispielsweise scheinen die erfolgreichsten Klänge 1985 aus einer kühlen Cocktailbar zu stammen. Das Trio gilt als Idealbesetzung, die Lautstärke ist soweit zurückgegangen, daß die Eiswürfel im schlanken Glas oder dem dünnwandigen Schälchen zu hören sind. Der «New Britisch Jazz», wie ihn derzeit Matt Bianco, Carmel, Alison Moyet oder Sade verkörpern, ist allerdings cool geklaut von Billie Holliday, Nat King Cole und Astrud Gilberto. Die frivolen, mondänen Klänge vermitteln, so der *New Musical Express* eine «delikate Melancholie». Das Outfit dieser jungen Szenerie gleicht der Existenzialismus-Mode im Nachkriegs-Paris. Das Setting darf nicht durch laute Fragen gestört werden, die Unterhaltung plätschert im Belanglosen dahin – «Genuß ohne Reue». Der Anschein von Luxus, die Glätte bis Glitschigkeit und die milde Temperierung brechen mit der rauhen, eckigen, ärmlichen oder allenfalls Reichtum karikierenden Rockmusik. Indessen lassen die stilistischen Entwicklungen aus der populären Musik im vergangenen Jahrzehnt kaum noch Zuordnungen von Referenzen und Funktionen modischer Attitüden zu. Dem Klang der Klubs einen Hang zum Konservativismus zu unterlegen, überzieht die gesetzten Zeichen, die Phänomenologie ist da schmelzendes Eis im Cocktail der Propaganda.

In dem *Rowohlt*-Band «Schocker» folgert Diedrich Diedrichsen aus dem zu beobachtenden schnellen Wechseln der Stile, den Poppern, Punkern, New Romantics, Bolshevique Chic etc.: «Heroisch und hedonistisch sind aber vielleicht die einzigen Charakteristika, die helfen könnten eine Gemeinsamkeit herzustellen, die Grenzen zu ziehen, die alle diese Instant-Identitäten für sich beanspruchen. Niemand will etwas mit dem tragischen Scheitern der Hippies zu tun haben, der sich nicht richtig abzugrenzen vermochte. Heroisch – alle Botschaften, die an Jugendliche herangetragen werden, verkünden ihm seine Unwichtigkeit. Insbesondere das, was Teenies von jeher getan haben (Spinnen, Privatmythologien, Idole – die vielgeschmähten «Traumwelten»), ist im aufgeklärten Fernseh-Lehrerin-Diskurs als besonders bedeutungslos verpönt. Der neue Held läßt sich für seine Bedeutungslosigkeit totschlagen. Schon zum Punk gehörten die vielen Badges, die über Bedeutungsloses schreiend Auskunft gaben. Die neuen Moden feiern die eigene Bedeutungslosigkeit, die eigene Kurzfristigkeit, die Referenzlosigkeit, feiern die starke Identität als Übergangsstadium. Hedonistisch – die Lust am fleischgewordenen Diskurs, der in der Mode der mit Zeichen übersäte Körper, ist eine ausgesprochen negative Größe im allgemeinen Weltbild, jenem Weltbild, über das sich alle politischen, gesellschaftlichen und kulturellen Kräfte so wunderbar einig sind, weil sie alle dieselbe Sprache sprechen. Sie alle beschimpfen und bespucken das, was sie die «Oberfläche», die «Form» nennen, da sie all ihre Legitimation dem «Dahinter», dem

«Darunter», dem «Inhalt», den sie als verborgenen, als nicht sichtbaren Teil einer zweiteiligen Welt ausgeben, verdanken. Und auf diese erdabgewandte Seite des Mondes wollen sie die Jugend jagen, während diese es nun aber vorzieht, sich auf dem Olymp des Scheins zu tummeln.»

Diedrichsen beschwört dergestalt eine «Auflösung der Welt» – eine neue Variante der Endzeitvision, dem Sturz der Lemminge. Gleichzeitig weist er die Sinnzuweisung zu den Moden Jugendlicher zurück und ergeht sich in der Interpretation angeblich fehlender Deutungsmöglichkeit.

Die Konsequenz aus diesem «wilden» Weltentwurf nennt in demselben Band Olaph-Dante Marx: «Natürlich wird irgendwann der Rest der Gesellschaft alle liberalen Gewissensbisse verwerfen und sich dem Konsum hingeben. Schön. Und dann wird es wieder Antizipatoren mit wieder neuen Weltentwürfen und Bedürfnissen geben, die sich den ewig gleichen Schlafmützen ausgesetzt sehen. Und so weiter. Man darf sich nicht gehen lassen und ist nicht, wer man scheint. Überzüchtetes wildes Denken. Wider die Natürlichkeit. Eklektizismus. Pop!»

Die Normativität («rigide»?) einer emanzipativen Pädagogik («Sein, wer man wirklich ist») kann so mittels Konsum über Bord geworfen werden nach dem Motto: ich bin nichts, aber ich will alles – haben. So wie es ist, ein schöner Schein als Sein. Schöne Grüße von der Titanic. Dies ist der Punkt, wo sich Popkritiker und Pädagogen durch Phänomenologie und Hermeneutik mit der Propaganda von Politikern treffen, denen rebellierende Ansprüche zuwider waren – wo *Bravo* und *Dallas* zum Kulturgut werden und ein Konsumismus als religiöser Ritus betrieben wird: du bist, was du dir leisten kannst.

Andererseits schreibt Marx ganz billig: «Während in der Studentenbewegung international das repressionsfreie, ungehemmte Vögeln propagiert wurde, eine todernste Angelegenheit also, wollen die Vierzehnjährigen davon noch gar nichts wissen. Sex ist ein undurchschaubares schwüles Rätsel unter der Bettdecke, daran ändert sozialdemokratischer Aufklärungsunterricht überhaupt nichts.» Bravo.

Olaph-Dante Marx ist *Sounds*-Autor. Ebenso Michael

O. R. Kröher, der auf dem Hintergrund Diedrichsener Denkkunst mit der Decke überm Kopf Kapriolen schlägt: «Gar keine Frage: *Dallas* ist die beste Serie, die das Deutsche Fernsehen seit mindestens zehn Jahren ausgestrahlt hat. Kaum einer hat wohl dem WDR, der uns allwöchentlich unsere Dallas-Ration beschert, diese subversive Progressivität zugetraut, die sich nach und nach gegen die Halsstarrigkeit der zurückgebliebenen Ökos, Puristen und Altlinken durchsetzt.» *Dallas* ist alles.

Das Feindbild dieser Konsumismus-Religion macht die ahistorische Propaganda für die Neue Deutsche Jugend, eine postmoderne Jugendstil-Huberei, indessen zu einer Anti-Rebellion-Rebellion. Diedrichsen in *Sounds:* «Die völlige Hilflosigkeit der linken alternativen Kritik: Was die Linke so unerträglich macht? Sie ist so dumm und kurzsichtig (sie holt den abgekauten Imperialismus-Begriff wieder hervor, was sie immer macht, wenn sie nicht weiter weiß. Und läßt sich auf die argentinische Seite treiben. So wie sie früher Khomeini zujubelte. Denn der Schah trug nie wallende Hippiekleider und einen Fusselgammelbart!). Wir wissen nicht erst seit dem Wahl-«Sieg» der GRÜNEN in Hamburg (merke: die meiste Angst davor, daß die GRÜNEN die Regierung übernehmen, haben die GRÜNEN selber. Sie wüßten schon nach einer Woche nicht mehr, was zu tun wäre.) und der TV-Live-Schaltung in ihre Wahl-«Party» (wo sich die feixende Meute dem flüchtigen Rausch hingab), daß der alternative, studentische Protest penetrant, vulgär und gewöhnlich ist und einer niederen Lebensweise entspringt.»

Nun würden die beobachteten Phänomene – etwa die Zunahme der coolen Night-Club-Schickeria und der Junge-Union-Karrieristen – nach den inkriminierten rigiden Mustern als verdrängender oder fördernder Reflex aus der Krise einer Wachstumsgesellschaft mit hohen Arbeitslosenzahlen erklärt werden: die Neue Deutsche Jugend hätte dann als optimistische Option eine gelungene ideologische Funktion. Im Falle der zitierten Autoren ließe sich dies sogar personalistisch zurechtrücken: die Rockzeitschrift *Sounds* hatte unter der Redaktion von Diedrich Diedrichsen soviele Leser verloren, daß ein Verkauf an einen Schweizer

Verleger mit gutgehendem Herren-Magazin geraten schien. Diedrichsen wurde arbeitslos. Unterdessen ist er Texter der Düsseldorfer Werbeagentur GGK. Marx hat inzwischen einen Schulabschluß nachgeholt und Kröher hat ein Medizinstudium aufgenommen. Damit scheinen die persönlichen Probleme der Autoren aus der allgemeinen Krise der Presse-Branche aufgefangen, die Weltsicht wird transparent, eine Wende evident, Lust statt Frust.

Doch wenn es so wäre, wäre es sinnlos. Diedrichsen definiert die «modernen Paranoiker», die solcherlei Erklärungsversuch unternehmen würden: sie seien «Gefangene großer und kleiner Systeme, selbstauferlegten und fremdbestimmten Gesetzen unterworfen, Opfer religiöser und weltlicher Phantasmen und rettungslos dem Werbeslogan ergeben: ‹Wer das Echte liebt . . .›.»

Indessen ist Diedrichsen – folgt man seinen Gedanken – nicht ganz echt, dafür aber Werbetexter. Deshalb schließt er, anknüpfend an Baudrillard, daß eine Flucht in die «schweren Zeichen» stattfinde, auch eine Suche nach «The Big Sinn»: «Holocaust ist nun schon seit Jahren Nummer eins in den Charts der schweren Zeichen.» Jeder habe heute seinen Holocaust, der eine ein weltweites Eritrea, der andere die biblische Plage des Sauren Regens oder den Atomkrieg als negative Mythologie, «die wenigstens für das Ende die Kollektivität und Verbundenheit garantiert, die sich das jammernde Gerede vom ‹Verlust der Kommunikation› so sehr wünscht.»

Dagegen redet Diedrichsen – ein semiotischer salto mortale – der «semiotischen Katastrophe» das Wort, deren «ausgebrannte Ruinen» er überall ausmacht, «Berge von Zeichen-Leichen, verdunkelte Horizonte: einsame Krüppel schleppen sich durch die Nacht und röcheln von ‹Botschaft› und ‹Verständigung› – dampfende Müllhaufen von Illusionen und Ideologemen rundherum.» Bonjour tristesse, der referenzlose Diedrichsen läßt den Existenzialismus los wie eine Horde Zombies: Un-Sinn als Medium und Botschaft. Was er allerdings aus ideologiekritischen Splittern zu Brei verkocht und als Növö-Cuisine-Burger auf den Tisch bringt, ist – auch so ein Zeichen! – schwer verdaulich, weil er dabei sich als Heiner Geißler der Popkritik geriert und dessen Geschmack trifft – wie, darüber ließe sich streiten.

Da fällt seine Kritik am Big Sinn, an der Hohlheit der Holocaustischen Kautelen, allerdings über ihn selber her. Was heißt schon: «Umfassende Zerstörung des Sinns. Leergeräumte Zivilisation ohne Zusammenhalt, ohne Großes, ohne Eines. Verweigerung aller Herrschaft durch Sinnzuweisung, umfassende Demontage: in dieses befreite, entleerte Gebiet tröpfelt ganz leise und glasklar: Liebe und Wahrheit, nicht unschuldig und archaisch, nicht prälogisch oder naiv, sondern neu und ohne Verpflichtung. Aber sicher und genau und würdevoll und klug.»

Es ist nicht einmal sicher, ob die Sinn-Abweisung sinnvoller als die gescholtene Sinn-Zuweisung ist: wiegt McDonalds tatsächlich die «niedere Lebensweise» der Alternativen auf, ist «das Scheitern der Hippies» so tragisch wie das der Christdemokraten in Nordrhein-Westfalen, sind die «Einsteiger» in die Neue Normalität weniger rigide als die abgründigen Lemming-Aussteiger, die Ausgeflippten, Abgelaschten und Anormalen – sind kurzgeschorene Haare besser für den Kopf als Fusselbärte?

In jedem Fall: es ist ein per definitionem schönes Spiel, das Mitspiel-Märchen von der Neuen Jugend, der Wende-Jugend, dem Punk und The Un-Sinn. Das tröpfelt.

Rainer Dollase

Erziehungskitsch – Ein Irrweg

Die Muttergottes von Kevelaer im Schneeflockendöschen, der Eiffelturm als Nachttischlampe, der röhrende Hirsch von Portvliet, eine glattpolierte Nackte von Breker auf dem Managerschreibtisch, «Die kleine Kneipe» von Peter Alexander gesungen, der Arztroman von Konsalik geschrieben – scheinbar eindeutiger Kitsch, wohin man auch sieht und hört. Dennoch ist Kitsch ein untauglicher Begriff. Am Kitschobjekt ist er nicht festzumachen, es ist sinnlos, ihn formal oder inhaltlich zu füllen, da Kitsch in der Einstellung des Produzenten oder Konsumenten, also aus Kitschgefühl besteht. Sentimentalisierung, Idealisierung, Surrogatfunktionalität sind Gespinste im Hirn des Hörers, Lesers, Betrachters oder Benutzers, die eben manchmal im Kitschgespinst des Produzenten ihr Pendant haben. Wer «Kitsch» sagt, ist selber kitschig. Der Kitschbegriff entstammt einem kitschigen Gefühl sozial avancierter Kleinbürger und der gänzlich unrealistischen Überzeugung, sich vom Epigonalen, vom Minderen und Niederen durch Kunst und Kunstbeflissenheit, durch Erfindung abwertender Vokabeln distinguieren zu können, zu dürfen, zu müssen. Da gehen sie dann, wie Pubertierende den Hitlisten, der Niveau- und Wahrheitsschnulze, dem hehren Kunstideal, den angeblich ewigen und wahren Werten, den sogenannten objektiven Qualitäten auf den Leim. Nur präanarchistisches (also schlichtes) Nachdenken kann Kunst- und Kitschbegriffe, die Mythen, Märchen und Sagen vom Guten, Wahren, Edlen und Richtigen gebären. Warum also eine neue Kitschsorte – den Erziehungskitsch – erfinden? Ganz einfach: da es schreibend nur den besseren Damen und Herren vergönnt war, ihre Distinktionsbedürfnisse öffentlich zu befriedigen, ist es nun zwar altmodisch, aber nur gerecht, dem Kitsch in *ihren* Szenen, Büchern und moralinsauren Traktaten, also auch in der erzieherischen und pädagogischen Literatur (litter-à-tour) ein paar Seiten zu widmen, um der kurzschlüssigen Ansicht zu widersprechen, hier hätte es je / könnte es je unkitschig zugehen (können).

Erziehungskitsch zu entdecken ist schwieriger und einfacher als man denkt. Schwieriger, weil er sich bei Wissenschaftlern wort- und formelreicher kaschieren läßt als beim «einfachen Volk», weil sein formales Gepränge und die Intelligenz seiner Ausarbeitung die interne Kitschstruktur verhüllt, weil sich kurz und schmerzlos kein volltreffender Beleg für ihn finden läßt (= langatmige Analyse wäre notwendig – also hier nicht möglich). Einfacher entdeckt man ihm mit *Arno Schmidt* oder *Johann Gottlieb Fichte:* «Was für eine Philosophie man wähle, hängt davon ab, was für ein Mensch man ist», also werden wir den Kitschbürger auch schon von Ferne enttarnen können. Oder – mit Freud via Arno Schmidt über Karl May: «Produkt einer Eros-Verdrängung nicht alltäglichen Ausmaße .» (Probe: «. . . jetzt gewahrt er, daß die Spalte plötzlich weiter wurde . . .»), also die Encodierung von Wünschen, Trieben, Bedürfnissen und Ressentiments in Schrifttum. Keine Angst: eindeutig zweideutige Passagen («wenn wir also tiefer in das Problem eindringen») folgen hier nicht, an der sex-verräterischen Phrase interessiert hier mehr das Durchblick-Pathos («Der breitere Wurzelgrund des Sportspiels liegt indessen im Rahmen der Sportbewegung») und die gedankliche Tiefe-Show, mit denen zirkuläre Argumentationsbanalitäten wie Stollen im Bergwerk tiefgestaffelt werden.

Erziehungskitsch also kann dies: *«Du bist der Bogen, durch den Deine Kinder als lebendige Pfeile ins Leben geschossen werden»* (Vorsicht bei der Landung!) oder das: *«Was an Institutionen, die an die heutigen Einrichtungen erinnern, noch übrigbleibt, sind Bildungszentren . . . Das sind Zentren, in denen gearbeitet und getanzt wird, mit Labors und Kneipen.»* (Also: Prost!), aber auch jenes sein: *«Du sollst Deine Kinder lustvoll gewähren lassen und ihnen beim Verzichten behilflich sein!»*, vor allem wenn klar ist: *«Was sind die Interessen des Babys? Essen, Verdauen, Schlafen, Onanie, Schmusen. Jedermann beschäftigt sich mit dem, was ihn beschäftigt.»* (yes – indeed, so isses). Vor allem wenn wir uns mit dem Bedeutenden beschäftigen, wenn wir also die Welträtsel und -probleme mit der Kugelkopfmaschine und der Mattpost zwischen Mittagessen (zum Abschluß Schokopudding) und Kaffeetrinken (magenmild) lösen müssen, damit das Manuskript noch rechtzeitig beim Verlag ist, und das Buch pünktlich zur Buchmesse erscheint (denn: wäre ein besserer Zeitpunkt für den Beginn der Weltrevolution denkbar als just die Buchmesse?), dann gilt: *«Erziehung muß auch klarmachen, wie den großen Aufgaben des Lebens entgegenzutreten ist und wie sie zu meistern sind . . .»* Also: «irgendwo», «irgendwie», wird unsere aufsehenerregende Schrift (feuchten Augs, gutturale Intonation: «Das hat aber Wellen geschlagen – das Fernsehen war schon da! –») «ein Stück weit», vor allem durch «Aufmachen» und «Zumachen» der emanatio humana (kurzum: was ganz tolles) zum Durchbruch verhelfen (und – geheim! – erweisen, daß wir, die Schreiber, ganz famose Größen sind . . .). *«Unter der Leitung guter Therapeuten . . . werden wir . . . neue Werte und Einstellungen entwickeln und mehr Freude in die Familie, in die Arbeit und ins Leben bringen.»* z. B. durch *«relativ neutrales Reagieren» «. . . in der Art, daß wenn ein Kind lange Zeit ‹Du Arsch, du bist ein Arsch› gesagt hatte, wir antworten ‹Na, du Arsch›, und dann lachten sie meistens»* – Gott sei Dank, wie wäre das sonst weitergegangen? *«Eine Gesellschaft, die zuläßt . . . muß sich fragen lassen, ob sie die Gefahren für ein humanes Zusammenleben berücksichtigt hat.»* Zack – Theo gegen den Rest der Welt. Mutig fragt er sich nicht selbst, sondern gleich die Gesellschaft: Siegfried der Drachentöter. Prima! Respekt, Respekt! Und – es muß einmal gesagt werden – *«Die Gestaltung des Sozialisationsprozesses, ist ein Beitrag, . . . von dessen Gelingen das Wohl künftiger Generationen abhängt.»* Also: *«Das untenohne Baby, das seine Produkte sieht, entwickelt eine viel natürlichere, wissenschaftlichere Einstellung zu den Prozessen des Verdauens als das Wickelkind, das erst mit zwei oder drei Jahren, wenn es auf den Topf geht, seine Leistungen begutachten kann.»* Und damit: Venceremos! Vamos muchachos: *«Leute fangt an! Besprecht Eure eigenen Erfahrungen! Hängt Euch nicht an eine Theorie!» «Wir selber müssen dabei den Anfang machen. Hier und Jetzt. Für unsere Kinder.»* Denn: *«. . . kann der Leser mit diesem Taschenbuch den Führerschein für Erziehung, Klasse II machen. Er berechtigt zur vorbild-bewußten Erziehung des Kleinkindes im Alter vom 2. bis zum vollendeten 6. Lebensjahr.»* Denn, *«wenn das Kind zur Schule kommt, sollte es über die Grundausstattung eines vollgültigen Menschen verfügen.»* Und was mit den nicht-vollgültigen Menschen passiert, das wissen wir ja alle, mit diesen Nulpen, Behinderten, Minderbemittelten, die froh sein können, wenn wir unsere pädagogische Huld und Intelligenz ihnen widmen, gar ein Buch über sie schreiben (zur Buchmesse natürlich). Aber eigentlich *«. . . kann jeder von uns das werden, was zu sein er fähig ist. Und wir können fortfahren, im Gefühl gegenseitigen Respekts und gegenseitiger Liebe, in Freundschaft und in Frieden Beziehungen zueinander zu haben.»* Cha, cha, cha – uh! Gewisse Kinkerlitzchen sind dazu allerdings schon Voraussetzung, sonst stellt sich der Frieden nicht ein, z. B. *«. . . weil wir nicht in der Lage waren, den Ofen rechtzeitig zu heizen.»* Wie das? Aha: *«Die Unfähigkeit, wenigstens äußerlich warme Bedingungen zu schaffen, ließen Zweifel aufkommen, ob wir es schaffen würden, uns gegenseitig so viel Wärme und Halt zu geben, wie wir sie für andere, schönere Beziehungen erhofften und wie wir sie gebraucht hätten, um nach außen als verändernde Kraft aufzutreten.»* Da haben wohl Muttis und Vatis versagt, den Elternführerschein nicht gemacht, keine vollgültigen Menschen gebakken, und dem Baby nicht den Blick auf seine Exkremente erlaubt . . .

Der französischen Käseindustrie verdanken wir die Entlarvung der Seriosität als unmenschlich – sie ist in Wahrheit kuhlich.

Schöne Sätzchen, die nicht per se kitschig sind, sondern die man kitschig machen kann – einige sind so gut, daß sie von mir stammen könnten (Oder?). Denn Merke: Kitsch ist ein untauglicher Begriff, und wenn Kitsch schon mal vorkommt, dann machen wir ihn gemeinsam (Solidaritätskitsch). Das gilt auch für: Verantwortungskitsch, Therapiekitsch, Machbarkeitskitsch, Patentantwortenkitsch, Niveaukitsch, Seriositätskitsch, den Bewegungs- und Revolutionskitsch (Frauen-, Friedens- und AKW-Kitsch; Bübi und Mädi, eng umschlungen, schauen auf die ferne Atomexplosion, wie weiland Caspar David Friedrich auf das «Kreuz im Gebirge»; ein Kaufhausposter, DIN A 2, mit Rahmen nur 28,80 DM), die «Wir-sind-anders-als-die-anderen»-Schnulzen, die «poor childhood stories» oder das Rührstück vom verfolgten Intellektuellen hier bei uns, der beim ersten politischen Gegenwindchen gleich ein Tribunal, ein Weißbuch oder eine Emigrationsdrohung fabrizieren will – und die kitschige Peinlichkeit seiner starken Vergleiche (vorzugsweise zu faschistischen Gesellschaften) nicht mehr spürt.

Warum eigentlich sind die Geistesarbeiter kitschig? Ganz einfach: Auch der akademische Pädagoge, der Intellektuelle braucht seine Motivationsprothese, seine Sinndroge, und wie könnte die anders aussehen als eine Stimulierung seiner allgemeinmenschlichen Bedürfnisse: was Bedeutendes tun, besser sein als die blöde Masse, Anerkennung, Liebe und Zuneigung gewinnen – und? ... und so weiter. Er/Sie möchte ein Platzhirsch sein, Elfe im Elfenreigen, tapferer Verteidiger des Königs, sein treuester Vasall, ein Helfer der Menschheit (briefmarkenreif), ein Mahner in der Wüste, ein Prophet des Untergangs, ein dufter Typ, ein Nestor der deutschen xyz-Pädagogik, ein Großer, wo man auch hinschaut, ein Biographiefähiger, ein Individualist und geachteter Nonkonformist, einer, der einen Anspruch darauf haben kann, im Fernsehen gezeigt zu werden ... ein Idol, ein Vorbild.

Gewiß: es wohnen viereinhalb Milliarden Menschen auf der Welt, Hinz und Kunz schreiben zudem Bücher, zigtausende allein jedes Jahr in der Bundesrepublik. Die pädagogischen Titel des letzten Jahrhunderts zusammengenommen ergeben eine vor die Erfindung neuer Ideen gelegte Barriere von unüberwindlicher Höhe. Ritualhaft wird der These in immer schnellerem Rhythmus die eigentlich schon bekannte Antithese entgegengesetzt, dieser die Synthese, Schlauberger antizipieren die Antithese (gar die Synthese) bis das Argumentationskarusell heißläuft, der Hund sich in den Schwanz beißt: dem Dionysischen folgt das Apollinische, diesem das Dionysische, dem Autoritären das Antiautoritäre, dem Zynischen das Kynische, dem Kognitiven das Sozial-emotionale und umgekehrt, dem Anarchismus die Ordnung, der Ordnung der Anarchismus – ermüdend: Die Welle wird gebraucht, um die Gegenwelle zu erzeugen, Gegenreformation zeugt Reformation, die mainstream-Entrüstungsmoden den Paradigmenwechsel.

Aber – was ist Schlimmes dran, wenn unser Pädagoge das Gute mal so, mal anders will, das Moralische, das Echte, den engagierten Einsatz für die gute Sache – jeder an seinem Platz, hier und jetzt, mit kleinen, konkreten Schritten, das «Leid überall» abbauen, mal so, mal anders?

Allerdings: Wem schieben sich angesichts der Leidensschilderung der Mager-, Kotz- und Freßsüchtigen (Anorexia & Bulimia) nicht Äthiopiens Hungernde in den Sinn? Wer kann angesichts des unter Schulstreß und Klassenarbeitsangst flennenden Sextaners wirklich die im Napalm-Feuer flüchtenden Kinder Vietnams vergessen? Wer prüft die Therapietränen auf ihren objektiv lächerlichen Grund? Wer glaubt, mit Friedens-Erziehung den Weltfrieden zu erreichen?

Eh mir die Frage nach dem Weltmaßstab für Wichtigkeit, für Leidens- und Schaffensgröße zu Helioglobalismus, also zu Omnipotenzkitsch gerät, hülle ich mein Kitschgefühl angesichts der Absurdi- und Abstrusitäten dieser Welt täuschend echt in nüchterne Worte. Oder schlichte Beweisführung: das Leidens- und Veränderungspathos in der pädagogischen Literatur, die Hysterisierung und Dramatisierung erzieherischer Probleme, die geblähte Problemsuggestion, der Seriositäts- und Wichtigtuerkitsch im erzieherischen System hat – wie jeder Kitsch – psychische Stütz- und Entlastungsfunktion für ihre Produzenten und Konsumenten. Durch Kitsch wird der individuelle Lebenssinn gefunden und moralisch überhöht. Er macht eine im Kern sinnlose Gesamtexistenz, zumal in einer areligiösen und atheistischen Sozietät, partiell sinnvoll. Kitsch ermöglicht sinnvolles, d. h. volles und kontrastreiches Leben in abgeschirmten Realitätsausschnitten: mit den vitalen Stürmen im Wasserglas, dem mikrobischen Kampf für das Gute und gegen das Schlechte. In diese Kitschnischen flüchten wir uns, müssen wir uns flüchten. Stammtischartig und spießbürgerlich. Unsere Bedürfnisse, unsere Selbstgerechtigkeit, unser Selbstwert, unsere Selbstachtung treibt uns dazu: seht her, wie gerecht ich bin. Ich kämpfe für das Gute, Wahre und Schöne, ich tue etwas Wichtiges – und das ist auch noch richtig. Nur wenige sind so schlicht im Gemüt, daß sie diesen Schwindel nicht bemerken würden – doch wer könnte mit der Absurdität leben? Indiz für die zutiefst humane Feigheit vor der Absurdität ist – so meine These – die Tabuisierung der Leidens- und Wichtigkeitshierarchien. Was also ist wichtiger: Sich für Hungernde oder Magersüchtige einsetzen? Wer hat es schlechter: die reiche unemanzipierte Millionärs-Hausfrau oder ein arbeitsloser Macho? Wer benötigt unsere Hilfe eher: der krebskranke Manager von 42 Jahren oder die einsame Alte im Heim? Was ist wichtiger: Geld für die Intensivstation im Krankenhaus oder für die Einstellung arbeitsloser Lehrer? Der Kampf für die 35-Stundenwoche oder gegen die Umweltverschmutzung? Was ist schlimmer: ein Verkehrstoter oder ein Demonstrationstoter? Was ist wichtiger: Erziehung oder Politik?

Na klar: man kann leicht gegen diese Fragen protestieren und polemisieren. Sie stellen sich ja nicht (= doch, sie tuns), man kann ja alle Probleme zugleich lösen (= kann man nicht), man fängt erst beim Naheliegenden an und nimmt sich dann das Nächste vor (= damit sind die Probleme schon hierarchisiert). Hier wird ja auch Unvergleichliches verglichen (eben!), hier werden individuozentrische Leidensmaßstäbe desavouriert (genau!), hier werden die Segnungen systemtheoretischen Gefasels (echt!) genauso ignoriert wie das lau antinomische (einerseits-andererseits) Gedankengut (sowieso!) zur anthropologischen Verfaßtheit (= Hermeneutikerkitsch).

Es sind ja auch pubertäre Fragen – gewiß: sogar im klassischen Sinne pubertäre Fragen. Denn, realistitsch betrachtet, muß die Welt ja so sein wie sie ist, wir können ja sowieso nur unseren Teil dazu tun, also z. B. Hans und Grete zu friedlichem Umgang miteinander erziehen. Gewiß. Die Welt ist eben eine «mondo cane»: ungerecht, gemein, absurd, abstrus, paradox. Aber «irgendwie» und «irgendwo» gilt doch: *«Erziehung muß auch klarmachen, wie den großen Aufgaben des Lebens entgegenzutreten ist und wie sie zu meistern sind ...»*, z. B. dadurch *«... daß wir mit Kindern nach dem Fernsehen reden, sie annehmen und ihre Sorgen und Nöte aufgreifen ...»*. Und schließlich: viel ist ja auch gewonnen, wenn das mit den Horrorvideos ein Ende hat. Und das ist doch schon was. Oder wenn Borussia deutscher Meister wird ...

Nun im Ernst: ehe wir in das «große Umsonst» abtreten, sollte uns klarwerden, daß das Feuerwerk pädagogischer und erzieherischer Ideen, Ratschläge und Theorien, zu dessen Explosion wir alle täglich beitragen, zu einer Identitätskonfusion der Pädagogik führen muß. Getreu den Nobelgepreisten Lösungen eines evolutionären Paradoxons von Ilya Prigogine können wir hoffen, daß die Ordnung im kleinen zum Chaos im Großen führt, daß unsere Anstrengungen für Strukturierung zur Destruktion verkommen, daß der Sinn en Detail zu Unsinn en Gros metamorphost, daß Kitsch zu Müll wird. Dies nicht ohne Verzweiflung: gegensteuernde Kräfte, selbstbegrenzende Tendenzen könnten – manchmal wie Geister aus den Flaschen – dem Untergang ein Ende setzen. Unser Weg führt vom Problem zum Kitsch, zur Dialektik, von der Dialektik zur Aleatorik, von der Ästhetisierung wieder zurück zum Wirklichen der Probleme (= sog. abschließender Hoffnungskitsch). Und lange schallt's im Walde noch: Salamander lebe hoch ... Auch Kitsch. Na ja.

Friedhelm Middel

Zur Konzeption des Individuums in der Postmoderne

1.

Jeder von uns unterliegt der ständigen Wiederholung von Atmen, Essen, Trinken, Verdauen, Schlafen, Arbeiten etc. Niemand von uns kann sich der allumfassenden Realität, geboren worden zu sein, zu leben, alt, vielleicht krank zu werden und zu sterben, entziehen. Routine und Wiederholung machen einen umfangreichen Teil unserer Existenz aus. Vorstellungen von Besonderheit oder gar Einzigartigkeit stoßen hier entschieden an Grenzen, bleiben im Bereich von Allmachtsphantasien. Zahllose, gewohnheitsmäßig ausgeführte Handlungen, etwa das Anknipsen des Lichtschalters, das Aufdrehen des Wasserhahns, das Regulieren des Heizungsthermostats zeigen, daß wir nicht unabhängig leben, sondern angeschlossen sind, etwa an Licht-, Wasser-, Wärmeströme.

Der Ausdruck «angeschlossen an ...», der den sich als autonom überschätzenden Menschen in eine nachdenkenswerte Perspektive rücken läßt, ist der Maschinenmetaphorik entnommen, die die französischen Autoren Gilles Deleuze und Félix Guattari vorzugsweise in ihrem Buch «Anti-Ödipus» gern verwenden.

Die Beschreibung des menschlichen Organismus wie der Lebenswelt in Termini von Motorik (später durch die Bio-Metapher ‹Rhizom›) läuft auf Funktionalismus hinaus. Allerdings ist dies kein rigides, willenloses, resignatives Funktionieren, sondern es trägt *affirmative Züge:* unbeeindruckt von repräsentativen Ordnungssystemen; unbelastet von idealistisch-substanzialistischen Begriffen wie *Zweck, Sinn* und *Ziel,* die sich, wie gut gemeint auch immer, als Ordnungsmächte erweisen können; als spielerisch-experimentelle, improvisierende Lebens- und Arbeitsweise.

2.

Es ist fraglich, auf der Ebene der physischen Produktion und Reproduktion von Individualität zu reden. Lassen sich möglicherweise auf der Ebene der semantischen Produktion Individuierungsprozesse veranschaulichen? Im Bereich des theoretischen und ästhetischen Verhaltens? Dort, wo Texte, Formeln, Theorien, Sinn und Bedeutung produziert werden, kurz: bei den Teilnehmern und Agenten des Sinnstiftungsgeschäfts? Wird hier jemand zum «Besonderen, Einzelnen, Unteilbaren, Unverwechselbaren, zum Subjekt in seiner Eigenart», wie einschlägige Brockhausartikel individuelle Attribute charakterisieren?

Die Antwort der Postmoderne fällt tendenziell negativ aus, negativ dahingehend, daß Individualität nicht geleugnet, für unwesentlich gehalten oder destruiert wird, sondern daß ihre Funktion deutlich verlagert und reduziert wird. Sie ist etwas *Abgeleitetes*, ist *Effekt* von etwas, das ihr vorausgeht: nämlich ein Spannungsfeld von Strukturen, Strömen, Texten, Ritualen, Ereignissen. Ohne festen Punkt in diesem Feld, ist das Individuum konstituiert, nicht konstitutiv. Es hat, als Synthese, als Kombinationsergebnis, immer den Beigeschmack von etwas *Zufälligem.* Ein anderer Aspekt kommt hinzu: das Individuelle – die Denotation dieses Begriffs zeigt es an – ist nicht intersubjektiv, ergo letztendlich nicht auslotbar und unergründlich; wie kann man beziehungsweise wie soll man verbindlich über es sprechen?

3.

Teilt man die Annahme, daß es problematisch ist, das Subjekt als zentrale Instanz jeder Form von Sinnbildung, -deutung und -veränderung einzusetzen, bleibt als eine Konsequenz die Dezentrierung von Subjektivität. Die weitere Konsequenz liegt in der Frage nach dem Verbleiben des Sinns, wenn sein quasi als natürlich angenommener Träger und Produzent an den Rand gerückt ist.

Eine mögliche Antwort liegt in der grundsätzlichen Verschiebung zugunsten sprachlicher Ausgerichtetheit: Sinn liegt in der Sprache, und die kursiert außerhalb des Subjekts, nicht in ihm, in ‹seinem› Sprechen, Schreiben, theoretischen Verhalten. «Nicht wir denken in der Sprache, die Sprache denkt in uns» (L. Gustafsson). Wörter und Sachen sind getrennt, Sprache verweist auf Sprache, Sprache und Realität sind verschiedene Dinge, Abbildbarkeit von Realität durch Sprache unterliegt der Unvollständigkeit, der Täuschung. Von daher die heikle Rolle der Identifikation: sie ist zirkulär, da sie ausschließlich bestätigend verfährt. Dagegen gesetzt: die Fähigkeit zur Selbstdistanz, zu einem Lernen, das sich auch auf Nicht-Entsprechungen einläßt.

4.

Eine kleine historische Facette könnte überschrieben werden: Zur Decodierung von Subjektivität. Decodierung meint hier nicht das linguistische Verfahren der Rekonstruktion sprachlicher Botschaften, sondern die Art und Weise, in der sich das Phänomen der Subjektivität herausgebildet hat.

In Gesellschaftstypen wie manchen primitiven Stämmen oder religiös orientierten Formationen ist, beziehungsweise war, alles codiert; es gibt, beziehungsweise gab, einen Regelkanon für Zeitabläufe, Raumaufteilungen, Handlungen, Lebensumstände, Körperteile. So gesehen waren alle Lebensmomente gesellschaftliche Ereignisse.

Durch den Übergang der Codierung zur Decodierung, einer «Deterritorialisierungsbewegung» (Deleuze/Guattari), wird das Regelbündel dahingehend aufgehoben, daß jeder Eigentümer seines Körpers, folglich seiner Organe ist und frei über seine Arbeitskraft verfügen kann.

Je nach theoretischem oder politischem Standpunkt ist der Freiheitsbegriff in eine geläufige Skala von ‹unbedingt verteidigenswert› bis ‹ideologischer Schein› eingestuft.

Spannend scheint mir die Zukunft der Art von Freiheit zu werden, die die gesetzte Relation Arbeit/Freiheit unpassend werden läßt, da der Arbeitsbegriff radikalen Veränderungen unterliegt: durch eine Kombination von Substitution, Delegierung, Erweiterung und Ergänzung ‹natürlicher› menschlicher Leistungen durch/an Intelligenz und Computertechnologie.

5.

Die Autoren Deleuze/Guattari setzen gegen den Subjektbegriff die ‹Kategorie› der einheitslosen, n-dimensionalen Vielfalt. Wie kann dieser Ausdruck, der keine Kategorie sein kann oder will, wenn man ein kategorienfreies Denken favorisiert, etwas präzisiert werden? Beispielsweise durch diese drei Kennzeichen:

1. Beliebigkeitsspielraum in der Verbindung und Verknüpfung gedanklicher Elemente.
2. Unverbindlichkeitsgestus: kein im-Namen-von ... -Sprechen, keine Wertungen.
3. Befreiend – lockere Ästhetikposition: keine Rückbindung an Diskurse von Wahrheit, Schuld, Verantwortung, Desinteresse an juristischen Haltungen wie Kategorien.

Dies sind drei kleine Schritte in Richtung einer – wie sie die beiden oben erwähnten Autoren nennen – «Nomadentheorie». Ein Denken, das ohne die Fixierung auf ein System des Denkens, auf Ideologien und Teleologien, die Orte wechselt, an denen das Denken lagert.

6.

Nun ein Blick auf einen Ausschnitt aus der Lebenswelt von Subjekten: auf bürokratische Gebilde. Dazu ein längeres Zitat:

> Aber stellen Sie sich vor, wie schwer es wäre, Sie zu beobachten, wenn Sie ein ganzes Bürogebäude hätten, das bis zu den Dachbalken mit Industriebürokraten vollgestopft wäre ... Mit Männern, die Sachen verlieren und die falschen Vordrucke verwenden und neue Vordrucke ersinnen und alles in fünffacher Ausfertigung haben wollen und günstigstenfalls ein Drittel dessen kapieren, was man ihnen sagt; die aus purer Gewohnheit irreführende Antworten geben, um Zeit zum Nachdenken zu gewinnen, die Entscheidungen nur treffen, wenn man sie zwingt, und danach ihre Spuren

verwischen; die beim Addieren und Subtrahieren vollkommen ehrliche Fehler machen, die, sobald sie sich einsam fühlen, eine Konferenz anberaumen, die eine Aktennotiz schreiben, wenn sie sich ungeliebt vorkommen; mit Männern, die nie etwas wegwerfen, es sei denn, sie würden deshalb gefeuert. Ein einziger Industriebürokrat kann, wenn er nur vital und nervös genug ist, ganz leicht eine Tonne bedeutungslosen Papiers pro Jahr erzeugen, welches dann vom Fiskus untersucht werden kann. (K. Vonnegut)

Diese Textpassage bietet gleichzeitig absurde, humorvolle, genaue und übertriebene Einblicke in das Leben und Arbeiten innerhalb bürokratischer Gebilde; sie unterläuft seriös formuliertes Entscheidungserklärungsverhalten; sie zeigt das Verschwinden persönlicher Macht bei gleichzeitigem Weiterfunktionieren des Apparats trotz – oder gerade: wegen? – der Aufblähung der Arbeitsvorgänge, der Anonymisierung der Verhaltenssteuerung.

Die parallele und kausale Verwendung von Ausdrücken – «ehrliche Fehler / Aktennotiz, wenn ungeliebt / Konferenz, sobald einsam» –, die in sich widersprüchlich scheinen oder getrennten Bereichen wie richtig/falsch, Tätigkeit/Gefühl, öffentlich/privat zuordbar wären, problematisiert derartige Trennungen.

Erklärungsversuche, die das Gegensatzpaar rational/irrational benutzen, scheinen ebenfalls nicht zu treffen. Man kann etwas – wie es bürokratische Gebilde darstellen – nicht als irrational bezeichnen, das en detail beschreibbar, begreifbar, planbar ist. Man kann etwas nicht als rational bezeichnen, das alles auf Funktionalität reduziert; oder sollte so etwas wie Sinn im Akt des Funktionierens liegen?

Charakteristischer für Bürokraten ist die Offensichtlichkeit von Widersprüchen bei gleichzeitigem Weiterfunktionieren, ist das Vorhandensein latenten Konflikt- wie Deformations- als auch Entlastungspotentials. Der einzelne weiß ... und macht trotzdem weiter; Sinn und synchrone Sinnlosigkeit, Schwankungen zwischen Identifikation, Gleichgültigkeit und Distanz.

Literatur

Cohen, Leonard/Dee, Regine, «Nacherzählung», in: Zs. *Transatlantik,* Frühjahr 2/85, S. 6.

Deleuze Gilles/Félix Guattari, *Anti-Ödipus,* Frankfurt/Main 1979

dies., *Rhizom,* Berlin/West 1977.

dies., u. a., *Antipsychiatrie und Wunschökonomie,* Berlin/West 1976.

Descombes, Vincent, *Das Selbe und das Andere,* Frankfurt/Main 1981.

Eilert, Bernd, *«Genuß ist angesagt»* – zur neueren Geschichte des schlechten Geschmacks, in: Zs. *Titanic,* 12/84, S. 76 ff.

Frank, Manfred, *Was ist Neostrukturalismus?,* Frankfurt/Main 1983.

Heinz, Rudolf/Tholen, Georg Christoph (Hg), *Schizo-Schleichwege – Beiträge zum Anti-Ödipus,* Bremen o. J.

Müller, Harro, *«Einige Giftpfeile wären nicht so schlecht»,* in: *Delfin,*IV 1984, S. 77–83.

Frank-Olaf Radtke

Die schicken niemanden mehr – Oder: Der verflogene Optimismus

Collage zum Ende der Pädagogik

Voltaire hat mit Candide vorgeführt, daß die Welt nicht von vornherein die beste aller möglichen ist. Der Mensch sei vielmehr, wie auf einer Bühne in einem Mantel- und Degenstück agierend, gezwungen, seine Verhältnisse selbst zu regeln und seinen Garten zu bestellen. Um den Lauf der Zeit zu verdeutlichen, sei erlaubt, an ein zeitgenössisches Theaterstück anzuknüpfen, in dem Jugendliche von heute gezeigt werden, die versuchen, mit ihrem Unglück fertig zu werden.

Es gibt erstaunlich wenige Stücke in der Theaterliteratur, die das alltägliche Drama in den Schulen öffentlich vorführen. Pädagogik ist auf der Bühne nur selten zum Thema geworden. Dabei hat die Kreation des homo educandus die Welt mindestens so verändert, wie der Nachweis der Jupitermonde. Was Galileo Galilei zuteil wurde, hätte auch den Erfindern der Didaktik zugestanden: Ein Schauspiel, verfaßt von einem der Klassiker der Moderne, über eine ihrer signifikantesten Hervorbringungen. Selbst die Einführung der doppelten Buchführung war ein schönes Stück wert, nicht aber die Einführung des Frontalunterrichts, die nachhaltige gesellschaftliche Umwälzungen, wo nicht ermöglicht, so doch begleitet hat.

Immerhin: 1981 wurde ein Schulstück uraufgeführt, das nicht von den Anfängen sondern vom Ende der Pädagogik handelt – Nigel Williams «Der Klassenfeind». Sein Titel klingt orthodoxer, als der Inhalt tatsächlich ist: Sechs Jugendliche in Punk-Uniform warten auf ihren neuen Lehrer. Sie hängen herum in ihrem Klassenzimmer, das der sterilen Funktionalität der Schulbaracken nachgebaut ist, die in den 70er Jahren für die geburtenstarken Jahrgänge und die Migrantenkinder eilends aufgestellt wurden. Alle Lehrerinnen und Lehrer, die sie bisher hatten, haben sie fertiggemacht – beide Lesarten dieses Satzes gelten. Nun schicken die keinen mehr. Es ist ein Stück am vorläufigen Ende (der

Geschichte) der Pädagogik über die Schäden, die sie bei ihrem Rückzug hinterläßt.

Die dramaturgische Figur ist bekannt. In den fünfziger Jahren drückte Becketts «Warten auf Godot» das Lebensgefühl am Ende der Geschichte aus. Es war das Stück über die Schwierigkeiten, ohne Zukunft zu leben, jedenfalls dann, wenn der ganze innere Apparat auf die Verwirklichung von Entwürfen, das Erreichen von Zielen, eingerichtet ist. Während Becketts Stück nach der Katastrophe von Auschwitz ein intellektuelles Trauma zur verstümmelten Sprache brachte, das die Aufklärung als Ganze getroffen hatte, zeigt das jetzt gespielte Schulstück, wie die zur zweiten Natur gewordene pädagogische Orientierung beim Verschwinden ihrer Voraussetzungen die Menschen in die Verzweiflung treibt. Das Ursprungsmotiv der Pädagogik, die das vornehmste Instrument der Aufklärung war, ist ‹Zukunft›, ist die Idee der Machbarkeit der Welt. Durch die gezielte Veränderung der menschlichen Voraussetzungen sollten verbesserte Versionen der Vergangenheit und Gegenwart verwirklicht werden können. Für die von den Aufklärern und Pädagogen entworfene Zukunft waren von der Jugend Opfer zu bringen, und dafür war Zucht und Züchtigung notwendig. Mit dem Schwinden der Fortschrittsgewißheit und der Zukunftshoffnung, als Ausdruck einer intellektuellen Stimmung oder als Folge realer Bedrohung, wurden auch die zugehörigen Instrumente fragwürdig.

Die Jugendlichen warten auf eine Lehrerin oder einen Lehrer, weil sie sonst nichts zu erwarten haben. Die Sprache des Stücks ist brutal, obszön und zotig. Beim Zitieren fällt es schwer, die schlimmsten Stellen zu umgehen. Phantasien von ätzender Bitterkeit darüber, «was die PH noch im Ofen hat», sind in den Reden der Jugendlichen durchtränkt von hoffnungslosem Sarkasmus. Doch manchmal klingt es beinahe flehend, es möge doch endlich einer kommen, damit wenigstens irgend etwas geschieht.

FETZER *Schicken sie uns einen anderen. Koloss, komm her. Einen Rotarsch, noch so'nen Rotarsch. So einen verfickten 68er Bof.*

KOLOSS *«Hast Du das Gefühl, daß Deine Umwelt Dich beeinflußt?»*

FETZER *Weiß ich doch nich, Chef.*

KOLOSS *«Glaubst Du, daß die innerstädtische Wohnsituation in den großstädtischen Sanierungsgebieten die Verarmung und die Hoffnungslosigkeit unter den Menschen fördert?»*

FETZER *Ich habe das Gefühl, Sie sind ein bebrilltes Arschloch, Chef.*

Größenphantasien, die von dem Wunsch sprechen, doch wichtig genommen, überhaupt beachtet zu werden, unterbrechen die gegenseitige Anmache.

FETZER *Ich schätze, die kommen jetzt zu zweit. Bewaffnet.*

KOLOSS *Mit Bulldoggen. Spezialeinheit.*

FETZER *Solche Brocken, mit Schutzhelmen und Riesengummiknüppeln: «Das Thema des heutigen Unterrichts lautet . . .»*

Aber die Ahnung, daß die niemanden mehr schicken werden, daß man sie längst abgeschrieben hat wie ausgediente Werkbänke, steht schon wie ein Menetekel an der Wand.

ANGEL *Mann, die lassen uns doch nich hier hängen, bis wir abkratzen?*

VOLLMOND *Logisch nich.*

FETZER *Woher willste denn das wissen, ey?*

VOLLMOND *Weil ich das weiß. Das sind doch Lehrer, oder? Also, is ihr Job, müssen sich um uns kümmern. Aufsichtspflicht.*

Die Atmosphäre unter den Alleingelassenen wird immer aggressiver, bis es zu einer blutigen Schlägerei kommt. Tatsächlich erscheint dann doch ein Lehrer: einer aus der Generation der engagierten Reformer, in beiger Cordhose, Wildlederjacke, dynamischer Bürste, schon ein bißchen grau geworden - der gestandene Sozialdemokrat aus der heißen Phase der Gesamtschuldebatte, der noch «We shall overcome» im Englischunterricht auf der Gitarre begleitet und sich für die Modernisierung der Rahmenrichtlinien geschlagen hat.

LEHRER *Schön. Also, ich an eurer Stelle, würde auf niemanden mehr warten. Ich glaube, wir haben niemanden mehr, den wir euch raufschicken könnten. Ehrlich gesagt, ich finde, auf der Straße seid ihr besser aufgehoben. Meint ihr nicht? Dafür ist die Polizei doch da, oder? Dies hier ist nämlich, falls ihr es noch nicht gemerkt haben solltet, ein Ort, wo man was lernt. Ein Ort, wo man hinkommt, um sich Wissen anzueignen.*

Aber, was ihr an Wissen hier mit rausnehmt, das habt ihr schon mit reingebracht. Das Wissen, wie man flucht, andere tyrannisiert und alles kaputtschlägt. So ist das.

Ich gebs auf mit euch. Wir geben euch auf. Es ist so erbärmlich, wißt ihr das nicht? Es ist weder komisch, noch mutig, noch schlau, noch aufsässig, noch sonst irgendwas. Es ist einfach erbärmlich.

Ich an eurer Stelle würde hier verschwinden. Haut doch ab. Haut ab.

Von den Anfängen im 17. und 18. Jahrhundert bis zu dieser Bankrotterklärung, die ihnen auf dem Theater in den Mund gelegt wird, haben die Pädagogen einen weiten Weg zurückgelegt. Wem der Schluß zu kurz oder zu direkt vorkommt, erinnere sich: Die Geschichte der Pädagogik ist die einer unüberbrückbaren Kluft zwischen den Entwürfen wissenschaftlich philosophischer Anstrengung und dem Alltag der Erziehungsinstutionen; sie war zuerst eine Abfolge intellektueller Debatten, in denen der Zeitgeist wissenschaftlich eingeholt wurde. Abgesehen von wenigen punktuellen Ereignissen wird erst in der zweiten Hälfte des 19. Jahrhunderts öffentliche Erziehung zu einem wichtigen Steuerungsmedium der gesellschaftlichen Entwicklung und erst im 20. Jahrhundert differenziert sich ein umfassendes System der Erziehung aus, das inzwischen alle Lebensbereiche und Lebensphasen erfaßt hat. Warum also nicht eine neue zeitgeistige Stimmung aufgreifen. Wer findet, daß Kunst und Wissenschaft, Theater und Politik, unzulässig collagiert werden, sei beruhigt: Die Theoretisierung der neuen Situation wird schon vorbereitet, das ‹Ende der Erziehung› ist bereits Buchtitel geworden. Und auch wir werden etwas zur Verwissenschaftlichung der neuen Stimmung beitragen.

«Der Klassenfeind» ist kein Stück über Fetzer und seine Mitschüler, sondern auf der Bühne begegnet die Pädagogik sich selbst. Nicht die Psychologie des Helden interessiert, sondern die Logik der Weltdeutung, die alle Beteiligten gefangen hält. Der Glaube an die psycho- und soziotechnische Machbarkeit der Welt ist so ubiquitär, daß die Pädagogik bald *nur noch* sich selbst begegnet. Z. B. das Spiel: einst wegen seiner Nutzlosigkeit für den Bildungsprozeß pädagogisch geächtet, wird es heute zur Sozialisationstechnik. Dies ist der Stoff für ein absurdes Theater, das, fast abgelöst von Sprache, die Wirklichkeit als verzweifelte Gebärde vorführt. Das Fiasko der 10 A ist nicht mehr individualisierend, unter Rückgriff auf Sozialisationstheorien oder mit Hilfe des labeling-approachs, als Stück aus dem Tollhaus abzuhandeln. So banal die Szene ist, sie trifft einen Punkt, der an die Grundlagen der pädagogischen Zunft rührt.

Angefangen hatte es mit weitreichenden Ambitionen. Einer der prominentesten unter den frühen Pädagogen, Rousseau, der begleitet von der Gold- und Projektmacherei seiner Zeit, die seriöse Utopieproduktion vorantrieb, hatte das Ideal der Machbarkeit der Welt in seinem großen Gesellschaftsentwurf folgenreich auf den Begriff gebracht: «Wer sich daran wagt, ein neues Volk zu gründen, muß sich imstande fühlen, gleichsam die menschliche Natur zu verändern». Danton fand Gefallen an der Vorstellung, daß die Menschen in den ‹Häusern der Gleichheit›, wie die geplanten Schulen genannt wurden, in eine republikanische Form gegossen werden sollten: «Nächst dem täglichen Brot ist die Erziehung das vorrangige Bedürfnis des Volkes».

Die deutsche Version der utopischen Energien der frühen Pädagogen ist auf profanere Ziele gerichtet gewesen. Den Menschenfreunden in Preußen ging es nicht zuerst um Freiheit und Gleichheit, sondern ihre Aufgabe sahen sie in der Erziehung zur «Industriosität»: Die Erzeugung der Bereitschaft und der Fähigkeit zur industriellen Arbeit war ihr Programm. Weil die physische und die psychische Untauglichkeit der Menschen die Industrialisierung aufzuhalten drohte, sollte der Umbau der inneren Strukturen in den Schulen vorgenommen werden. «In den Schulen oder nirgends kann eine Nation zur Industrie wie zu jeder anderen moralischen und politischen Tugend gebildet werden. In den Schulen . . . und nirgends sonst muß man die Werkstatt anlegen, wenn man Menschen veredeln, Gewerbe, Künste und Wissenschaften befördern und Nahrung und öffentlichen Wohlstand des Landes erhöhen will».

Der pädagogische Zugriff auf die Menschen, der die alten, direkten Herrschaftsformen ablöste und den säkularen Prozeß der Verinnerlichung von Werten und Normen vorantrieb, erstreckte sich in der deutschen wie der französischen Variante auf Alle, weil vom Staat her gedacht wurde als der Verkörperung der allgemeinen Vernunft. Deshalb die Schulpflicht, die das Ideal der auf Leistung gegründeten Zukunftsoffenheit verallgemeinern sollte.

Im Verlauf der Jahrhunderte ist der staatliche Erziehungsanspruch immer totaler geworden, hat nach den Basisqualifikationen immer weitere Bereiche der Person ergriffen und ist nach der Rationalisierung der äußeren Natur in ein Programm zur umfassenden funktionalen Neuordnung der inneren Natur eingemündet. Die Aufgabe, die psychische Untauglichkeit des Menschen zu beheben, ist auf eine umfassende Pädagogisierung der Gesellschaft hinausgelaufen und hat eine eigene Lebensphase, die des Jugendalters, hervorgebracht, die pädagogisch definiert ist. Bis in die einzelne Lebensäußerung hinein wird pädagogisch durchgegriffen, wird life-long an den Männer-, Frauen- und Kinderrollen herumexperimentiert, beraten und supervisiert. «Beziehungshändler» gehören zu unserer Dienstleistungsgesellschaft, wie früher der Gemüsehändler um die Ecke.

Im Lehrerzimmer sage ich, mit Blick auf die ausgedehnten Wiesen, die, umrahmt von alten Bäumen, unter Reif in der Sonne liegen, zu einer älteren Lehrerin, die mit Klassenarbeitsheften beschäftigt ist: «Ist eigentlich ein schönes Gelände hier. Verglichen mit anderen Schulhöfen . . .» «Ja», sagt sie: «Nur, die Schüler gehen sehr weit nach hinten. Das ist schwierig für die Aufsicht.»

Solange die Pädagogen zur Arbeit, zur Aneignung der Natur und zu ihrer Unterwerfung erziehen konnten, waren die Tugenden, um die es gehen mußte, festgelegt, und die Diskussion konnte sich auf die Frage des rechten Weges beschränken. Solange auch war die Institution Schule ein taugliches Instrument: Die in ihr veranstalteten Lernprozesse sind kumulativ angelegt – Wissensvorräte sollen aufgehäuft und später im Leben abgerufen werden können; eine Orientierung wird erzeugt bzw. verstärkt, die auf den Aufschub von Bedürfnissen gerichtet ist und mit der psychischen Struktur des Überichs abgesichert wird. Heute ist diese Orientierung unpassend geworden. Fetzers und seiner Freunde Problem ist gerade nicht, daß sie nicht hinreichend an die Struktur der Schule angepaßt wären, wie die in den 70er Jahren noch favorisierten Theorien abweichenden Verhaltens suggerierten, sondern umgekehrt: die pädagogische Orientierung selbst, und mit ihr die Schule, ist obsolet geworden, ist als epistemisches Muster veraltet, angesichts des Verschwindens von Zukunft.

LEHRER *Wir haben es aufgegeben, uns darum zu kümmern, wie es hier aussieht. Wir kümmern uns nicht mehr darum. Ich bin sicher, auch wenn wir Euch das Paradies zur Verfügung stellen, in 10 Minuten hättet Ihr es in einen Slum verwandelt. Selbst das Charlottenburger Schloß würdet Ihr ebenso schnell und gründlich verwüsten, wie diesen armseligen, uneffektiven, letzten Vorposten der Erziehung hier.*

FETZER *Genau. Würden wir, Ficker. Und weißte, warum?*

LEHRER *Nein, Fitzlaff. Sage mir, warum.*

FETZER *Weil: Das einzigste, was wir nich verwüsten, is, was uns gehört, ey; und uns gehört nichts. Ihr habt uns nichts gegeben. Und was ihr uns gebt, nehmt ihr uns gleich wieder weg, wie's euch grade paßt. Und solange ihr uns so behandelt, wird verwüstet: Bücher, Lehrer, Fenster, Türen, Wände, Fußböden; hauen wir alles zu Schrott, bis wir was haben, was uns gehört. Kapiert, Ficker?*

Seit mit der nuklearen und der ökologischen Bedrohung die Idee des immer währenden Fortschritts und der fortlaufenden Emanzipation delegitimiert worden ist, seit die technische Entwicklung ein Gesellschaftskonzept aufscheinen läßt, in dem nur noch mit zwei Dritteln der Mitglieder gerechnet wird, seit also Zukunft, so oder so, als utopischer

Entwurf oder real, als verwehrtes Leben, aus dem Blick geraten ist, haben auch die Pädagogen nichts mehr zu bieten. Aber es zeigt sich noch mehr: Die Pädagogik als umfassendes Muster hat alle anderen denkbaren Auswege gedanklich verstellt. Wie lebenslänglich Gefangene, denen plötzlich die Gefängnistüren offenstehen, in stumpfer Hilflosigkeit verharren, weil sie längst verlernt haben, selbst zu leben, trifft auch die von der Pädagogik Gelebten deren Ende nicht als Befreiung, sondern als Schock.

Ihre Zukunft wartet auf Sie, übernehmen Sie also Ihre Verantwortung und nutzen Sie Ihre Chancen mit Begeisterung und mit Stolz auf die Stärke Deutschlands. Erkennen Sie, daß Ihrem persönlichen Aufstieg keine Grenzen gesetzt sind. Anders als bei Ihren Vettern auf der anderen Seite der Mauer liegt Ihre Zukunft in Ihren Händen – Sie können Ihren Träumen bis zu den Sternen folgen. (R. Reagan, 6. 5. 1985)

Die Jugendlichen sind schon so sehr die Kinder des pädagogischen Zeitalters, daß auch ihnen nichts anderes mehr einfällt. Die Pointe des Stücks von Nigel Williams ist, daß nicht Jugendliche gezeigt werden, die phantasievoll-kreativ einen neuen Lebensstil als «lokales Sprachspiel» erproben und dabei hedonistisch ein neues Gefühl für die Gegenwart entwickeln, sondern auf der Bühne wird vorgeführt, was es bedeutet, wenn kognitive Muster zur Strukturierung der Wirklichkeit untauglich werden. Es entsteht ein monströser Ritus, mit dem obsolet gewordene Deutungen in die Periode ihrer Unmöglichkeit weitergetragen werden. Die Erziehung bringt nicht zur Geltung, was die Menschen sein könnten, sondern legt sie fest: auf Erziehung.

Allein gelassen von ihren Lehrern beschließen die Jugendlichen, selbst Unterricht zu machen.

FETZER	*Halt die Fresse, Arschloch.*
VOLLMOND	*Tut mir leid, halt ich nich. Laß Du Dir doch mal was einfallen, Fetzer, solange wir warten. Dir fällt doch bestimmt was ein.*

FETZER	*Ich weiß was: Jeder gibt 'ne Unterrichtsstunde.*
KOLOSS	*Was soll denn das sein?*
FETZER	*Jeder von uns.*
KOLOSS	*Aber das versuchen wir den Ärschen doch gerade abzugewöhnen!*
FETZER	*Jeder gibt 'ne Stunde. Aus Gag.*
KOLOSS	*Oh, Mann.*
VOLLMOND	*Geil, Fetzer, nicht ungeil. Echt geil. Jeder gibt 'ne Stunde, solange wir warten.*

Nicht nur, weil sie nicht wissen, wo sie sonst hin sollen, weil längst andere denkbare Lösungsstrategien unmöglich geworden sind, ihr psychologisches Korrelat verloren haben, bleibt es beim alten Schema. Indem sie den Unterricht noch einmal zitieren, seine Unangemessenheit noch einmal vorführen, geschieht immerhin etwas. Für die Reformpädagogen gerät die Szene zum Lehrstück. Es wird alles vorgenommen, was einer Pädagogik gut und teuer war, die kritisch ihre Autonomie gegen den kruden Funktionalismus und Utilitarismus zu behaupten suchte. Das war der zweite Strang der Aufklärung, ihre andere Seite, auf der es um Selbstbestimmung, Emanzipation, Entfaltung der menschlichen Fähigkeiten um ihrer selbst willen ging. Auch dafür stand Rousseau: «Leben ist ein Beruf, den ich ihn lehren will». Helfen soll der Erzieher dem Menschen, sein Bedürfnis zu erkennen, stärken soll er ihn, das, was in ihm ist, nach außen zu bringen. Neben Candide steht Emile. Der Pädagoge als der Vermittler zwischen Individuum und Gesellschaft, der beide Seiten ernst nimmt.

Heute ist ‹Anknüpfen an den Bedürfnissen› daraus geworden, um ein bißchen Motivation zu schaffen, um noch einmal die Aufmerksamkeit zu erringen, Selbstbetroffenheit auszunutzen. Die Pädagogen versuchen das z. B. mit *Sexualkunde-Unterricht*. Das offene Gespräch wird gesucht, oder die nüchterne Aufklärung geht über den over-head-Projektor. Aber wie sie's auch machen, der Stoff ist vergällt und die Schüler haben's durchschaut. Die Manipulation auf der Beziehungsebene führt zu nicht mehr als zum Erwerb neuer Manipulationstechniken auch bei den Schülern.

FETZER *Privatprobleme sind nicht angesagt. Stimmt's Koloss?*

KOLOSS *Als Lernhilfe können sie gelegentlich benutzt werden, sonst haben sie im Unterricht nichts zu suchen.*
(. . .)

FETZER *Also: Scheiß Gelaber, sinnlos, total nutzlos. Fakten. Wir wollen keine abgewichsten Fakten. Wir wollen was wissen . . .*

Die Pädagogik hat sich der Gegenwart zugewandt. Sie beschäftigt sich nun mit den Befindlichkeiten und sucht die Probleme mit der Zukunft auf der Beziehungsebene zu lösen. Als wieder einmal in den 60er und 70er Jahren deutlich wurde, daß Gesellschaftsentwürfe nicht durch Pädagogik realisiert werden, daß nicht einmal der Übergang aus dem Bildungsbereich in den Beschäftigungsbereich vorausschauend zu bewältigen war, weil das gesellschaftliche Getriebe von den Lernzielkatalogen der Pädagogen nicht zu beeinträchtigen war, kam es zu einer Wendung nach innen. In der Schule sollten nicht länger spezifische Qualifikationen erworben, sondern extra-funktionale Kompetenzen erlernt werden. Die Pädagogen wollten ihrer Klientel Autonomie beibringen, ihre Identität ausformen, damit sie *in allen* zukünftig denk- aber unbestimmbaren Situationen bestehen könnten. Die Ausrichtung auf die Zukunft ging den Weg durch das Nadelöhr der Subjektivität. Im Hier-und-Jetzt wurden Gefühle und Verhaltensweisen auf Halde trainiert, um gegebenenfalls zur Hand zu sein.

Im «Klassenfeind» geht es weiter. Nachdem Angels sexlesson nichts gebracht hat, kommt die nächste Variante der modernen Pädagogik auf der Höhe der Zeit: *Freizeitpädagogik*. Wenn es schon keine Jobs mehr gibt und die berufliche Qualifikation ins Nichts zielt, dann gilt es, die kreativen Fähigkeiten im Menschen zu stärken, seinen Sinn für das Schöne zu wecken. Eine Stunde über Gartenbau – Candide im 20. Jahrhundert.

PICKEL Blumenkästen sind eine Zierde und nette Bereicherung für jede Wohnung und jedes Heim. Es wird euch überraschen, liebe Freunde, wie sehr ihr damit eure Umwelt verändern könnt. Habt ihr nich mal Bock, aktiv zu sein?

Realiter werden Kurse für Arbeitslose in der Volkshochschule abgehalten: Kreativitätstraining zum selbstbestimmten Umgang mit dem Schicksal. Daß das Lebenslang-erzogen- und -beraten-werden selbst die Kreativität austreibt, kommt den professionellen Beratern schon aus Gründen der Selbsterhaltung nicht in den Sinn. Die Erziehung ist das Problem, das sie zu bewältigen sucht.

Oder, ganz aktuell: *Ausländerpädagogik.* Konflikte aufgreifen, wo sie entstehen, thematisieren, bearbeiten, reflektieren. Hautnah auf die Probleme zugehen, Betroffenheit verarbeiten.

FETZER Ihr Job, ey, komm mir nich mit Job. Jobs gibt's doch keine mehr. Hast das nich gelesen in der Zeitung?

KOLOSS Da sind die Ausländer dran schuld.

FETZER Ah! Ein Thema. Eine Weltanschauung. Schlägt Gartenbau und Sex um Längen. Ein gutes Thema.

KOLOSS Die Ausländer sind schuld, weiß doch jeder.

FETZER Wer weiß das? Arsch.

KOLOSS Alle. Darum stecken wir doch in der Scheiße, wegen den Türken.

FETZER Das klingt hochinteressant. 'Ne Theorie. Wer weiß, vielleicht lernen wir was von Freund Koloss. «Die Ausländer sind schuld». Das stimmt bestimmt. Das muß auch der Grund sein, wieso wir an einem feuchten Donnerstag in Wall-City-Piß-Town hier fest sitzen und darauf warten, daß einer vorbei kommt und uns 'nen Knochen reinwirft. «Die Ausländer sind schuld». Spitze, Koloss. Hört sich echt an wie'n Unterrichtsthema. Dann schieß mal los, mein Junge.

Um das Thema Ausländerpädagogik ist binnen kurzem eine eigene Abteilung der Beziehungsindustrie entstanden, in der mit Identitäten gehandelt wird. Das Herstellen von ethnischer Harmonie wird vorgestellt wie ein encounter-workshop für die ganze Gesellschaft. Überredung statt Veränderung der Wirklichkeit.

Der Reigen der Themen wäre zu ergänzen: Medienpädagogik, Friedenserziehung, Pädagogik der Dritten Welt usw. Kein aktuelles Thema, dessen sich die Pädagogiker nicht bemächtigt hätten, das sie nicht didaktisiert und curricularisiert, das sie nicht zum Unterrichtsthema verdünnt hätten. Mit erbärmlichen Ergebnissen im übrigen: Die Kinder, die aus der (Reform-)Grundschule nach Hause kommen und von ihrer Mutter einen feed-back haben wollen oder den Vater nach seinen inneren Sperren fragen, sind keine ferne Utopie mehr. Im Weltmaßstab wiederholt sich die Figur: In der Dritten Welt wird die Überwindung von Hunger und Elend als psychologisches Modernisierungsproblem thematisiert und den dafür zuständigen Pädagogen überantwortet: Manchmal mehr als 50 % eines Staatsetats fließen in den Bildungsbereich.

Begründet wird die Praxis der prophylaktischen Einübung von Verhaltensmustern mit dem Verschwinden kindgerechter Erfahrungsmöglichkeiten: Die Verarmung der Umwelt, die Zerstörung von sozialen Lebenszusammenhängen, die Rhythmen industrieller Produktion, die Medienflut frei zugänglicher Bilder aus der Erwachsenenwelt, all dies schneide die Kinder von Erfahrungsmöglichkeiten ab und mache als pädagogische Aufgabe unabweisbar, in der Schule einen eigenen Lebens- und Erfahrungsraum zu rekonstruieren, in dem die Fähigkeiten, deren Entwicklung draußen verhindert wird, nun gefördert werden können. Es ist der alte Funktionalismus in neuen Kleidern.

Die Kritik an dieser Entwicklung ist allerdings nicht mehr als ein Sprachspiel. Längst ist der pädagogische Umgang mit der Wirklichkeit nicht mehr bloß der diskursive Austausch «brillanter Schimären», die mit Argumenten außer Kraft gesetzt werden könnten. Die pädagogische Orientierung ist in vier Jahrhunderten zum Habitus geworden, ein strukturiert strukturierender Mechanismus der Lebenspraxis. Die

Erziehungsinstitutionen sind fest in den psychischen Apparat eingebaut, die kognitiven Muster sind einverleibt. Die Debatten finden im merkwürdig verkehrter Anordnung statt. Heute sind es die Laien, die ihre Pädagogisierung wie ein Menschenrecht einfordern und die von den Experten bis zu Zornesausbrüchen irritiert werden, wenn diese die pädagogische und sozialtechnische Machbarkeit der Welt bezweifeln und den Zauber der Wissenschaft selbst aufheben. Erziehungsverweigerung ist nicht mehr möglich. Das anti-pädagogische Programm des Abbaus der Erziehung scheitert nicht nur aus Gründen der Stabilität des Systems, sondern auch, weil es selbst nur noch als Um-Erziehungsprogramm zu realisieren wäre.

Die Schule ist in einer Weise zum Lebensraum geworden, die die Vorstellungen der Erfinder dieser Aufgabe der Schule weit übertrifft. Für einen wachsenden Teil der Bevölkerung gibt es kein Leben außerhalb der pädagogischen Institutionen mehr. Mehr als 10 % der erwachsenen (wahlberechtigten) Bevölkerung Europas verbringen – als Lehrende oder Lernende – entscheidende, immer länger werdende Zeitabschnitte in den Vor-, Grund-, Haupt-, Mittel- und Hochschulen – von den Kindern und Jugendlichen nicht zu reden. Viele ihrer Lehrer machen keine Erfahrungen mehr außerhalb von Bildungsinstitutionen. Die pädagogischen Provinzen stellen einen eigenständigen Teilbereich der Gesellschaft, dessen Verbindung zu anderen Segmenten sich zusehends löst. Schulen und Hochschulen werden zu Aufenthaltsräumen wie zu anderen Zeiten Bahnhofshallen und Wärmestuben. Die Beschäftigung mit den Dingen der Welt wird – von jedem Funktionalismus entkleidet – für einen wachsenden Teil erzwungenermaßen wieder zum Selbstzweck. Wo ihnen nicht noch mehr Sozialpädagogik und Psycho-Technik geboten wird, kehrt Humboldt zurück – als zynisches Zitat, ein ironisches Privileg für die Jungen und die Alten, die eingekapselt wurden, und deren Integration in die Maschinerie von Verwertung und Vermarktung nicht mehr erforderlich ist.

ANGEL Warum haun wir nich ab, Fetzer? Warum haun wir nich einfach ab?

FETZER Wohin?

ANGEL Nach Hause.

FETZER Eben deshalb.

Es gilt sich einzurichten in dem neuen Lebensraum. Fetzer und seine Freunde bringen es nur zu einer blutigen Schlägerei. Sie richten ihre Wut gegeneinander, weil andere Gegner nicht mehr zu greifen sind. Die Pädagogen haben sich zurückgezogen. Die tiefe Orientierungskrise, die beim Frontalangriff auf einverleibte Muster entsteht, entlädt sich nicht nur auf dem Theater in ungezügelter Aggressivität und Destruktion. Fetzer haut schließlich nur das Klassenzimmer zusammen.

Nach einer nüchtern zwischen zwei Spitzenpolitikern im überfüllten Auditorium Maximum geführten Podiumsdiskussion, die der Rektor persönlich leitete und bei der es um die Friedensfrage ging, darum, wie die Sicherheit in Europa gewährleistet und eine Koexistenz der Systeme unterhalb der Schwelle atomarer Auseinandersetzungen erreicht werden könne, meldete sich, als die Diskussion für das Publikum eröffnet wurde und das in solchen Situationen übliche Schweigen übergebühr andauerte, ein Student zu Wort. Wenn schon niemand eine Frage habe, so wolle er die Gelegenheit der Anwesenheit so vieler Menschen nutzen und bekannt geben, er suche dringend einen gebrauchten Elektroherd.

Aber auch das schicke Programm des Postismus könnte sich eignen, der neuen Lage ins Auge zu sehen. Im Gebrauch von Formen und Mustern im Angesicht ihrer Unmöglichkeit entsteht etwas spielerisch ironisch Tändelndes, aus dem überraschende Pointen heraustreiben, die das pietistisch-messianisch-Biedere der Zukunftsmacher aufdecken. Weil es nichts mehr zu argumentieren gibt, tritt an die Stelle der strengen Konklusion die Kollusion. Indem die widersprüchlichsten Muster und Gegenstände kollagiert werden, entsteht eine ästhetische Wirkung, die bekanntlich der didaktischen Zweck-Mittel-Rationalität als Medium der Erkenntnis vorausging. Wir werden sehen.

Die Schwierigkeiten, den Ausgang aus dem didaktischen Gehäuse zu finden, sind so ohne weiteres allerdings nicht zu überwinden. In Nigel Williams Stück steht – nachdem Fetzer erschöpft seine Randale beendet hat – Angel, der sonst den Aufpasser macht, in der Tür und wartet: verzweifelt. Seine Vision beschreibt er den zerschlagen in der Ecke hockenden Gestalten:

ANGEL Er kommt hierher, Mann, ehrlich. Scheiße, der is nach hier unterwegs. Echt. Ehrenwort. Korrekt unsere Richtung, ey. Ja, Mann, das is es. Spitze. The one and only. Ganz ruhig. Nicht stehn bleiben. Nur weiter so. Wei-ter. Siehst gut aus, Junge. Von hier aus siehste edel aus, Junge. Jetzt bloß nich schlapp machen. Mann, echt, edel siehste aus. Mann is der edel. Echt, ey. Bist du edel. Bist du edel.

– And then, somewhere a long way away a bell goes for the end of school, long, long note. We hear the sound of doors being slammed and, faraway all the racket of school breaking up. Angel, his face quite without expression turns back into the room and crosses back to sit at his desk. The class sit in silence, with nothing more to say. Slow fade. It is . . .

THE END

Dieter Baacke:

Bewegungen beweglich machen Oder: Plädoyer für mehr Ironie

Nach dem rhetorischen Gestus der Überschrift stelle ich die Zentnerfrage auch gleich an den Anfang:

1. Brauchen wir eine Post-Pädagogik?

Selbstverständlich zielt diese Frage nicht darauf, ob wir nach der Medien-, Freizeit-, Verkehrs- oder einer anderen Splitter-Pädagogik nun auch noch spezielle Pädagogiken für unterschiedliche Dienstleistungssektoren benötigen. Schon der Kontext dieses Bandes schützt vor solchem Mißverständnis. Aber wenn in diesem Band so viel vom modischen Schnickschnack der Postmoderne zu lesen ist, so könnte man gut die Gelegenheit ergreifen und eine weitere pädagogische Wende einläuten. Ich erinnere mich an die Unterhaltung mit einem angesehenen Praktischen Theologen in den 60er Jahren, die mich sehr beeindruckte und die ich bis heute nicht vergessen habe. Es ging um die «Versozialwissenschaftlichung» (so etwas sagte und sagt man ja ungeniert!) der Praktischen Theologie und um die Fragwürdigkeit verkündigender Predigt. Auf meine vielleicht naive Frage, ob man damit nicht dem Proprium der Theologie überhaupt den Garaus mache, erwiderte der Kollege: die Theologie sei ohnehin längst am Ende, sie habe aus- und abgewirtschaftet; er fühle sich nunmehr als ihr Nachlaßverwalter, der sich um eine saubere Haushaltsauflösung und angemessene Verteilung der Hinterlassenschaften bekümmere. Nichts sei wichtiger als ein sauberer, wissenschaftlich verantwortbarer Abschluß.

Vielleicht ist jetzt auch die Pädagogik so weit - oder doch eine gewisse Sorte von Pädagogik -, daß wir ihren Exitus mit wissenschaftlicher Sorgfalt vorbereiten und das, was übrigbleibt, unter würdige Erben aufteilen (welch ein Gedränge würde es geben: Psychoanalytiker, Soziologen, Psychologen, Sozialarbeiter, neuerdings bestimmt auch Soziolinguisten und viele andere, die Anspruch darauf erheben, im Testament vorgesehen zu sein!). Jedenfalls ist die Pädagogik (auch die läßt sich schnell herbeireden!) in einer Krise. Pädagogen, gewohnt, *Ziele* für ihre pädagogischen Handlungen aufzustellen, das Erreichen dieser Ziele durch *methodische* Handlungen zu organisieren, *Begründungen* für ihre Absichtserklärungen und Handlungen nachzuliefern und das Verhältnis von Sachanspruch, persönlichem Bedürfnis und gesellschaftlichen Erfordernissen ins rechte Lot zu bringen, fühlen sich bedrängt und bedroht. Wozu noch der ganze Aufwand, wenn er *so* danebengeht (vgl. Radtke in diesem Band)? Bildungsreform und «mehr Chancengleichheit» haben Jugendarbeitslosigkeit in keiner Weise tangiert; die Unzufriedenheit der jungen Leute ist eher gewachsen, und kollektiver Dank einer mit wachsenden Erziehungsbemühungen überschütteten Generation steht nicht in Aussicht. Woran liegt das? *Eine* Antwort wäre: die Ordnung der Deutungen, mit deren Hilfe wir pädagogisch auf andere einwirken, hat sich verheddert. *Alltag* und *Wissenschaft* durchdringen sich (vgl. Dewe/ Ferchhoff in diesem Band): die pädagogische «Alltagswende» hat nicht deutlich genug gesehen, daß es eine Unschuld der sozialen Wirklichkeit, eine von wissenschaftlichen Erklärungssprengseln sauber gebliebene «Lebenswelt» nicht gibt. Schon 13jährige weisen einen bei ungebührlichem Verhalten darauf hin, daß dies ihrer Altersstufe zustehe, denn schließlich seien sie in der Pubertät. Und spätestens 15jährige transportieren ihre Beziehungskisten mit kommunikativem Charme. Aber die Verhedderung betrifft weitere Bereiche. Immer schwieriger lassen sich *Konsum* und *Kultur* auseinanderhalten. Coca Cola bspw., Heinz Tomato Ketchup oder, um in eine feinere Sphäre zu wechseln, Dom Perignon Champagner sind längst *mehr* als Konsumartikel – ebenso wie Camel-Zigaretten, Niveacreme, der Stetsonhut, Levi's Jeans oder das Lacoste Polohemd.

All diese «Alltagsdinge» sind zu Stabilisatoren unserer psychischen Haushalte geworden, lenken darüber hinaus unsere ästhetische Wahrnehmung. Mit Goethes Lyrik und Chopins

Klaviersonaten ist das also nicht mehr getan. *Quintessenz* nennt man das heute, die Verbindung von ästhetischer Aura und zweckgerichteter Funktionalität, die Erfolg verspricht. Gehen wir, zitierend, noch einen Schritt weiter:

«Menschen und Orte können ebenso quintessentiell sein wie Gegenstände ... Fred Astaire gehört dazu. Genau wie Mickey Mouse, die Pyramiden, das Parthenon in Athen und das Chrysler-Gebäude in Manhattan. Wie Charlie Chaplin, die Concorde, der Mercedes SSK (falls Sie einen finden), und Charo (falls Sie *die* finden können). Wimbledon ist quintessentiell, genau wie die Rallye Monte Carlo. Cary Grant ist in höchstem Maße qintessentiell, ebenso wie Mick Jagger und das weltberühmte Symbol für sauberen Sex, Kopenhagens Kleine Meerjungfrau. Jack Dempsey war quintessentiell, und Ali ist es heute noch. Siena und Venedig sind quintessentiell, ebenso wie Paris und Peking und die Musik Mozarts ... Es gibt Zeiten, da sind sogar Politiker quintessentiell. Und ob wir's mögen oder nicht – das sind meist aufregende Augenblicke. Churchill war quintessentiell, ebenso wie Roosevelt und de Gaulle, Tito und George Patton, und – wenn wir ehrlich sind – sogar ein Hitler oder Stalin.» (Cornfeld/Edwards 1984).

Es ist also gar nicht mehr möglich, *Mode* (als vergänglich) von der *Dauer* (anhaftend Gegenständen und menschlichen Hervorbringungen mit «Ewigkeitswert») voneinander prinzipiell zu trennen. Welch ironisches Spiel mit unseren Trennungen und Ordnungen treibt da die Wirklichkeit – was ist in der hier gemeinten Hinsicht der Unterschied zwischen Coca Cola und dem Kölner Dom? – In unsere Lehrpläne sind solche Einsichten noch nicht eingedrungen. Die Philosophie kehrt nach einem analytischen Trip zur Eigentlichkeit zurück. Die Pädagogen sind aufgeschlossen und kindgemäß sowie jugendfreundlich, aber sie bestehen auf Trennungen, Hierarchien, Ordnungen der Objekt- und sozialen Welt, die von gestern sind. Eine Post-Pädagogik wäre also eine, die unter ihren Traditionen aufräumt, vieles auf den Müll wirft (Curriculumtotalitäten oder betonierte integrierte Schulzentren bspw.) und dann vielleicht unter dem verstaubten Krimskrams dieses und jenes Juwel entdeckt.

Pädagogik, Erbin der Aufklärung, lebte und lebt in allen ihren Varianten und Paradigmen-wechselnden Streitgefechten doch von der Überzeugung, daß es ein *Wachstum* gibt: was für die Entwicklung des einzelnen gilt (psychisches, physisches ... Wachstum), das soll auch in den «gesellschaftlichen Verhältnissen» zu finden sein: stetiges Ausgreifen, Vergrößern, Verbessern. Die Nase wird nach vorn in den Wind gehängt, aber der hat sich längst gedreht. Jugendliche sind da bessere Seismographen und Atmosphärenschnüffler als Theoriegebäude zimmernde oder Praxisschocks «verarbeitende» Pädagogen. Schauen wir uns also um:

2. Postmodernes Ambiente: Beispiel die Jugendkulturen

Moderne Industriegesellschaften leben vom Fortschrittsglauben. Seitdem die territoriale Expansion unmöglich geworden ist, wird sie auf den Auusbau neuer Industrien und die Steigerung des Bruttosozialprodukts übertragen. Wirtschaftswachstum garantiert, so meint man, Vollbeschäftigung, steigende Löhne, Lebensqualität. Letztere freilich ist nicht nur wirtschaftlich garantierbar. Dahrendorf hat auf den «sozialdemokratischen Konsensus» in der Bundesrepublik hingewiesen: Neben das Wirtschaftswachstum treten die Postulate von der Gleichheit aller Staatsbürger, von politischer Partizipation im Glauben an eine Rationalität, die durch wissenschaftliche, gesellschaftsbezogene Erkenntnisse fundiert wird.

Diese Konstruktion gerät ins Wanken. Dies gilt ebenso für den Glauben an linearen Fortschritt wie für die Überzeugung, daß nur dieser unsere materielle Absicherung leistet. Im Gegenteil: Die Glücksquanten sind in den letzten Jahren nicht vermehrt, eher abgebröckelt. Die Wälder sterben, ein endzeitlicher Krieg ist möglich und denkbar, das Ungleichgewicht zwischen reichen und armen Ländern wird unerträglich, kurz: Die irdische Sicherheit ist mehr gefährdet denn je. Da hilft auch keine gut gemeinte «Partizipation». Die Systeme handeln jenseits.

Die Probleme der industriellen Gesellschaft werden durch die Jugendkulturen «postmodern» beantwortet. Dabei fallen diese Antworten durchaus «pluralistisch» aus. Die *Gegenkulturellen* (zu dieser und den folgenden Bezeichnungen: Becker/Eigenbrodt u. a. 1984) streben ins Agrarische, Klein-Regionale; sie ignorieren die internationalen Konzern-Verflechtungen und Abhängigkeiten; Selbermachen ist «angesagt» (es gibt auch schon einen postmodernen Term dafür: Autopoiesie). Es sind meist ältere Jugendliche und *Post*-Adoleszente mit gutem Bildungskapital, aber minderwertiger materieller Ausstattung, engagiert in Öko- und Friedensbewegungen, bspw. Die postmoderne Antwort der *Subkulturellen* (Arbeiterjugendbanden in den Slums und Quartieren der Vorstädte; an die Stelle von Politik treten die Faust, der Suff und der Fußball) sieht anders aus: sie arbeiten in einer Zeit, da die leichte Berührung des elektronischen Knopfes alles zu regeln scheint, mit ihrer Körperlichkeit und schieben auf diese Weise eine archaische Art handwerklich-direkter Welterfahrung vor die industrielle. Am typischsten sind vielleicht derzeit die *Manieristen* (die wachsende jugendkulturelle Mehrheit, zu finden allerorten, am besten in McDonalds, Kaufhäusern, Jeans-Shops, Boutiquen, Discotheken, Videobars): sie machen sich schön, zitieren andere Zeiten in ihren Moden, verbringen viel Zeit vor Spiegeln und stylen ihre Haarpracht länger als die Präsentation des Kunstwerks währt (auch das ein Ethos der Perfektion!). In ihren ganz unterschiedlichen Reaktionen und Darstellungsformen zersplittern die Jugendkulturen die einheitliche Geschlossenheit des modernen Weltbildes, meist eher spielerisch, selten oder nie ideologisch aggressiv. Was will der Erzieher mit der Klampfe in der Hand, intonierend «We shall overcome»? Sein Glaube an das Pathos solidarischer Übereinkunft erreicht die Subkulturellen und Manieristen gewiß nicht. Versucht er, sich den jungen Narzißten anzunähern, verachten ihn die Gegenkulturellen. Die Jugendkulturen zeigen, daß es keine politische, stilistische oder sonstige Avantgarde mehr gibt, auf die sich einschwören läßt, die Anspruch hat auf ein Gefühl von «Zeitauthentizität». Diese zerbricht in den unterschiedlichen Milieus, wird rückwärts gewandt, sciencefictionhaft, augenblicksverhaftet, auf jeden Fall aber nicht mehr einlinig deutbar. Das nenne ich *postmodern*. Während es Aufgabe *moderner* Gesellschaften ist, auseinanderfallende Wertorientierungen und eine wachsende Vielzahl von Handlungssystemen (Politik, Wirtschaft, Recht, Verwaltung und Bürokratie, Erziehung und Bildung, Massenmedien) immer wieder auf einen Grundkonsens zu verpflichten, steht in der Postmoderne dieser Grundkonsens selbst zur Disposition. Das Neue *heutiger* Jugendkulturen besteht darin, daß sie diesen Prozeß verstärken. Wozu auch auf Kontinuität pochen: entweder hält der Wohlstand einigermaßen an und garantiert damit ein gewisses Maß von Lebenssicherheit, oder die Welt geht ohnehin bald unter. Das alte *carpe diem* ist die Devise eines jugendlichen Hedonismus im Schatten von Weltuntergangsstimmungen. Sehr konventionell ist das nicht, mit pädagogischer Brille betrachtet. Ist es vielleicht *post*-konventionell? Ich denke darüber nach:

3. Zivilisierter Konventionalismus und postkonventionelle Selbstreflexivität

Konventionelle Haltungen sind solche, die sich gesellschaftlich einordnen und Widerspruch allenfalls im Rahmen anerkannter Regeln artikulieren. Was gedacht und getan wird, bewegt sich innerhalb der etablierten sozialen Ordnung. Dagegen sind *postkonventionelle* Haltungen solche, die das Individuum selbst als Maßstab des Arrangements einer gedanklichen Ordnung wählen. In ihnen wird über den Rand der gesellschaftlichen Verhältnisse hinaus gedacht: «Das postkonventionelle Arbeitsmodell gibt dem Benutzer die gedanklichen Hilfsmittel an die Hand, um sich in soziale Zusammenhänge einzuordnen, in die er nicht gesinnungsmäßig integriert ist. Es erlaubt ihm auch, sich aus der für ihn gültigen Ordnung hinauszuversetzen. Es unterbricht die Fraglosigkeit der moralischen Orientierung und erlaubt die Konstruktion von Alternativen. Es ist offenbar besonders geeignet für Zeiträume gesellschaftlicher Instabilität.» (Vowinckel 1983, S. 213)

Die Postmoderne hilft, solche Instabilitäten zu produzieren, wohlgemerkt durch Veränderung der *kulturellen* Milieus. Wenn aber alle Deutungs- und Interpretationsmuster prinzipiell gedacht werden können und also zur Disposition stehen, kann auch Erziehung auf Dauer nicht auf scheinbar stabile Traditionen rekurrieren; sie braucht vielmehr ein *selbstreflexives Konzept.* Norbert Elias hat gezeigt, wie die

Zivilisierung in der bürgerlichen Gesellschaft über die Ausbildung von Institutionen und Zentralorganen eine «psychische Selbstzwangapparatur» entstehen ließ, die den friedlichen und produktiven Verkehr einer zunehmenden Anzahl von Menschen überhaupt erst ermöglichte. Hygiene, Rücksichtnahme, Domestizierung, raumsparende Körperlichkeit, angenehme Sitten, zugängliches Verhalten: Dies sind Eigenschaften, die der bürgerlichen Erziehung ihren Maßstab bis heute geben. Das hatte gute Gründe, denn der industrielle Modernisierungsprozeß war nur auf diese Weise zu schaffen. Die Jugendkulturen brechen solche Konventionen auf.

Die Pluralität der von ihnen inszenierten Stile, die unterschiedlichen Wege der Selbstausbürgerung (in Landkommunen, Sekten, Drogenzirkeln, immer neu aufflammenden, häufig schnell in sich zusammenstürzenden «Bewegungen»), das Insistieren auf den Rechten der Individualität (Freiheit und Unabhängigkeit stehen für Jugendliche in allen Befragungen an erster Stelle): Dies alles sind Herausforderungen des zivilisierten Konventionalismus und damit der Erziehung, die in ihm ruht. Gesucht werden *andere* konventionelle Muster als bisher, und es werden postkonventionelle Selbstreflexivitäten erzeugt, die eher das Individuum betreffen als die Gruppe.

Zwei Beispiele dafür: Beardy Pegley, ein angesehener Junge aus der Londoner Mod-Bewegung, wird folgendermaßen beschrieben:

«Er ist nicht nur der erste Junge, bei dem ich Haarlack und Lippenstift gesehen habe, er ist auch der erste auf der Szene, der ein rosafarbenes Stehkragenhemd, eine graue hochgeschlossene Strickjacke, einen gestrickten Schlips, ein rotes Wildlederjackett mit passendem Lederkragen, einen marineblauen Crombie-Mantel, weiße ausgestellte Hosen und bonbonfarbene Ringelsocken trägt, und er ist der erste Mod, der ein Loblied auf Laurel Aitken, die Pretty Things, den Flamingo Club in der Wardour Street, Lawrence Ferlinghetti und Marihuana singt und der Eden Cane im Chez Don beleidigt – und er ist auch der einzige Mann, den ich kenne, der ein paar smaragdgrüne Pelzstiefel besitzt – und das alles schon 1962.» (zitiert bei: Frith 1981, 254)

Das, was den Menschen ausmacht, liegt nicht «tief innen», in seiner Gesinnung, vielmehr: *Das Tiefste am Menschen ist seine Kleidung.* Die erziehlichen Deutungsmuster für diese Selbstinszenierung sind schnell zur Hand: unreifer Narzißmus, jugendlicher Ethnozentrismus, Provokation mit jugendlicher Triebstärke, Kompensation von Minderwertigkeitskomplexen, Protest gegen Geschlechtsrollenstereotype. Das Selbstverständnis dieser manierierten Jugendlichen – und vieler anderer – würde man damit überhaupt nicht treffen. Worin es besteht, ist schon gesagt: Die Deutungen der Kleidung sind «eigentlicher» als die einer sonstwie artikulierten Gesinnung. Die Botschaft bin ich, sie liegt in meiner leibgebundenen Expression und den dafür gewählten Accessoires. Dies ist eine persönliche Innovation, zu der die Deutungskategorien der Erziehung nicht hinreichen. In der Figur dieses Mods zitieren sich Stile, Widersprüche, offenbaren sich Blasphemie und Verachtung, aber auch Leidenschaft und Zärtlichkeit – und ein Stück Geschichtsbewußtsein. Die Tradition des Bohemien wird ebenso aufgegriffen wie die der amerikanischen Beat-Generation (Lawrence Ferlinghetti). Die sozusagen nach außen gestülpte Identitätskonstruktion «reflektiert» dies alles in einem Darstellungsmuster, das kaum geeignet ist, *neue* Konventionen zu setzen. Es haftet vielmehr an dieser einen Person; alle anderen, die sich in gleicher Weise ausstaffieren würden, blieben *Nachahmer.* Sie müssen ihre eigenen Varianten schaffen.

Ein schwierigeres Beispiel: In dem Artikel «Robert S., 17 Jahre, rechts». Auszüge aus einem Gespräch (deutsche jugend 4/1984) äußert Robert den Wunsch, «wenn es sein muß», Zivildienst zu machen: «Es gibt nur einen Grund dafür: ich hab' Angst vor Haarausfall, wenn ich den scheiß Helm aufsetze». Dies ist ja nun alles andere als, wie die Autoren befürchten, «überangepaßtes, normgerechtes Verhalten»; die Aussage ist schlicht zynisch. Aber vielleicht wird dieser Zynismus verständlich, wenn man die gewissenserforschenden Prozeduren der Prüfungsausschüsse bedenkt und den Überdruß an abgehandelten moralischen Rechtfertigungen in Rechnung stellt. Robert und seine Kumpels interessieren sich nicht für Politik, «ich habe mal was von ‹Türken brauchen Gas› losgelassen, aber nur aus Gag, um irgendwie aufzufallen ... Wenn meine Kumpels alle gegen die NPD wären, würd' ich mich total anpassen. Wenn mir das (die Rechten an der Macht) was bringen würde, und ich hätte was davon, einen neuen Freundeskreis und die wären in Ordnung, wenn mir das was bringen würde, wär' ich dabei, da bin ich ziemlich sicher.» – Man mag dies moralisch werten, wie man will (der Pädagoge wird da nicht lange zaudern!): Robert offenbart mit diesen Argumenten reinsten Machiavellismus, und dies ist nach Gerhard Vowinckel (S. 64 ff) eine souveräne, Konventionalitäten reorganisierende Haltung: «Der einzelne Hofmann betrachtet sich gewissermaßen als Souverän, als Politiker und diplomatischen Vertreter der eigenen Person und ggf. als kriegführende Macht. Die Menschen um sich herum sieht er gleichfalls als solche souveränen Mächte an, mit denen er Bündnisse schließt oder die er bekämpft, die er für das eigene Interesse einzuspannen sucht oder mit denen er konkurriert. Das *Interesse*, der *Eigennutz*, das *Fortkommen* sind Bezeichungen für den Flucht- und Zielpunkt, auf den hin der einzelne sein Verhalten plant und beständig reorganisiert. Das Gut, in dem sich der eigene Vorteil konkretisiert, ist für den Hofmann die Gunst der Mächtigen.» Er arrangiert die moralischen Bestände, die Machtverhältnisse, verfügt also über sie, und dies kann er nur, wenn er nicht im Konventionalismus befangen bleibt, sondern sich der Konventionen bedient, um selbst seinen individuellen Vorteil zu ziehen (es muß übrigens nicht der individuelle Vorteil sein: Es kann auch der einer Interessengruppe, des Staates oder anderer sein).

Dieser Postkonventionalismus darf übrigens nicht verwechselt werden mit der postkonventionellen Moral, wie sie in Kohlbergs vielzitiertem Stufenschema ausgearbeitet ist (Baacke 1983, S. 117 ff). Hier bedeutet das postkonventionelle und *höchste* Stadium, daß moralische Autonomie aufgrund moralischer Prinzipien «erreicht» ist. Auf dieser Stufe ist ein Individuum in der Lage, moralische Werte und Prinzipien nicht nur aufgrund der Autorität von Personen und Gruppen zu akzeptieren (dazu neigt noch der konventionelle Mensch), sondern aufgrund eigener Einsicht und unabhängig von der Identifikation mit den Meinungen anderer Gruppen. Dies kann nur der leisten, der seine Pubertät erfolgreich hinter sich gelassen hat, «Identität» (darüber unten mehr) sein eigen nennt sowie ein gerüttelt Maß an kognitivem Strukturierungspotential. Protestler oder Kriegsdienstverweigerer könnten solche «postkonventionellen Typen» sein, weil sie gegen den main-stream etablierter Verhaltensmoralen anschwimmen. Modellfiguren für solches Verhalten sind Männer wie Sokrates, Gandhi und Martin Luther King. Aber war, wie wir gesehen haben, nicht auch Machiavelli postkonventionell? Wie ist es mit Stalin oder Hitler (das sollen ja auch, siehe das Zitat oben, quintessentielle Persönlichkeiten sein!)? Sehr «konventionell» handelten diese Herren ja schließlich nicht. Keniston (1977, 304 f.) macht darauf aufmerksam, daß man abstrakte persönliche Prinzipien auch mit beträchtlichem Mißtrauen betrachten kann und manchmal muß: «Solche Prinzipien ... sind eng – vielleicht unumgänglich – mit der Entwicklung moralischer Selbstgerechtigkeit, fanatischem Eifer, Dogmatismus, Fanatismus und Gefühllosigkeit verbunden. In der Verfolgung seiner eigenen Überzeugungen wird ein Mensch andere, die diese nicht teilen, rücksichtslos behandeln, wird menschliche Gefühle mißachten oder sogar Menschenleben zerstören.» Sind also studentische Protestler eher moralische Helden oder eher verkappte Despoten? Diese Frage läßt sich natürlich nicht generell beantworten; es kommt auf den «Typ» an. In den Jugendkulturen hat man für diese Frage eine, wenn ich recht sehe, bemerkenswerte Sensibilität entwickelt, und man hält auch eine (freilich nicht jedem schmeckende) Antwort parat:

4. Verlege die postkonventionelle Selbstreflexivität nach außen!

Je tiefer jemand in sein Inneres hinabsteigt, desto schwerer ist er daraus hervorzuholen. Schau mir nicht in die black box meiner Seelen-Identität! Bardy Pegley hat eine Methode entwickelt, *nicht* über die Abhänge ideologischer Rigidität in die Abgründe fanatischer Selbstgerechtigkeit zu rutschen:

er stylt sich. Was an ihm «tief» ist, holt er hervor und präsentiert es als *Erscheinung.* Pegley, nicht nur ein anschauenswertes Phänomen, sondern ein postmoderner Phänomenologe!

Schwieriger ist Robert, weil er – leider – auf *ästhetische* Gestaltung verzichtet. Immerhin, er *spielt* auf Registern, gibt sich als nochansprechbar aus, hat noch die Chance, moralischen Eiferern nicht ins Garn zu gehen. Mit diesen *neuen,* postmodernen Typen hat man's schwer. Da sagt, so weiß die ZEIT zu berichten, ein schon wahlberechtigter Abiturient, er habe bei der letzten Kommunalwahl in Frankfurt Walter Wallmann gewählt. Nicht, weil er CDU-Anhänger sei, sondern «weil der Walli so gut grinsen kann, da muß ich immer lachen, so einer muß Stadtkanzler bleiben.» Da hat es der aus der engagierten Szene der eher gegenkulturellen Generation stammende Gemeinschaftskundelehrer nicht einfach: «Es ist wirklich unheimlich schwer, überhaupt noch Problemstellungen im Unterricht zu erarbeiten.» Als *Moderner* konstatiert er: «Unsere Form der Pädagogik war ja immer: bildet euch selbst eure Meinung, wir machen nur wenig Vorgaben. So entstehen eigentlich keine Konflikte mehr, die Schüler können sich nirgends abarbeiten und sie machen dann wiederum diesen kooperativen Stil selbst zum Abarbeitungspunkt. Außerdem haben sie erfahren, daß alles und jedes in der Schule zum Thema gemacht wurde, ohne daß es einen Deut verändert hat – und das läßt sie natürlich mißtrauisch werden, was die Wirkung von Kritik betrifft.» Da ist eine Clique in der Klasse, die macht sich lustig über «Späthippie-Affen», und «die Grünis sind das Allerletzte». Warum? Nicht etwa, weil die Grünen «was gegen den Staat haben»: das haben diese Jugendlichen «geschnallt», und damit stimmen sie überein (postkonventionelle Freiheit der Persönlichkeit ist ja ihr höchster Wert!). «Aber», so Sven, «die werden das härter machen als der Staat jetzt. Wenn du dir beim Zähneputzen schon Gedanken machen mußt, ob du auch richtig öko bist oder nicht, dann macht das keinen Spaß mehr. Wenn die Grünen am Drücker sind, dann wird doch alles verboten. Müll in den Wald schmeißen – ab ins Gefängnis. Motorräder gehen nur noch als Dreirad durch, und die Haare mußt du dir mit rohen Eiern waschen statt mit diesem geilen grünen Shampoo!» Das ist es: Rigorismus wird gewittert, moralische Überheblichkeit und Enge. Dagegen hilft nur geiles grünes Shampoo – ein Billig-Konsum-Artikel als Instrument persönlichkeits-politischer Gegenwehr! (Wieder bricht eine Trennwand zusammen: Gegenwehr, macht man das nicht mit Protestgebärden, Demonstrationen, Flugblättern, politischen Kampfparolen?) Phantasievolle Befreiungsakte von Jugendlichen auf der Suche (das wissen sie natürlich nicht, das wissen nur *wir)* nach Post-Pädagogik, mit einer Wendung gegen

5. Erziehung als Pädagogisierung, Klientelisierung

«Gags» (so Robert) statt Parolen, «Styling» statt Bekenntnis? Das ist stark! Deutungsirritationen dieser Art werden in der pädagogischen Diskussion freilich kaum registriert. Im Gegenteil: Die starke Tendenz zur Pädagogisierung von Jugend ist ungebrochen.

Stichworte wie: Arbeitslosigkeit, Aussteigerverhalten, Jugendkriminalität, politischer Extremismus, Drogen- und Alkoholabhängigkeit, Prostitution geben den Hintergrund ab für eine Deutung der Jugend als sozialer Rand- oder Problemgruppe. Nun geht es keineswegs darum, diese Probleme wegzudeuten, wohl aber sind die Reaktionsmuster auf sie bemerkenswert. Das Interesse für Jugendforschung resultiert offenbar häufig aus dem Bestreben, die alten Erziehungskonzepte nicht aufgeben zu müssen. Jugend wird gesehen als «sozialisationsbedingte ‹zweite soziokulturelle Geburt›, insgesamt zu einem Problem der komplexen Gesellschaft ... Aus dieser Situation heraus erfolgt dann auch der Ruf nach der sozialwissenschaftlichen *Erforschung der Jugend*, ihrer Einstellungen und Verhaltensweisen, neuerdings ihrer Lebenswelt und Deutungsmuster, um mehr und genauere Informationen und Erkenntnisse über die Jugend anzusammeln, um den ‹gläsernen Jugendlichen› produzieren zu können, der dann *aus*geforscht und durchsichtig zum Objekt staatlich-administrativer und (sozial-)pädagogischer Maßnahmen zum Zwecke der Integration entmündigt wird.» (Brusten 1983, S. 11) Man möchte möglichst viel über die «Lebenswelt» von Jugendlichen wissen, um dann per «Sozialintervention», per Unterstützung, Hilfe, Betreuung, Beratung, Behandlung, Beobachtung, Erziehungsmaßnahmen die Handlungsregeln und Deutungsmuster durchzusetzen, die man vorab schon hat, ehe man die Jugend «beforscht». Im Prozeß der Klientelisierung ganzer Bevölkerungsgruppen hat die Jugend ihren respektablen Anteil; schließlich rechtfertigt sich die pädagogische Professionalisierung ja auch durch die Verpflichtung auf «Erziehungsmaßnahmen» mannigfacher Art.

In diesen Zusammenhang gehört auch ein Hinweis auf das verräterische pädagogische Interesse an der «Identität» von Jugendlichen. Im pädagogischen Schrifttum, das meist praktisch gewendet ist, wird darunter der Wunsch verstanden, den Jugendlichen als denselben erkennbar zu haben, als jemanden mit einem festen «Kern». Denn nur so ist er kalkulierbar, sind Strategien auf ihn hin zu entwerfen. Das Ergründen von Identität erfolgt nach dem Modell der Penetration, und dem analytischen Orgasmus folgt dann die erzieherische Handreichung. Hinter dem pädagogischen Wunsch nach Wiedererkennbarkeit steht also das eigentliche Motiv: Jugendliche *kontrollieren* zu können. Diese Vorstellung, unser Ich und unser soziales Selbst allmählich einkreisen zu müssen, ist jedoch problematisch, weil sie von einem personalen Substanzbegriff ausgeht, der in den Jugendkulturen teilweise sogar fetischisiert, teilweise aber auch in Frage gestellt wird. Wenn das Tiefste am Menschen seine Kleidung ist, dann ist Identität nicht monozentrisch, sondern exzentrisch, disponibel. Jugendliche sind zu solcher Mobilität sogar gezwungen, weil sie damit vielleicht ein Orientierungsdilemma bewältigen. Dieses besteht darin, daß Arbeitswelt und Freizeitwelt (Medien/Konsum) unterschiedliche Verhaltensstandards und Grundhaltungen fordern. Pädagogische Einrichtungen (Schule, Berufsschule, Berufsausbildung) und der Arbeitsplatz vertreten vorwiegend Tugenden wie: Selbstdisziplin, (faires) Leistungsstreben, Selbstkontrolle, soziale Verantwortung, rationale Beweisführung, moralische Autonomie, Ernsthaftigkeit in der Lebensführung. Die Konsum- und Modesphäre fordert *andere* Grundhaltungen: Die Bereitschaft Geld auszugeben und im Augenblick zu leben; Verzicht auf berufliches Prestige durch das Surrogat des Freizeit-Prestiges (z. B. zu erwerben in der Disco); Selbstaufgabe, Augenblicklichkeit, Narzißmus; Vorrang von Emotionalität und Eros (jugendlichen Ethnozentrismus). Dieses Orientierungsdilemma verdankt sich einem strukturellen Widerspruch: Während Arbeitswelt und Daseinsvorsorge des Sozialstaates auf disziplinierende Tugenden angewiesen sind, bedarf der Staat für das Funktionieren seiner Wirtschaft auch einer Unterstützung durch die Binnenmärkte. Jugendliche haben also das Problem, zwei in ihren Wertorientierungen ganz verschiedene Lebenswelten auszuhalten. Die Lösungen fallen unterschiedlich aus: Der geringere Teil vernachlässigt die Arbeitstugenden und verschreibt sich einem totalen Hedonismus; der größere versucht, die Werte hierarchisch zu staffeln (zwar arbeiten, aber möglichst selbstbestimmt; zwar Geld verdienen, aber nicht als leitender Wert – wichtiger ist eine sinnvolle, zufriedenstellende Tätigkeit), und viele spalten sich auf: Sie lernen und arbeiten unauffällig und verwandeln sich im Ambiente der Freizeit in einen bunten Vogel, den niemand fangen kann und darf. Der brave Pädagoge steht verdutzt: Er erkennt seinen Klienten nicht wieder und ärgert sich über die mangelnde Reichweite seiner «Maßnahmen» und Einfälle. Vielleicht ist er zu bieder?

Gegen solchen Prozeß der Verbiederung hilft nur *eins:* Sieh ein, daß du, Pädagoge, ein lernbedürftiges Wesen bist, und wirf einen Blick auf

6. Retroaktive Sozialisation und Jugendkulturen

Die Biederkeit des Pädagogen hat viele Züge. Eine besteht wohl darin, daß er Überlegenheit über sein Erziehungsobjekt, den «Zögling», bewahren und einen gewissen «Vorsprung an Reife» demonstrieren muß; und natürlich muß er sich über «Erziehungsziele» Gedanken gemacht haben und vorab, vor jeder konkreten Begegnung mit Jugendlichen, wissen, «wo es lang geht».

Erst in den letzten Jahren, wenn ich recht sehe, beachtet man verstärkt etwas, das eigentlich so alt ist, wie das pädagogische Verhältnis selbst: Daß die Pädagogen nicht nur ihre Zöglinge beeinflussen, sondern umgekehrt diese auch jene. Man nennt dies retroaktive Sozialisation (Klewes 1983). Beispiele: Kinder animieren die Mutter, die an der Kasse Schlange steht, zum Kauf der griffbereit liegenden Lutschestange; Jugendliche beeinflussen die Meinungen ihrer Eltern in Sachen Kriegsdienstverweigerung, in der Einschätzung von Parteien, in der Analyse der politischen Ursachen von Arbeitslosigkeit; Lehrer lassen sich faszinieren vom neudeutschen Slang einer Gruppenkultur und übernehmen Elemente in ihr eigenes Reden. Schon Kinder, erst recht Jugendliche können vorhandene Interessen der Eltern verstärken (für Reisen nach Israel, für Beobachtungen in der Natur), sie können aber auch neue Interessen wecken (Ablehnung von Atomkraftwerken, differenziertere Kenntnisse über Drogengebrauch und -mißbrauch).

Klewes (S. 50): «Generell erscheint es nicht ausgeschlossen, daß die Kumulation von kurzfristigen situationsgebundenen Einflüssen zu längerfristigen, situationsübergreifenden Effekten führen kann. So kann der Einfluß von Jugendlichen auf Kaufentscheidungen in der Familie als Kumulation von zahlreichen Einzelentscheidungen gedeutet werden, die zusammengenommen durchaus dauerhafte Konsequenzen haben können; bspw. beim Einfluß eines Jugendlichen auf die Anschaffung von Mobiliar wirken diese Konsequenzen gewissermaßen in materialisierter Form langfristig und subtil weiter.»

Die Jugendkulturen nehmen in diesem Modell retroaktiver Sozialisation eine Sonderstellung ein, weil sie bestrebt sind, den Kreislauf einander beeinflussender Handlungen und Meinungen zu unterbrechen. Sie konstituieren ihre eigene Welt, zumindest im Raum kultischer Symbole und auf Zeit. Sie ziehen damit die Konsequenz aus der Tatsache, daß sie die Erziehenden vorwiegend als Menschen erleben, die um ihren Einfluß über sie kämpfen. Sie unterbrechen den Stromkreis gegenseitiger Sozialisation, jedenfalls auf der Ebene direkten Einflusses gemeinsam konstituierter Handlungszusammenhänge und Deutungen. Diese Distanzierung gibt die Chance, den Blick freier zu machen. Auf dem Feld der Arbeit und des funktionalen Wissens haben Ältere oft einen Vorsprung. Aber wie ist es auf dem Gebiet der Kultur, des Lebensstils, der Sinnlichkeit, kurz: im Milieu der Bewegungen und der Emotionalität? Unser vom Professionalisierungsglauben durchdrungenes Erziehungssystem hat uns das alles ausgeprügelt. Wo ist der erste Pädagoge, der mit grün gestyltem, shampooniertem Haar in die Schule kommt und damit keine *pädagogische* Absicht verbindet?

7. Vorsicht, erbauliche Nutzanwendung!

In die vorangehenden Abschnitte (vor allem 2, 3, 5 und 6) sind Elemente eines Beitrags eingegangen, der unter dem Titel «Jugendkulturen und Erziehung» erschienen ist (1984). Erst, als ich ihn im postmodern gesonnenen Kreise meist junger Wissenschaftler/innen diskutierte, merkte ich, wie durch und durch pädagogisch ich war – ich, der ich der Pädagogik eins auswischen wollte! Das war mir, wurde mir gedeutet, nicht gelungen: zu bieder ich selbst, der über Biederkeit klagte! Denn worauf lief der Artikel eigentlich hinaus in dieser ersten Fassung, die dann auch gedruckt wurde? Natürlich in gute Ratschläge, in eine nutzanwendende Konklusio. Wenn wir denn *voneinander* lernen, so hieß es da, so bedeute dies doch, daß es eine «Komplementarität der Generationen» gebe, «die etwas anderes darstellt als ein Konkurrenz- oder Machtgefälle». Ich schlage statt dessen ein bargaining-Konzept vor: «Im Tausch der Kompetenzen lernen wir voneinander» hieß es. Dies geht aber wiederum nur, wenn die Generationen «Solidarität» zeigen. Dazu heißt es denn brav (und nicht nur an dieser Stelle habe ich mich, übrigens ganz überzeugt, so geäußert): «Nach dem hier skizzierten Konzept betrachtet ein Erwachsener Jugendliche nicht mehr ‹irgendwie pädagogisch›, sondern als Handlungspartner, mit dem er unterschiedliche Erfahrungen austauscht, wobei der *Tauschprozeß* selbst nicht in seinen Inhalten – die sind ja verschieden –, aber in den von beiden Seiten zur Verfügung gestellten Ressourcen *symmetrisch* ist. Solidarität entsteht aus solch praktischem Angewiesensein» und etwas später heißt es, ich zitiere noch einmal mich selbst: Solidarität «könnte auch den pädagogischen Alltag stärker als bisher bestimmen. In der Jugendarbeit gibt es, wenn ich recht sehe, eher Ansätze als in Familie und Schule, weil die letztgenannten Einrichtungen noch ein starkes Rückzugsfeld für eine traditionelle pädagogische Auffassung darstellen. Verlangt wird vom Pädagogen freilich die Aufgabe eines ‹Standpunktes›, das Ausüben seiner Definitionsvormacht. Kurz: zu verlangen ist ein wenig mehr post-konventionelle Selbstreflexivität, wie sie durch Jugendkulturen veranschaulicht wird. Denn diese stellen häufig nicht nur eine Kritik der ‹Gegenseite› dar, von der sie sich abgrenzen; sie ironisieren durch Übertreibung, provozierende Gebärden auch sich selbst.» Worin also sah ich die «Biederkeit» der Pädagogen? Darin, daß sie «vorab» schon alles wissen wollen. Nun schlage ich ihnen einfach vor, damit etwas zu warten. Und so geht es weiter in der pädagogischen Predigt, noch einmal O-Ton: «... die Jugendkulturen beginnen mit der Erziehung der Erzieher, indem sie ihnen absprechen, Vormund zu sein und statt dessen situationelle Sensibilität Innovationsbereitschaft, Einfallsreichtum und Freundlichkeit erwarten.» Schnell also noch ein paar Wörter serviert, die Pädagogen in gute Stimmung versetzen und die den eigenen guten Willen nicht untern Scheffel stellen! Nein, sage ich mir selbstreflexiv und an andere Elemente meiner Denk-Geschichte anknüpfend.

8. Dann lieber Ironie!

Wir leben in einer Zeit, die von «Bewegungen» spricht: Jugend*bewegung*, Anti-Atomkraft-*Bewegung*, Friedens*bewegung*, Frauen*bewegung*, neue soziale *Bewegung(en)*, usf. Aber bewegt sich wirklich etwas, und vor allem: wie? Immer noch ist die «Stoßrichtung» (verräterisch) «nach vorne» gerichtet, sind Bewegungen eher vorzustellen als Trott im Gleichschritt marschierender Heere. Mit solch forcierter Bewegung ist denn auch viel Unheil angerichtet worden: der Nationalsozialismus verstand sich als «Bewegung», und die Mikroelektronik hat industriell «etwas in Bewegung gebracht». Das alles versteht sich als aktiv, nicht als retro-aktiv, ist aus auf Funktionalität und Nutzen, fragt nicht nach dem im Gestus der Bewegung verborgenen Gegenteil. Auch die Pädagogik versteht sich in diesem Sinne als «Bewegung», und in ihrer ursprünglichen geistesgeschichtlichen Tradition resultierte sie aus der «Deutschen Bewegung», aus dem teleologischen Fortrücken des Geistes über Klassik und Romantik bis in die «neue Zeit». Der gerade in der Pädagogik häufig festzustellende, häufig beklagte «Paradigmenwechsel» ist in diesem Sinne der Versuch, immer wieder «Bewegung zu machen», natürlich nach vorne, in die bessere Gesellschaft, die sich zweifelsfrei ergibt, wenn man die Theorie nur richtig formuliert.

Sven und seine Clique, Robert und Beardy würden sagen: wie unästhetisch, wie gefährlich, wie bedrohlich! Erlauben wir doch wieder eine Bewegung, die nicht so klotzt: erlauben wir wieder *Ironie*. Da freilich schreckt der Pädagoge zurück: er weiß ja, Ironie ist «uneigentliches Sprechen», bedeutet heuchlerisches Verbergen des gemeinten Sinns, irritiert Kinder, läßt sie an der verläßlichen Biederkeit des Erziehungsverhältnisses zweifeln. Ironie ist böse. Das ist aber eine ganz und gar falsche Auffassung von Ironie. Schon Goethe hat das anders gesehen; für ihn wird der Sinn eines Phänomens in durchdringender Objektivation aufgeschlossen: «Jedes Ansehen geht über in ein Betrachten, jedes Betrachten in ein Sinnen, jedes Sinnen in ein Verknüpfen, und so kann man sagen, daß wir schon bei jedem aufmerksamen Blick in die Welt theoretisieren. Dieses aber mit Bewußtsein, mit Selbstkenntnis, mit Freiheit und, uns eines gewagten Wortes zu bedienen, mit Ironie zu tun und vorzunehmen, eine solche Gewandtheit ist nötig, wenn die Abstraktion, vor der wir uns fürchten, unschädlich und das Erfahrungsresultat, das wir hoffen, recht lebendig und nützlich werden soll.» (Im Vorwort zur Farbenlehre) Was wir vorhin als Fund der Neuzeit deklarierten – jeder Alltag sei mit Wissenschaft durchsetzt – das war für Goethe also schon etwas Selbstverständliches. · Wir «theoretisieren» immer schon, es kommt aber darauf an, *wie* wir dies tun. Die Romantiker haben das ironische Programm dann weitergeführt und zur Vollendung gebracht. Der richtige Weg fordert «Gewandtheit» dessen, der ihn beschreitet, eine zunächst aus dem Bereich der Leiblichkeit stammende Eleganz der Bewegung, die auch auf den geistigen Vollzug übertragen werden kann. Schauendes Betrachten und betrachtendes Schauen halten ein Gleichgewicht zwischen Versenkung in die Sache und Distanz zu ihr, durchdringen jene und ermöglichen diese. Wer sich so den Gegenständen und Menschen nähert, bewußt sich selbst überprüfend und damit einen Raum der Bewegungs-Freiheit zwischen Subjekt und Objekt lassend, bewährt *Ironie,* die weder Bewußtsein noch Gegenstand zum Fixpunkt nimmt, sondern, indem sie jenem reflektierte Einsichten erlaubt, doch auch diesem mit Interesse zugewandt bleibt.

Friedrich Schlegel hatte dann alle Mühe, diese «künstlerische» oder «wahre Ironie» von der «Scheinironie» abzuheben. Zur letzteren gehört die polemisch-rhetorische Ironie, die nur ein Mittel ist, einen Gegner im Streit der Argumente zu erledigen – sie entbehrt der «Urbanität» (ein Ausdruck Friedrich Schlegels) des wahren Ironikers. Adam Müller, der Romantik nahestehend und Zeitgenosse Schlegels, kritisiert die ähnlich sich beschränkende «satirische Ironie». Der Satiriker, der aus Überzeugung für eine Sache deren Gegner spöttisch angreift, ist durch sein Engagement unfähig geworden, mehrere Standpunkte ironisch zu beziehen und somit aus geziemendem Überblick den Streit zu führen. Sein Bewußtsein ist, nach Goethe «durch das bloße Anblicken» affiziert. Auch *Selbst*ironie ist in diesem Sinne kleinlich: sie beweist nämlich nur scheinbar die Freiheit des Menschen sich selbst gegenüber, da sie mit der Anwesenheit eines anderen rechnet, um offenbar zu werden. Damit ist sie ein Zeichen für Eitelkeit oder stellt den Versuch dar, dem Entwurf des anderen zuvorzukommen. Zu einem Totalangriff gegen jede Ironie hat dann Kierkegaard in seiner Dissertation geblasen, die er 1841 über den «Begriff der Ironie» verfaßte. Zur Kennzeichnung des Ironikers verwendet er das Bild des Aristophanes von Sokrates, der in einem Korb zwischen den Wolken schwebt: dies ist die «unendliche Möglichkeit, irgend etwas zu werden . . . , die Möglichkeit, die einen unendlichen Umfang hat und gleichsam die ganze Welt in sich faßt, die jedoch keinen Inhalt hat». Schon im Schlegel'schen «Geist der Kritik» sieht er einen Ansatz zu überbordender Subjektivität. Diese mache sich, durch

Ästhetizismus verführt, über das Objektive her; da schließlich kein Gehalt der Zersetzung widerstehe, bleibe dem ironischen Gemüt schließlich nichts als Langeweile, Leere und Überdruß. Diese Verdächtigung der Ironie setzt sich fort, vor allem dann bei Nietzsche, der sich mit dem Dekadenzbewußtsein der Jahrhundertwende auseinandersetzt. «Ironie» ist ein Leitwort der zweiten unzeitgemäßen Betrachtung Nietzsches über Nutzen und Nachteil der Historie für das Leben. Die Spätzeit, überfrachtet mit dem Wissen von Jahrhunderten, das sie ängstlich und museal verwaltet, kommt nach Nietzsche zum ironischen Bewußtsein ihrer selbst, zu einem «darüberschwebenden Ahnen ..., daß es vielleicht bald mit aller Lustbarkeit der historischen Erkenntnis vorüber sein werde.» Die Zeitgenossen seien «verkümmerte Spätlinge kräftiger Geschlechter», Antiquare und Totengräber der Kultur, Epigonen, die nicht am Mangel, sondern am Reichtum des Überlieferten leiden, dem sie nicht gewachsen sind: «Solche Spätlinge freilich leben eine ironische Existenz: die Vernichtung folgt ihrem hinkenden Lebensgange auf den Fersen». Unter dieser schlechten Nachrede hat Ironie seither zu leiden: sie sei Ausdruck weltschmerzlicherischen Hamletbewußtseins, drücke die Unfähigkeit des Intellektuellen zur Tat aus, stelle eine Krankheit dar, die gemeineuropäisch sei. Thomas Mann wird als prominentes Beispiel – nach Heinrich Heine – herangezogen: ein Romancier als Ironiker ohne Glaube und Liebe.

Aber neben den Totengräbern der Ironie gibt es immer wieder Personen, die das subtil-gefährliche Pflänzlein gedeihen lassen wollen. Musils «konstruktive Ironie» trifft im Tertium comparationis mit der «künstlerischen» Friedrich Schlegels zusammen, wenn er bspw. betont, er arbeite nicht an einzelnen Wendungen und Sätzen seines Romans, sondern lasse am rhythmischen Aufbau des Gesamtwerks Verschiebungen stattfinden: Ironie ist das Übergreifende, Zusammenhang schaffende, das nicht in die Dekadenz führt, sondern ins Freie. Und schon Jean Paul hatte betont, daß «Weitläufigkeit und Epik ihr Gesetz» sei (Vorschule der Ästhetik, § 37). Und Nietzsche, der über den dekadenten Ironiker (die Beispiele sind meist jüdische Intellektuelle) spottet, beschreibt andererseits die Wirkung Laurence Sternes, des «unerschöpflichen Genius» im Spiel mit den Mitteln der Erzählkunst als ironisch. Sterne bringe «bei dem rechten Leser ein Gefühl von Unsicherheit darüber hervor, ob man gehe, stehe oder liege: ein Gefühl, welches dem des Schwebens am verwandtesten ist. Er, der geschmeidigste Autor, teilt auch dem Leser etwas von dieser Geschmeidigkeit mit» (Menschliches, Allzumenschliches, Nr. 113). Wie Goethe die *Gewandtheit,* hebt Nietzsche die *Geschmeidigkeit* hervor, die Sterne besitze, ein durch und durch *ironischer* Erzähler, noch einmal Nietzsche (an gleicher Stelle): der «ist verloren zu geben, der jederzeit genau wissen will, was Sterne eigentlich über eine Sache denkt, oder ob er bei ihr ein ernsthaftes oder ein lächelndes Gesicht macht: denn er versteht sich auf beides in *einer* Faltung seines Gesichts, er versteht es ebenfalls und will es sogar, zugleich Recht und Unrecht zu haben, den Tiefsinn und die Posse zu verkneueln. Seine Abschweifungen sind zugleich Forterzählungen und Weiterentwicklungen der Geschichte, seine Sentenzen enthalten zugleich eine Ironie auf alles Sentenziöse . . . »

Nach diesen Überlegungen mag es angebracht sein, einen *Tugendkatalog* über die *wahre* Ironie zu wagen:

(1) Die Freiheit, die Ironie erlaubt, ist die des Habens und Noch-Nicht-Habens und die *Einsicht* in diesen Tatbestand. Ironie versklavt nicht einem bestimmten Bilde – vom Menschen etwa –; das in sich ruhende Symbol wird immerfort aufgerissen, obwohl es nicht übersehen und durchaus akzeptiert wird: stets jedoch als bedingt.

(2) Ironie stellt das Disparate zusammen und bezieht es aufeinander. Die sich «hart im Raum stoßenden Sachen» stehen im Antwortverhältnis. Kein Standpunkt gewinnt die Oberhand. Ironie ist antitotalitär, sie weist jedem sein Maß zu und stellt einen Ausgleich her, wenn eine Stimme fanatisch lauter würde. Ein beruhigtes Gleichgewicht, den langweiligen «goldenen Mittelweg» erlaubt sie dennoch nicht: «Harmonie» ist ihr gerade die Erkenntnis, daß diese nicht ewig währt, sondern stets aufs Neue im «elastischen Punkt» sich einstellen muß.

(3) Konvention und starre Institutionalisierung einer Sache kann die Ironie wegen ihrer freien Beweglichkeit nicht zulassen; dem realis setzt sie den potentialis entgegen, aber auch umgekehrt: der Versuch wird durch die gegebene Wirklichkeit kritisiert. Indem sie eine Summation von Perspektiven darstellt, diese aber gegeneinander winkelt, verschiedene Blickrichtungen in einer Reihe von Spiegeln auffangend (ein Bild Friedrich Schlegels), übt sie Toleranz: eins muß das andere in sich duldend aufnehmen, ja «potenzieren». Indifferentismus wäre es ihr, gesetztes oder mögliches Eindeutiges vorzuziehen.

(4) Da wir dazu neigen, es uns im Vorhandenen bequem zu machen, wird die Ironie um der Bewegung willen, die ihr Grundsatz ist, besondere Vorliebe fürs Experiment haben, das gleichsam ironisch verschiedene Positionen ausprobiert, das Daseiende überprüft, sich aber auch an ihm korrigiert.

(5) Ironie duldet weder Überschwank des Gefühls noch austrocknenden Verstand. Sie gehört in den Bereich humaner Vernunft: sie macht Komplexionen lucid. Sollte deren Klarheit aber *zu* durchsichtig werden, kann sie einen neuen Nebel von Widersprüchlichkeiten über die solare Denklandschaft breiten, damit es sich keiner ferienmäßig bequem mache.

(6) Die Vorsicht gegenüber nicht relativierten Konzeptionen zeigt sich auch im Vorbehalt der Ironie gegenüber Rhetorik und Topik. Beide verwendet sie, um sie in Frage zu stellen. Dem allerdings, der auf seinen sprachlichen Neuschöpfungen beharrt oder alles anders sagen will, hält sie die Tradition entgegen: sie zieht ständig Grenzen, erlaubt aber keine Grenzüberschreitung.

(7) Eine (nicht realisierbare) Darstellung des Besseren, ja Vollkommenen will die *Utopie.* Diese steht insofern gegen die Ironie, weil sie ein Bild des Vollkommenen zeichnet, ohne sich in ihrem moralischen Impetus des Weltverbesserns allzu radikal von den Verwirklichungschancen korrigieren zu lassen. Ihre Spannungslosigkeit fordert den Protest des Ironikers heraus, der neben dem Irrealis und Potentialis auch dem Realis sein Recht gibt.

(8) Der *Satiriker* streckt gleichsam seinen Zeigefinger gerade auf einen Gegenstand aus: sieh da, wie lächerlich verfehlt! Der *Ironiker* krümmt den Zeigefinger, indem er andeutet, daß er tadeln könnte, es aber zugleich nicht tut: hereinwinkend den beanstandeten Sachverhalt in den Spielraum ironischen Diskurses.

Wie wäre es, wenn wir Pädagogen ein wenig von einer *solchen* Ironie profitierten? Auch die pädagogischen «Bewegungen» waren bisher immer schlicht-zielgerichtet (auf Lernzielkataloge und ähnliches hatte ich einleitend hingewiesen). Eine Post-Pädagogik (wenn es denn die gibt) wäre eine *ironische Pädagogik*. Diese wagte, sich auf Irritationen einzulassen, die in mehr bestehen als nur dem Vortrag anderer Meinungen – in der Erwartung, daß auf diese Weise eine Befreiung aus dem «pädagogischen Verhältnis» möglich ist. Die beispielhaft zitierten Jugendlichen streben diese Befreiung an, haben sie teilweise erreicht. Ihr Interesse für Ästhetisches hat nichts mit Ästhetizismus zu tun, sondern ist der Versuch, Sinnlichkeit, Geschmeidigkeit, schwebende Bewegung und damit *Freiheit* fühl- und erlebbar zu machen. Wenn Alltag und Wissenschaft, Konsum und Kultur, Mode und Dauer nicht mehr kanonisch trennbar sind, wird es Zeit, den ironischen Diskurs zu eröffnen.

Und inwiefern ist Ironie *postmodern* im eingangs beschriebenen Sinne? Das liegt doch jetzt auf der Hand: (1) die Moderne betrachtete die Zeit teleologisch, als historischen Fortschritt; die postmoderne Ironie sieht die Zeit rezyklisch, archaisch und alexandrinisch zugleich; (2) die Moderne behauptet die Universalität der Vernunft; postmoderne Ironie läßt auch Unvernunft zu («die Dinge haben einen Weg gefunden, der ihnen langweilig gewordenen Dialektik des Sinns und der Bedeutungen zu entfliehen: sie wuchern bis ins Unendliche, potenzieren sich und übersteigern ihr eigenes Wesen bis ins Extrem, bishin zu einer Obszönität, die von an zu ihrer inneren Zweckbestimmung und unvernünftigen Vernunft wird,» Baudrillard 1985, 7); (3) die Moderne insistiert auf der Autonomie des Menschen, der Kontur zeigt; postmoderne Ironie stellt das Selbstbewußtsein des Lebensvollzugs heraus, sieht Narziß nicht als Degeneration, sondern als Chance; (4) an die Stelle von *moderner* Askese und Planung tritt ironischer Hedonismus; (5) gegen die anthropologische Dimensionierung des Menschen in einen Innen- und Außenbereich tritt die postmodern-ironische Behauptung, alles, was der Mensch sei, stelle er dar durch seine Haut, allenfalls durch seine Kleidung; (6) dem Gerede von der Sinnsuche, dem Streben nach Ganzheit setzt der postmoderne pädagogische Ironiker die Suspendierung letzter Fragen entgegen; (7) dem Bestreben, Widersprüche aufzulösen, und sei es mit dialektischem Kobolz, stellt die postmoderne Ironie die Akzeptanz der Widersprüche in sich selbst entgegen und lehrt: halte es in ihnen aus, wahrscheinlich hast du keine bessere Chance!

9. Grenzen, überall Grenzen!

Das alles sei zu leichtgewichtig, um eine Post-Pädagogik zu begründen, die Rede von der «Postmoderne» mit Substanz zu füllen? Natürlich, das ist allzu wahr. Der Ironiker kennt Grenzen, auch die seinen. Alles hier Gesagte gilt nur für die *soziale, kulturelle* Dimension des Lebens, es handelt sich um einen Beitrag zum Intellektuellen-Diskurs und zu den Teilen, an denen die Pädagogik sich beteiligt. Und dies alles gilt nur bestimmte Altersgruppen – eine Kleinkinderziehung bspw. kann man auf dem Vorgetragenen nicht gründen. Schade! Dennoch: warum immer alle Exempel des pädagogischen Diskurses aus dem verkrusteten Schulmilieu, dem analytisch verklebten Familienzirkus, der erbaulichen Kleinkinderziehung beziehen? Warum nicht einmal in andere Ressorts des Lebens eindringen, um die pädagogische Reflexion aufzulockern? Das alles führe nicht eigentlich weiter? Warum muß auch alles «weiterführen»: die Warnung vorm Weiterlaufen, wenn man am Abgrund steht, war doch schon ausgesprochen. Nehmen wir uns also Zeit, durchmustern wir pädagogische Kategorisierungen, ordnen wir den möglichen Nachlaß neu, verändern wir das pädagogische Testament, genehmigen wir uns ein melancholisch-fröhliches Picknick. Aber: Vorsicht, erbauliche Nutzanwendung (sind schon mittendrin!). Lassen wir also das letzte Bild auf sich beruhen: ästhetischer Schein, in dessen Wechsel-Licht die freien Menschen *tanzen* (um abschließend, natürlich ironisch, ein Bild Nietzsches einzusetzen).

Literatur

BAACKE, D.: Die 13- bis 18jährigen, Weinheim 1983[3]

BAUDRILLARD, J.: Die fatalen Strategien, München 1985

BECKER, H./Eigenbrodt, J./May, M.: Unterschiedliche Sozialräume von Jugendlichen in ihrer Bedeutung für pädagogisches Handeln, in: Zeitschrift für Pädagogik 4/84, S. 499 ff.

BRANDT, K.-W./BÜSSER, D./RUCHT, D.: Aufbruch in eine andere Gesellschaft. Neue soziale Bewegungen in der Bundesrepublik, Frankfurt 1983

BRUSTEN, M./MALINOWSKI, P. (Hg.): Jugend – ein soziales Problem?, Opladen 1983

CORNFELD, B./EDWARDS, O.: Quintessenz. Die schönen Dinge des Lebens, München 1984

DAHRENDORF, R.: Widersprüche der Modernität und die Zukunft der Freiheit, in: Branchling, E. u. a. (Hg.): Die Zukunft der westlichen Gesellschaft, Bern 1980, S. 9 ff.

ELIAS, N.: Über den Prozeß der Zivilisation. 2 Bände, Frankfurt 1969

FRITH, S.: Jugendkultur und Rockmusik, Reinbek 1981

GILLIS, J. R.: Geschichte der Jugend. Tradition und Wandel im Verhältnis der Altersgruppen und Generationen, Weinheim 1980

HAFENEGER, B./LOCHMANN, W.: Robert S., 17 Jahre, rechts, in: deutsche jugend, Heft 4/1984, S. 167 ff.

KENISTON, K.: Entwicklung der Moral, jugendlicher Aktivismus und moderne Gesellschaft, in: Döbert, R./Habermas, J./Nunner-Winkler, D. (Hg.): Entwicklung des Ichs, Köln 1977, S. 294–306

KIERKEGAARD, S.: Gesammelte Werke, ed. H. Gottsched u. Chr. Schrempf, Jena 1905, vor allem Band 7

KLEWES, J.: Retroaktive Sozialisation, Weinheim 1983

NIETZSCHE, F.: Menschliches, Allzumenschliches (hier zitiert nach der Kröner Ausgabe, Band 72 I und Band 72 II)

OLBRICH, E./TODT, E.: Probleme des Jugendalters. Neuere Sichtweisen, Berlin 1984

SCHLEGEL, Fr.: Jugendschriften, ed. Minor, Wien 1882, 2. Band

STROHSCHNEIDER-KOHRS, I.: Die romantische Ironie in Theorie und Gestaltung, München 1984

VESTER, H.-G.: Modernismus und Postmodernismus – intellektuelle Spielereien?, in: Soziale Welt, 1985/1, S. 3–26

VOWINCKEL, G.: Von politischen Köpfen und schönen Seelen. Ein soziologischer Versuch über die Zivilisation der Affekte und ihres Ausdrucks, München 1983

Über die Autoren

Dieter Baacke, nach dem Studium (Germanistik, Altphilologie, Theologie, Philosophie, Pädagogik) seit 1972 Professor für Pädagogik an der Universität Bielefeld mit dem Schwerpunkt «Außerschulische Einflüsse auf die Erziehung». Besonderes Interesse an der Jugend- und Medienforschung. Auch extramural aktiv.

Günther Bittner (Jg. 1937) ist Dipl.-Psychologe, Pädagoge und analytischer Psychotherapeut; 1969 Habilitation an der Universität Tübingen; 1973–1977 Professor an der Universität Bielefeld; seit 1977 an der Universität Würzburg

Dr. Bernd Dewe ist Wissenschaftlicher Angestellter am Fachbereich Sozialwissenschaften der Universität Osnabrück

Rainer Dollase, geb. 24. 5. 43, lebte bzw. arbeitete in Gleiwitz, Nieobschütz, Lüneburg, Bargdorf, Oberhausen-Alstaden, Duisburg-Hamborn, Dülken, Hermeskeil, Bremen-Vegesack, Saarbrücken, Scheidt, Mönchengladbach, Köln, Düsseldorf, Aachen, Essen. Zur Zeit Professor für Psychologie in Bielefeld, wohnhaft in Steinhagen.

Dr. Wilfried Ferchhoff ist Wissenschaftlicher Angesteller an der Fakultät für Pädagogik der Universität Bielefeld.

Andrea Frank, Studium der Pädagogik und Philosophie, Dipl.-Pädagogin, wissenschaftsorganisatorische Tätigkeiten am Oberstufenkolleg der Universität Bielefeld, arbeitet z. Z. als Küchenhilfe in einer pädagogischen Einrichtung und an einer wissenschaftsdidaktischen Dissertation.

Jürgen Frese, Studium der Soziologie, Philosophie, Psychologie, Lehrtätigkeiten an den Universitäten Bochum und Bielefeld, sozialphilosophische Forschungen mit den Schwerpunkten Ideologie, Dialektik, Handlung, Gruppe.

Eckhard Henscheid, geb. 14. 9. 1941 in Amberg, lebt als freier Schriftsteller in Frankfurt. Zuletzt erschienen der Roman «Dolce Madonna Bionda» und der Prosaband «Frau Killermann greift ein», dem der Text in diesem Buch entnommen ist.

Dr. Wolfgang Heydrich ist Wissenschaftlicher Angestellter an der Fakultät für Linguistik und Literaturwissenschaft. Er befaßt sich beruflich vornehmlich mit Fragen der logischen Analyse natürlicher Sprache, mit Texttheorie und lexikalischer Semantik.

Dr. phil. Rainer B. Jogschies, Diplom-Politologe, arbeitet als «freier» Journalist und Publizist in Hamburg. Zuletzt veröffentlichte er die wissenschaftsmethodische Untersuchung «Bürgerbeteiligung an der Stadtplanung» (Bern, Nancy, New York, Frankfurt/Main) und die Reportage «Wo, bitte, geht's hier zu meinem Bunker?» (Hamburg)

Friedhelm Middel, geb. 1953, studiert Philosophie & Literaturwissenschaft an der Universität Bielefeld. Teilzeitbeschäftigt als Weinfachberater. Lebt in Enger.

Dr. Georg Neubauer, geb. 24. 11. 1950, studierte Mathematik und Soziologie und ist z. Zt. Hochschulassistent an der Fakultät für Pädagogik in Bielefeld.

Dipl.-Päd. Manfred Nieß, geb. Dezember 1952. Studium der Allgem. Sprachwissenschaften, Soziologie und Pädagogik an den Universitäten Kiel und Bielefeld.

Friedhelm Nonne, M. A., studiert(e) Mathematik, Physik, Pädagogik, Philosophie, Theologie und arbeitet z. Z. an einer wissenschaftshistorischen Dissertation.

Dr. Frank-Olaf Radtke (40), Dipl.-Soziologe, Wissenschaftlicher Mitarbeiter am Zentrum für Lehrerbildung der Universität Bielefeld

Katharina Rutschky, geb. 1941. Lebt als freie Autorin in Berlin. «Schwarze Pädagogik» (1977); «Deutsche Kinder-Chronik» (1983).

Ingrid Volkmer, Dipl.-Päd., Jg. 1957, (Studium der Pädagogik, Soziologie, Philosophie an der Universität Bielefeld) ist zur Zeit als Wissenschaftliche Angestellte an der Fakultät für Pädagogik der Universität Bielefeld tätig.